中共湖北省委宣传部与中南财经政法大学共建新闻学院项目成果

中南财经政法大学中央高校基本科研业务费专项资金资助（2722021BZ025）

文澜学术文库

传播的定向与定向传播

秦 琼 / 著

中国社会科学出版社

图书在版编目（CIP）数据

传播的定向与定向传播／秦琼著．—北京：中国社会科学出版社，2022.8
（文澜学术文库）

ISBN 978 - 7 - 5227 - 0530 - 9

Ⅰ.①传…　Ⅱ.①秦…　Ⅲ.①传播学 - 研究　Ⅳ.①G206

中国版本图书馆 CIP 数据核字（2022）第 128931 号

出 版 人	赵剑英	
责任编辑	张　林	
责任校对	夏慧萍	
责任印制	王　超	

出　　版	中国社会科学出版社	
社　　址	北京鼓楼西大街甲 158 号	
邮　　编	100720	
网　　址	http://www.csspw.cn	
发 行 部	010 - 84083685	
门 市 部	010 - 84029450	
经　　销	新华书店及其他书店	

印　　刷	北京君升印刷有限公司	
装　　订	廊坊市广阳区广增装订厂	
版　　次	2022 年 8 月第 1 版	
印　　次	2022 年 8 月第 1 次印刷	

开　　本	710×1000　1/16	
印　　张	13.75	
插　　页	2	
字　　数	218 千字	
定　　价	78.00 元	

总　　序

　　中南财经政法大学新闻与文化传播学院建院虽然只有十余年，但院内新闻系、中文系和艺术系所属学科专业都是学校前身中原大学 1948 年建校之初就开办的，后因院系调整中断，但从首任校长范文澜先生出版《文心雕龙讲疏》开始其学者生涯，到当代学者古远清教授影响遍及海内外的台港文学研究，本校人文学科的研究是薪火相传，积淀丰赡。

　　1997 年，学校重新开办新闻学专业，创建新闻系，相关学科专业建设开始步入新的发展阶段。2004 年，新闻与文化传播学院组建。近年来，在学校建设"高水平、有特色的人文社科类研究型大学"的发展目标的指引下，中文系和艺术系又相继在 2007 年和2008 年成立，人文学科迅速得到恢复和发展。

　　为了检阅本院各学科研究工作的实绩，进一步推动研究的深入和学科的发展，我们将继续编辑出版本院教师系列学术论著"文澜学术文库"丛书。

　　丛书以"文澜"命名，一是表达我们对老校长范文澜先生的景仰和怀念，二是希望以范文澜先生的道德文章、治学精神为楷模以自律自勉。

　　范文澜先生曾在书斋悬挂一副对联："板凳要坐十年冷，文章不写一句空。"这种做学问的自律精神在今天更显得宝贵和具有现实意义。《文心雕龙讲疏》是范文澜先生而立之年根据在南开大学的讲稿整理完成的第一部学术著作，国学大师梁启超为之作序："展卷诵读，知其征证详核，考据精审，于训诂义理，皆多所发明，荟萃通人之说而折衷之，使义无不明，句无不达。是非特嘉惠于今世学子，而实大有勋劳于舍人也。"学术研究之意义与价值，贵在传承文明、承前启后、继往开来、推陈出新。范文澜先生之《文心雕龙讲疏》后又经多次修订，改名《文心雕龙注》以传世，作者有着严谨的学风、精益求精的精神，实为吾辈楷模。正因如此，其著作乃成为《文心雕龙》研究史上集旧注之大成、开新世纪之先河的里程碑式的巨著。

先贤已逝，风范长存。高山仰止，景行行止。虽不能至，然心向往之。

是为序。

胡德才

2015 年 7 月 6 日于武汉

序

"定向"，简单地说，是一种具有特定意向、指向和对象的行为、活动或过程。这种定向行为、活动或过程，一直伴随着人类及其文明的演化进程，并成为人类行为、人类活动最显著的特点、属性和方式之一。

人类传播，作为重要的人类行为、人类活动，一开始，就是一种蕴含以人为认识与实践主体的、具有特定意向、指向和对象的传播。从这种意义上讲，定向乃至传播的定向，既是人类传播"题中应有之义"，也是人类传播"与生俱来的"的本质属性和基本形式之一。

20 世纪以来，随着社会、科技、媒介的发展，尤其是网络、移动终端以及社交媒体的兴起，定向之于人类，之于传播，获得了前所未有的更广阔的实践与展演空间：人类的"定向能力"和"定向可能性"得到极大的增强和扩展；传播的"定向特性"和"定向实践性"得到极大的凸显与强化。由此，产生了一种更具定向特质的新的人类传播形态和方式："定向传播"——它是传播既有之定向属性、形式、功能等，在新的媒介生态中的生发与更新。

然而，以往的传播研究，大多仍拘泥于传播学近百年来渐趋固化甚至僵化的传统理论框架、形态分类、研究话题乃至思路等，对定向传播问题，尤其是网络时代和社交媒体中的定向传播问题，并没有予以专门而系统的研究。从这种意义上，秦琼的论著《传播的定向与定向传播》，便具有独到的学术价值，尤其是学术上的创新性与前沿性。

黑格尔曾说："知识只有作为科学或体系才是现实的，才可以被陈述出来。"[①] 而《传播的定向与定向传播》一书最突出的特点之一，是致力于相

---

① ［德］黑格尔：《精神现象学》，贺麟、王玖兴译，商务印书馆 1983 年版，第 14 页。

关问题的"体系化"理论探索。该书首先详细探讨了传播的本质属性——"定向";以此为破题,围绕着"定向"在网络时代的表现和特殊性,进而推论出定向传播的形态、特点及其功能。这是一种全新的视角和系统化的探索,作者摒弃了传统的传播者研究、媒介研究、受众研究、内容研究等框架,将目光重新拉回到人类自身的行为,尤其是人类传播活动自身,从本体论与认识论相结合的角度去思考传播活动的性质,并对当代传播活动,尤其是网络时代定向传播的特殊性,做出了全面而系统的探讨。

这是一项在理论准备和理论阐释方面工作量极大的工程,同时也意味着某种逆流而上的学术勇气。众所周知,20世纪中期以来,纷至沓来的各种"后"思潮席卷了几乎所有的人文社科领域。在反秩序、反权威、反结构的时代浪潮中,重拾一种理论研究传统,试图为定向与传播的关系,尤其社交媒体中定向传播现象,寻找并建构一种体系性理论阐释,这对研究者的智慧、精力和耐力都是一种考验。这种做法不仅要求研究者具备较强的抽象思维的能力,还要对所论主题的发生及演变有着清楚而深刻的认识;最为关键的是,研究者要有宏大的理论视野以避免因学科的疆域而画地为牢。同时,这种做法还意味着孤独——研究者难以从现有的材料中获得直接支撑,也无法通过数据或实验获得直观感受,而只能依靠理性的力量踽踽独行。

自人类走出蒙昧以来,理性就一直是人类所追求的终极目标之一。依靠理性,我们才有演化、延展至今的人类文明和人文精神。但另一方面,自世界范围的现代化浪潮波次展开以来,尤其是进入网络、新媒体时代以来,人们也越来越被禁锢在"现代性的铁笼"里,一再遭遇各种精神危机——包括"理性的危机"。一个时代的媒介能够反映一个时代的精神。如果说大众传播时代对制度、流程和规则的强调,是科层制蕴含的社会观念的必然反映;那么网络传播时代的癫狂、戏谑、平权化,则印证了这是一个崇拜个人、重视情感、蔑视结构和权威的时代。在网络传播的领域里,现代人的精神危机以一种高度反理性的方式呈现出来,情绪、观点和态度成为传播活动中的利器,人人都试图先声夺人;事情判断和价值判断混为一谈。在这样的空间中,理性还有立身之处吗?

本书作者敏锐地捕捉到了这一点。她认为网络传播活动中的某些非理性现象恰好是主体理性地建构意义系统的反映。在她看来,人类的传播活动，包括定向传播活动，是一个复杂的意义生产、传播和再生产的过程；主体的建构和阐释就发生在这个过程当中。在大众传播时代，主体意义系统的复杂性为科层制的结构所压制，此时的传播主体是制度化、客体性的主体。传播技术的发展打破了结构性压力而把主体释放出来了，于是也就使得意义系统的生产和传播"可视"化了，主体的主体性得以更充分的生成与显现。作者认为，人类传播活动的演变过程，是人尤其是个人在传播中不断彰显存在的过程，也是传播主体从理性的客体到理性的主体的转变过程。这是一个相当重要的判断。

当我们从意义系统的角度观察网络传播活动时，某些难以理解的问题也就迎刃而解。为什么当人们行走在网络世界中时，"人设"能成为"吸粉"或"脱粉"的基础？因为，在一个注意力高度稀缺的时代，建立起一个人格化的形象并围绕该形象生产和传播，可以有效解决意义系统的冲突和矛盾，并将注意力限定在某个形象之中。人们先接收了某个形象，自然就会接收该形象传播的信息。在流量经济中，没有什么比形象出圈来得更快，网红如此，网红景点亦如此。抽丝剥茧之后，非理性现象的背后依旧是理性在驱使人前行。

从这个角度而言，本书的作者就不仅只是为我们研究网络传播活动提供了一个新的思路，而是拨开现象的迷雾承接某种研究传统，既看到了理性与非理性的矛盾甚至博弈，更重新确认了理性、知识体系在虚拟为主的传播生态中的位置和价值。

当然，作为一个年轻学者的阶段性研究成果，本书所研究的问题或结论，尚有可继续用力之处。如在论述定向传播作为一种传播形态或分类时，其理论建构或阐释，或可还有其他展开空间或余地。

当我应秦琼之邀，写就这篇小小的序文时，真还有点感慨万千：几十年来，我虽然带过一些博士生，也一直兼及传播学的教学；但秦琼是我在文化传播学博士点指导的第一位学生，也是最后一位学生。我衷心希望她能继续沿着自己选择的治学之路，一步一个脚印，坚实地走下去。

我相信她一定如此。

周晓明

2021 年 5 月 22 日改于桂子山

目　　录

导　　论

第一节　研究缘起

几百万年前，当人类的始祖走出非洲的时候，她面对着茫茫的世界发出了第一声喟叹。这声喟叹是一个文明在宇宙间传播的元音，象征着人类从此走上历史舞台。在漫长的历史演进过程中，正如那第一声喟叹一样，人类通过多种多样的传播活动向世界、他人和自我彰显着存在。人类是以其物质性的躯体和精神性的意识屹立于宇宙之间的。巴赞在研究电影的时候曾认为，人类自古以来就有"木乃伊情结"，人们寄希望于保存躯体以实现灵魂的不朽，以摄影技术为代表的影像文化是这种情结的体现之一。在摄影技术诞生之前，人们只能通过类似制作木乃伊的方式保留躯体，而人类的意识则必须要借助其他物质形式才能留存下来。语言就是其中之一。人们创造了形式多样的语言，并将其运用到社会生活的方方面面，还会用语言来和自我进行交谈。在语言难以跨越的时间和空间之维上，人们又充分利用物质的耐久性，使得人类的精神世界具备超越时空的能力。于是才有了在石头上刻下印迹，在溪流上方的岩壁画下鱼一样的图形，在青铜上拓下对祖先的怀念，在泥版、竹简、布帛、纸张上篆刻文字等做法。借助这些传播活动，我们才可以窥见早已随时间远去的先祖们的所思所想、所作所为。

可以说，自有人类以来，世界就充斥着形式多样的传播活动。从远古的结绳记事到传说中的仓颉造字，从山海经对域外的描摹到郑和七下西洋，从《太阳报》的诞生再到如火如荼的"直播"……每一种人类创造的传播活动都不可避免地改变了世界。以至于，在媒介环境学派的学者们看来，研究一个社会赖以倚重的传播形式是走近这个社会的文化及情感倾向的必要途径。在他们眼里，作为载体的图画、文字、电子信号等传播符号，都蕴含着人的情感、价值和思维倾向。比如，文字意味着线性的、理性的思维方式，而图画则是抽象、感性的思维方式的象征。人类的传播活动如此频繁又如此重要，但当人们开始系统地对传播活动进行科学研究时，却总是会有意或无意进入一种二元对立的价值观念当中。

这种二元对立的价值观念结构围绕着传播在社会中的影响和作用展开，主要表现为高度信赖传播或极度怀疑传播这两种观念。持有前一种观念的人认为，传播在人类社会中的作用是积极的，在某种意义上还是实现理想国的捷径，因为它可以促进社会意见的广泛交流，最终凝结出一个空前强大的共同体。持有后一种观念的人则批评道，无处不在的大众传播活动如致幻剂一般"麻醉"着民众，使他们沉迷于大众传播提供的浅层次的娱乐和信息当中，以至于丧失社会行动力。这两种观念迄今都难分伯仲。然而不论持有什么样的价值立场，人们都不能否认传播活动的重要性，因此科学地研究传播活动也就显得格外重要。

20世纪三四十年代，传播研究作为一门科学在美国正式确立。受经验主义、行为主义以及两次世界大战期间由政府主导的一系列实证研究的影响，美国的传播研究基本上沿袭着"传播者研究""渠道研究""内容研究""受众研究"和"效果研究"五大领域展开，并从社会学、心理学、语言学、符号学等学科中汲取养分，最终使得传播研究呈现出跨学科的交叉性特质。而第二次世界大战期间流亡美国的欧洲知识分子，又把思辨的哲学传统注入传播研究中，以法兰克福学派为代表的一系列经典论题，以关注人的异化、大众传播的意识形态等问题闻名于世，在他们的努力下传播研究亦呈现出浓厚的人文气息。

自传播学诞生以来，人们从多个理论维度对人类传播活动尤其是大众传播活动进行了细致入微的探讨，传播学由此成为一门显学，在20世纪下半叶大放异彩。20世纪末，随着互联网、手机等新型传播方式的出现，人类传播活动日益多元化、复杂化：人们开始在电视上购物，在网络里相亲，在游戏中开启虚拟人生，在社交媒体上重塑自我。这些传播活动不仅象征着新的传播时代的到来，也喻示着传播研究的新趋向。

传播研究的新趋向主要表现为研究范围日益细化、专业化，出现了"网络传播""新媒体传播"等新的研究场域，在研究方式上又呈现了与计算机科学、认知神经学等学科交叉融合的特点。这些研究趋势虽然是新的，[①] 但是它们却并没有跳出传统传播理论的框架——它们虽然可以提出一些较为新颖的结论，但从理论建构层面而言，却未能摆脱大众传播理论的桎梏，因而依旧呈现出"5W"式的逻辑结构。所以，尽管我们已经走到了以大数据、算法和人工智能为代表的当代传播研究之路上，但在形而上的层面，我们却未能产生与时代相适应的研究哲学。

更何况，作为网络传播研究源头的大众传播研究也遭遇了危机。在现实层面，大众传播活动日益式微，无数老牌报刊、电视台不得不转型乃至停刊停业。在理论层面，大众传播研究应对的是以组织化、制度化、规范化为基础的大众传播活动，它是科层制结构的产物。当这种制度遭遇以无组织、无结构、无中心、无壁垒为显著特征的网络生态后，它必然要面临质疑。因为，以网络传播、新媒体传播为核心的一系列理论，是将复杂的、多元的、异质化的传播活动统括在"网络"或者"新媒体"的名目下，这种做法并不能解决传播活动在类型、方式、范围上存在的差异。毕竟结构化、制度化界限分明的传播活动已经不是当代的主流。

当代，大众传播活动的影响力虽然有所下降，但它依旧是不容忽视的传播方式之一。在它漫长的发展历史中，它制定了传播活动的规则和标准，奠定了制度化的传播活动的基础，并为早期的网络传播活动提供了充足的养分和临摹的蓝本。随着传播技术和观念的革新，大众传播活动也出现了"融合"的趋势，人们开始主张借鉴多种传播方式的优点以实现效果的最大化。这种趋势在理论研究方面表现为受众的重要性的凸显，这一时期，以分众传播、精准传播为代表的一些研究，就是从理论层面系统研究受众的特异性对传播活动的影响的。

受众的特异性问题，是传播研究中的经典命题。早在霍夫兰的"说服研究"中，人们就已经注意到意志坚定的人难以被说服。20 世纪 50 年

---

① 张国良等人在网络传播的环境中验证了"知沟"理论，并认为"数字鸿沟带来的信息落差、知识分隔和贫富分化，是互联网发展必须应对的难题"。详见《现代传播》2001 年第 6 期。类似研究还有对"第三人理论""媒介的社会化""网络的负面功能"的研究。

代赫佐格关于日间肥皂剧的实证研究，则进一步明确了"选择性"在受众的媒介使用动机中的重要作用。以这些研究为代表，人们开始意识到"向什么人传播"也是一个值得关注的重要问题，因为它直接关系到传播者的意图能不能实现。新世纪后，"用户"研究成为传播学中的一个新兴领域，人们主张转变线性的传授观念，研究多元互动的传授关系，以及以用户为中心的信息生产和传播活动的特殊性。

通过对传播研究史的梳理我们可以看到，研究旨趣的变化象征着传播理论研究的转型。这种转型除了革新传受观念外，还表现在学术共同体有意识地回溯学术史和创新学术研究路径上。比如，刘海龙就认为研究传播学引进过程中的"失踪者"，有助于廓清传播学自身的学术面貌。他认为，20世纪80年代初期学术界同样面临着"拨乱反正"的历史任务，此时以客观性、实证性、科学性著称的北美传播学的引进，使得新闻界看到了摆脱阶级斗争式、政宣式的学术研究路径的可能性，因此在特殊的时代背景之下，学术界几乎全盘接收了经验学派的遗产，而忽视了以"元传播"等理论为代表的另一种学术路径。历史的因缘际会，造就了我国传播研究先天不足的现状，在引进传播学后的相当一段时间内，学术共同体除了"补课"之外，更多地将精力放在了"本土化"的尝试上，虽然至今未能取得能够与世界对话的研究成果，但也产生了颇多具有特色的、适应中国社会文化情境的研究。

我们之所以审视学术史，是为了揭示传播研究中存在的结构性逻辑。这种结构性逻辑的特征在于：在理论旨趣上以大众传播理论为主体，在研究方法上强调实证、经验、数据，在研究导向上格外重视传播"效果"。从这个角度而言，受众研究的异军突起，虽然是对现实世界传播活动变化的反映，但本质上也是这种深层结构性逻辑的必然结果。也就是说，受众研究，实质仍是"站在"传播者的角度去思考和研究他们眼中的受众，并试图发掘受众在认知、态度、情感、行为等方面存在的共性，以此为基础以实现传者意图。

不仅受众研究深受结构性逻辑的影响，网络传播研究也不例外。正如前文所说，我们至今未能产生独立于大众传播理论的网络哲学，而总是有意或无意地在网络环境中验证或修正它。以人工智能、大数据、算法为代表的新的学术研究旨趣，虽然不是直接受益于大众传播理论，但其对实验和数据的倚重则有过之而无不及，而且同样致力于在纷繁复杂的传播活动中寻找规律。

那么在这样的背景之下，我们该以什么样的价值观念、理论视角和方法路径去拓展传播研究的通道？首先，我们应该认识到网络传播需要联系于又区别于大众传播理论的哲学，这种哲学应该是对网络生态的形而上归纳，而不应主要是对大众传播理论的扬弃。其次，我们可以试图突破大众传播理论的桎梏，摆脱"5W"式的研究框架，从研究传播活动的本质属性入手，总结出适应当代传播活动现状的研究路径。最后，我们抽象出来的理论或者观点，应该是能够观照网络传播活动的多样性的，也就是说，它具有较强的解释力，能够从理论层面厘清网络传播的诸多问题。

那么，怎样才能找到这条研究路径？答案当然是要观察当代传播活动。所谓当代传播活动，主要指的是 20 世纪晚期伴随着互联网等传播技术的兴起与发展，人类传播活动开始从"现实世界"转向"赛博空间"，并表现出发散性、跨越性、虚拟性等特点。

当代传播活动涵盖了人类的多种行为类型，包括居家、社交、办公、社会治理等方方面面。在刚刚过去的 2020 年里，人类历史上首次大规模地展开"线上"传播活动。人们在网络凝结的空间中"围观"两座拔地而起的医院，在网线搭建的教室里传承文明，在天南海北组成的会议室里商讨未来。在现实世界里人们不得不暂时蛰伏，在网络空间中社会依旧欣欣向荣。

当代传播活动还对人类社会的思维、情感和文化模式造成影响。麦克卢汉曾颇具预见性的认为，以计算机为代表的传播技术能够模拟人的"感觉总体"，这是一种曾经在部落文明中存在过的感觉方式，它象征着人和人之间的亲密与守望相助。当人们沉浸于虚拟的世界中时，虽然他的躯体留在物质世界，但他的精神却在网络空间中漫游。在这个空间中，他的眼睛、耳朵和思维都实现了延伸，这种延伸不必以注意力的区隔为代价——在大众传播时代，我们总是只能在时间上属于线性的、在空间上属于先在的信息流中存在，而在赛博空间中，信息的流动方式像人类的意识流一样：它无处不在，没有中心，也没有秩序，注意力总是会受到刺激，但很快又会游移。正是这种特性，使得以麦克卢汉为代表的一些理论家高呼：网络有可能发展出全新的媒介文明。

那么，当代传播活动所表现出来的这些特性，是否意味着它是截然不同于大众传播的新型传播活动呢？答案是否定的。因为，任何一种人类行为都不是凭空出现的，它必定是建立在类似行为的基础之上，只是在形态、特征和发生机制上有所不同，本质上仍是人类的一种行为，因而具有延续性和拓展性，传播活动也不例外。比如，在人类的饮食行为中，无论表现"吃"的方式如何特殊，其本质都是对"吃"的满足，"吃"在此处就构成了一个"元"行为。在人类的传播行为中，"元"行为是"定向"。

传播中的"定向"指的是主体的指向及其实现。主体是传播活动中的参与者，指向是参与者的意图，在一个传播活动中，参与者总是会通过这样或那样的方式来实现自己的意图。从这个意义上来说，"定向"是普遍存在的。比如，当我们面临选择犹豫不决的时候，心中通常会冒出一个声音，这个声音会与我们对话，在这个对话情境里，参与的双方都试图说服对方。在我们与他人交谈的时候，我们就通过（肢体）语言处在一个双向的、流动的交换情境中。而在报纸发布新闻、电视台制作节目的时候，制作者总是试图迎合读者和观众的兴趣，此时，读者和观众虽然不可见，却以"想象的存在"与"可能的趣味"的方式对大众传播活动造成影响。通过这种简单的讨论，我们就对"定向"有了一定的理解，它主要关注的是传播活动中的参与者是如何将各自的意图传播出来，并通过多种方式和手段实现它的，在这个界定之下，"定向"强调的是意义系统的交换。

当代传播活动由大众传播活动发展而来，它虽然主要发生在以网络技术为支撑的虚拟空间和平台上，但同样具有"定向"的属性。我们可以观察一个网络论坛中的传播活动。在网络论坛中，每一个人都以虚拟ID账号的方式出现，通过ID账号才可以就不同的话题展开交流。在他们的交流过程中，他们会使用文字、图片、象形符号等来表达自己的观点，有的时候可以达成共识，但更多的时候会因意见不同而引发冲突。共识是参与者的意图实现了交换与融合，冲突则反之。网络论坛中的"冲突"是折射当代传播生态的一面镜子。每当一个社会事件引发关注的时候，在很多情况下，人们不是基于事实而是基于观点的差异而陷入漫长的拉锯战，舆论也被裹挟着而两极化。在大众传播时代，人们既难以通过大众传播发声，也难以在其中表露真实的喜好或自我，而总是以一种总体性的、象征性的乃至想象性的方式存在，因而他们的观点就极难以"冲突"的形式呈现出来，而传播技术的发展改变了这一点。技术把为大众传播所压制的受众的"意义系统"凸显出来，使得传播活动更加复杂，并呈现出与大众传播活动截然不同的特征和形态。在这个基础上，我们才获得了思考新的传播理论的方向——研究一种新型的传播形态"定向传播"。

按照本书中的定义，定向传播指的是发生在社交媒体上的一种新型（或具有下列特征的）传播活动——主体利用技术实现双向关系准入和意义准入，并调动多个语境实现意义的生产和流通；主体的意义生产和流通受"人格形象"的影响。

第二节　研究现状

在既有的研究成果中，极少有直接以"定向"或者"定向传播"命名的研究，但正如前文指出的那样，新的传播理论并不意味着对传统传播理论的摒弃，而是要从中汲取可资借鉴的理论精华。定向是传播的本质属性之一，在人类传播活动中普遍存在，随着技术的演进，它逐步演化为一种新的传播类型，因此我们可以从关于传播的本质属性的研究现状，以及网络传播、新媒体传播的研究现状中去寻找、扬弃和开拓。

一　传播的本质属性的研究现状

以往人们在研究人类传播活动时，为什么会忽视了"定向"的存在？这是因为研究者们虽然认同传播活动是发生在主体之间的，同时也注意到了受众在传播中体现出来的选择性和特殊性，但是这种对于主体的关注却是不平等的。回顾传播研究的历史，我们对过程、方式和效果的讨论，大多是站在传播者的角度的。这些研究几乎都从传播者的立场出发，试图通过科学的方式和手段，尽可能地减少受众的特殊性对传播效果的影响。通过前面的讨论我们可以看到，在当代传播活动中，借助传播技术，大众传播时代不平等的主体关系已经被改变了，在传播活动中发起和接收主体的意图具有同样重要的地位。在技术和多种传播符号的作用下，主体的意图进一步演化为两个或多个意义系统。比如，表情包就是一个混杂了多种符号的全新符号，当它进入传播活动中时，因情境的不同，它所呈现出的意义也就不同。表情包体现出的正是意义系统的特殊性，它的产生和演变具有重要的研究价值，但迄今为止我们对它的研究还远远不够。研究意义系统是研究"定向"和"定向传播"的必经之路。定向，是传播的本质属性之一。

所谓本质属性，是从本体论的角度研究一个事物的特点。它意味着无论事物的形态发生什么样的变化，这些特点都是确定不移的，不因时间流逝或空间流转而发生改变。在人类的传播活动中也存在一些本质属性，"定向"即是其中之一，它同样具有普遍性。

在以往的传播研究中，专门阐释传播本质属性的研究并不多见。彼得斯在《交流的无奈》中将传播视为"交流"。他把人类传播分为"对话"和"撒播"两种类型，前者重在通过意义的交流实现共识，而后者则把焦点放在信息的空间分布上，但不管是"对话"还是"撒播"，在彼得斯看来都难以实现真正的交流，因为人和人的心灵之间存在不可逾越的鸿沟，我们的精神总是会为语言、文字所限，所以彼得斯说交流"总是无奈的"，人无法达到天使式的"心灵的交融"的状态。[①] 伊尼斯则认为人类历史上的传播工具可以分为"偏向时间"和"偏向空间"两大类，前者适合古老文化的传承，后者适用于广阔国土的治理。[②] 麦克卢汉则高呼"媒介即讯息"——他认为每一种媒介的出现都改变了人类的文化、生活和情感方式，同时也实现了"人的延伸"[③]。自有传播研究以来，此类研究不胜枚举，但不论持有什么样的立场和观点，人们对于传播的看法大致都是从以下几个方面展开。

（一）传播的本质属性是"共享""意图"和"信息"

1976 年，美国学者丹斯在其著作《人类传播功能》一书中，统计出

---

① ［美］彼得斯：《交流的无奈：传播思想史》，何道宽译，华夏出版社 2003 年版。
② ［加］哈罗德·伊尼斯：《帝国与传播》，何道宽译，中国人民大学出版社 2003 年版。
③ ［加］马歇尔·麦克卢汉：《理解媒介：论人的延伸》，何道宽译，译林出版社 2011 年版。

了 126 种"传播"的定义。可见关于传播是什么,人们的看法各异,立场也不一。① 直至今天,关于传播的定义依然没有定论。总而言之,传播的定义虽多,但大致是围绕着"共享""意图"和"信息"等核心观念展开的。

第一类定义从考察 communication 的词源入手,认为其在拉丁语中的意思是"使……共同",因此传播的定义必然继承词源的含义。比如,"传播就是使原为一个人或数人所独有的化为两个或更多人所共有的过程。"② "关系的一个参加者发出符号,另一个参加者在某种程度上使用了这些符号。用最简单的话来说,这就是传播过程。"③ "信息的交流和共享。"④ 此类定义强调参与者的互动,认为传播是把原先为一方所占有的符号及其精神内容变为双方或多方共同占有的活动。这些定义承袭了"观点的自由市场"的精髓,力图构建一种平等的传播关系,以实现思想的自由交换,因而显得有些理想主义。任何一种类型的传播活动都不是建立在"关系平等"的基础上的,附着在传播者身份上的"关系权力"——男女、长幼、阶层、等级、种族差异等,都可以对参与传播的人或组织造成影响。同时,如果将传播的本质概括为"共享",不仅无法解释传播中的权力结构问题,也无法解释为什么有时候人们传播,大多时候却沉默,更多时候还会因词不达意、言不由衷而感到"传播的无奈"。

第二类定义强调传播是一种有意识的影响过程。美国学者霍夫兰、欧文·霍尼斯和哈罗德·凯利的定义是"某个人(传播者)传递刺激(通常是语言)以影响另一些人(接受者)行为的过程。"⑤ "从最普通的意义上说,传播是一个系统(信源),通过操纵和选择的符号去影响另一

---

① 黄星民:《从传播哲学角度谈传播的定义——传播哲学初探》,《新闻与传播研究》2006年第1期。

② [美]沃纳丁·赛弗林、小詹姆·W. 坦卡特:《传播学的起源、研究与应用》,陈韵昭译,福建人民出版社1985年版,第6页。

③ [美]威尔伯·施拉姆、威廉·波特:《传播学概论》,陈亮等译,新华出版社1984年版,第54页。

④ 甘惜分:《新闻学大辞典》,河南人民出版社1993年版,第55页。

⑤ [美]沃纳丁·赛弗林、小詹姆·W. 坦卡特:《传播学的起源、研究与应用》,陈韵昭译,福建人民出版社1985年版,第5页。

个系统（信宿），这些符号能够通过连接它们的信道得到传播。"① "传播是人类通过符号和媒介交流信息以期发生相应变化的活动。"② 此类定义把传播引发的（预期）效果作为衡量传播发生的必要和充分条件，也就是认为传播活动中必然蕴含着参与者的意图，而不考虑其是否可以实现。以这种观点考量"传播"，人类社会以外的传播活动自然就应当被排除在外，因为我们无法将自然界的电闪雷鸣、草长莺飞视为是有意图的。"意图说"还存在一个问题，我们该如何判断效果是基于相应的传播行为呢？人的感知、认知、行动会受到多种因素的影响，在这个过程中，传播到底发挥了什么样的作用，是一个见仁见智且难以测定的问题。此外，传播的形式和内容有的时候可能是截然不同的。比如，两个人在进行交谈，那么他们在形式上有传播，但使两人更加亲密或走向决裂的，却可能是交谈的内容。也就是说，不论双方的意图是什么样的，都不能保证传播一定是有效果的或者必定朝着预期的方向发展。更为重要的是，在这种类型的定义里，人们对于"意图"的判断，大多是站在传播者立场上的，而忽视了传播活动的另外一方也同样是有"意图"的，并且会对传播活动造成影响。

第三类定义将传播视为信息的交流。人们认为传播是"通过讯息进行的互动……讯息是一种文化中具有共享意义的事件的正式编码的符号化表述，讯息被制作出来以彰显其重要性。"③ "传播是社会信息的传递或社会信息系统的运行。"④ "传播是信息流动的过剩。传播包含两个要素——信息（传播的材料）、流动。"⑤ 以及"所谓社会传播，既指个人与个人之间的信息交流和精神交往活动，又指信息在一定社会系统内的运行。所以，社会传播这一现象可以进一步归结为一种社会活动或社会

---

① ［英］丹尼斯·麦奎尔、斯文·温德尔：《大众传播模式论》，祝建华译，上海译文出版社1987年版，第5页。

② 邵培仁：《传播观念断想》，《杭州大学学报》1997年第27卷第4期。

③ ［美］杰伊·布莱克等、［中］张咏华：《大众传播通论》，复旦大学出版社2009年版，第20页。

④ 郭庆光：《传播学教程》，中国人民大学出版社1999年版，第5页。

⑤ 胡正荣：《反思与超越：中国传播学研究十年历程回顾》，《杭州师范大学学报》（社会科学版）2011年第5期。

行为。"① 此类定义从传播活动"传播了什么"入手，试图找出传播活动中的客观"存在物"及其运动规律，比如，在传播中人们使用的语言、文字、影像等符号携带的信息等。这种观点修正了把形式与内容混为一谈的做法，因而可以说是三种定义中较为科学的一种。但是，这种定义也存在问题：如果只要有信息存在，传播就可以发生，那么同样蕴含信息的自然世界中的草木枯荣、春花秋月、鹿鸣于野，是否也应该归纳进传播的范畴？同时，把信息看作传播中用来"交换"的精神内容也难以解释一些问题。比如，两个人交谈，其母语分别为英语和汉语，他们所说的每一句话都是带有信息的，但是他们之间有"真正的"传播吗？在大众传播活动中这种情况也存在。中央电视台知名栏目《百家讲坛》创办之初时，曾经邀请著名物理学家讲座，但由于内容过于精深以至于收视率长期萎靡不振。2006 年改版后，《百家讲坛》推出了一批以传播传统文化为主旨的系列节目，嘉宾们深入浅出的讲解在赢得观众喜爱的同时，也使《百家讲坛》迎来了新生。通过这些例子可以看到，如果信息中携带的精神内容不能被接收和理解，那么即使传播活动发生了它也是无效的。

通过对这三种"定义"的简单讨论，我们可以看到"本质属性"就是对传播活动的抽象总结与理论提炼。而这些定义之所以会呈现出不同的旨趣，也与人们持有的理论立场有关。加汉姆在研究传媒理论与社会思潮的关系时说："为了明确以社会理论观点来研究传媒的关键点是什么，我们需要靠哲学方法来转换思路，去理解这场论争是怎样和为什么以它们的这种方式提出，它们真正是关于什么的。"② 在他看来，一个定义、一个概念和一种理论的背后都有哲学基础，正是这种哲学基础对研究对象做出了限定，因此理解理论观点背后的哲学就显得格外重要。传播研究也不例外。

库恩在研究科学共同体时对知识生产有过如下经典论述，"凡是共有这两个特征的成就，我此后便称之为'范式'……我选择这

① 李彬：《传播学引论》，新华出版社 2003 年版，第 25 页。
② ［英］尼古拉斯·加汉姆：《解放·传媒·现代性——关于传媒和社会理论的讨论》，李岚译，新华出版社 2005 年版，第 10 页。

个术语，意欲提示出某些实际科学实践的公认范例——它们包括定律、理论、应用和仪器在一起——为特定的连贯的科学研究的传统提供模型。"①范式是库恩提出的一个概念，他认为自然科学知识也是人类解释世界的方式之一。通过研究自然科学中知识的生产和积累，他认为并不存在线性的、累积式的科学知识，只存在各个时期的主导范式。范式是科学共同体在解释世界时秉持的世界观、方法论和工具，理解范式是理解该学科的有效途径。通过库恩对"范式"的界定我们可以看到，它是一个包含了宏观的指导思想、中观的研究导向和微观的研究方法的综合性范畴，因此我们在此处引入"范式"的概念以厘清传播理论的源流，会比单纯将某个理论划入某个类别更为合适，也更符合传播研究自身的跨学科特性。

在综合了多方观点的基础之上，我们认为传播研究共有七大理论范式：符号学范式、现象学范式、控制论范式、社会心理学范式、社会文化范式、批判范式和修辞学范式。

（二）传播研究的七大理论范式

在以往的传播研究中，学者们从不同的学术旨趣对理论史的演进进行了深入研究。许正林按照古希腊、古罗马、中世纪、文艺复兴、启蒙运动、资产阶级革命和现代制度建立的历史脉络，追述了思想家们在哲学、政治学、社会学研究中涉及传播的内容，在他看来人类历史上的所有活动中几乎都涵盖了传播。这种研究取向赋予了传播史研究宏大的历史格局，但也使得传播被泛化了，所以程曼丽在《欧洲传播思想史》一书的序言毫不避讳地说："作者有意避开有关'传播'抑或'传播学'的概念纷争"②，不仅使得传播学难以和其他学科区分开来，也使得传播理论丧失了独特性。

胡翼青则认为传播研究有两大理论源头：一是欧洲思想（从批判主义到文化研究），二是美国路径（实证和经验主义取向）。③这是当前在

---

① ［美］托马斯·库恩：《科学革命的结构》，金吾伦等译，北京大学出版社 2003 年版，第 9 页。

② 程曼丽：《欧洲传播思想史》，生活·读书·新知三联书店 2005 年版，序言。

③ 胡翼青：《西方传播学术手册》，北京大学出版社 2015 年版。

学界认同度最高的同时也是逻辑较严谨的一种分类方法，但是却也存在割裂传播理论的风险。传播理论的"欧洲思想"和"美国路径"并不总是泾渭分明的。在历史上，第二次世界大战期间流亡美国的欧洲学者，直接或间接促使了美国传播研究的兴起，而实证主义哲学（美国主导哲学）是作为西方哲学的重要组成部分存在的。同时，在实证研究里同样可以看到四溢的"批判"火光，而某些质化研究也要依赖经验和数据才能得出结论。

著名文化研究学者约翰·费斯克在研究传播时说："第一大学派将传播看成是讯息的传递……关心诸如传播效率和传播精确性问题。该学派将传播视为一个过程……第二大学派则将传播看成是意义的生产与交换。它关心讯息（或者说文本）如何与人发生互动从而产生意义……我因此将这一学派贴上'符号'学派的标签。"① 在他看来，传播理论可以归为"过程"和"传递"两个派别，"过程学派"关注讯息是否能如期抵达并产生效果，"传递学派"则认为传播是一个不断进行的复杂的意义生产和交换的活动。

克雷格（Robert T. Craig）在《作为一个场域的传播理论》一文中提出，传播研究有"七大理论传统"②，这种说法也为李特约翰③所采用，这七大理论传统分别是符号学、现象学、控制论、社会心理学、社会文化、批判和修辞学传统。相较于前述几种分类方式，这种分类方法既观照了符号学、批判主义等主流范式，又注意到了现象学、修辞学等支流对传播研究的形塑，因而是较为科学的一种分类方法，也是我们所要采用的一种审视传播理论史的方法。

符号学范式。世界是如何在人的心中"发生"又是如何被人"改变"的？符号学认为是人、符号和意义的相互关系催生了这个多义性的世界。皮尔斯是这一主张的主要提出者，他说："我将符号定义为任何一个事物，它一方面由一个对象所决定，另一方面又在人们的心灵（mind）中

---

① ［美］约翰·费斯克：《传播研究导论：过程与符号》，许静译，北京大学出版社 2008 年版，第 2 页。

② Robert T. Craig, *Communication theory as a Field*, Communication Theory, No. 9, 1999.

③ ［美］斯蒂芬·李特约翰：《人类传播理论（第九版)》，史安斌译，清华大学出版社 2009 年版。

决定一个观念（idea）；而对象又间接地决定着后者那种决定方式，我把这种决定方式命名为解释项（interpretant）。由此，符号与其对象、解释项之间存在着一种三元关系。"① 这个三元关系蕴含了三种主要的研究领域：符号与其指涉物之间的关系（语义）；符号与符号之间的关系（句法）；符号对人类认识和理解世界的作用（语用）。

在符号学传统看来，人类复杂的传播活动其实就是"符号活动"，通过传播，人和符号就处于创造与被创造、使用和被使用的关系中。在符号学传统的视域里，一切传播活动都必须依靠符号才能存在，因而符号才是传播的核心问题。于是，符号学传统也就为此类研究设定了范围：①研究人的符号性，即人作为符号动物，总是处在符号的世界里使用着符号的；②研究人的主体性，即探讨符号的意义如何通过人的阐释而衍伸；③研究世界的符号性，即将语言之外的其他符号系统纳入传播研究中。

用这样的理论视角观察传播活动，我们可以看到它作为一种符号行为所呈现出来的特征。在人类交流、协作和分工的过程中，我们创造了多种多样的符号，再通过约定俗成的方式赋予这些符号意义，当这些符号产生之后，人们通过它们才得以与自我、他人和世界交流。在这个意义上，符号是先于人的符号使用行为的，它的意义和规则一经形成又会对人的传播活动造成限制。

符号学范式充分肯定了人在传播中的重要作用，认为离开人的符号创造和使用行为，传播将是难以存在的。但是符号学范式忽视了一个问题，传播如果仅仅只是一种符号行为，那么传播活动是否只是在重复性地使用既定的符号？传播还能够传达或者创造新的内容吗？如果把传播视作一个不断生产、消费、再生产符号的过程，那么我们又该如何理解意义的稳定性？倘若符号使用行为是在一定的句法（符号与符号系统）中进行的，那么传播活动只要使用了相同的符号，其意义就应该是一致的。反之，如果传播是一个不断阐释并再生产的过程，意义就应该是不断流动的，我们又该如何确认"此刻"接收到的符号与它发出的"彼时"还是同样的"意思"？如此一来，传播活动越是多样，我们感受到的无所

---

① ［美］皮尔斯：《皮尔斯：论符号》，赵星植译，四川大学出版社 2014 年版，第 31 页。

适从就越是巨大。

现象学范式。现象学认为人类对物体、事件或情境的现象的"感知"赋予了人们得以认识世界的可能性。

胡塞尔作为现象学的创始人，其贡献在于指出了人类体验的客观性。他认为，人在将世界的复杂性"悬置"的过程中，通过意识"还原""廓清"偏见就可以认识真理。他的观点对传播研究具有启发性——作为一种现象的传播也可以是"感知经验"的外化，它能在"异质"的人或组织间发生的根源在于感知经验或意识的客观结构，这种客观结构是先在的，它的存在是传播得以存在的前提。"我所掌握的有关世界的全部知识——甚至于包括科学知识——都是以我自己独特的视角获得的，或者说是从我对世界的体验中获得的"①。以梅洛-庞蒂为代表的认知现象学认为，事物存在于人们对它们的感知中。从现象学范式的传统出发，研究"体验"就显得格外重要。那么我们通常是如何"体验"某个事物的呢？首先要与该事物建立起某种联系。其次对这个事物"意味着"什么做出判断。例如，在通常情况下，我们不太可能接触天体物理学的知识，在我们没有与之发生联系的时候，它对我们来说几乎是不存在的。而在该领域的学者看来，天体物理则是日常化的充满了丰沛意义的生活现象。在人类世界中有很多这样的例子，通过它我们可以看到，每一个人都有其独特的现象世界，他只能在自我的现象世界中"体验"着。

对于传播研究而言，认知现象学的视域突出了"阐释者"的地位，也把传播主体在传播活动中的主体性凸显出来了，它告诉我们，每一个人的理解和阐释都可以是独特的。以海德格尔为代表的现象学则认为，我们总是一眼望去就可以理解一个现象，因而只要有现象存在，我们无须"悬置""廓清"或者"意识还原"，体验自会平铺直叙般地出现。正如我们通过语言和世界建立联系的方式，这种方式是自然而然的，我们在使用语言的同时也在使用它的意义。在传播活动中，人在使用纸张、电脑、手机等传播工具时，这些工具所携带的意义也"自然而然"嵌入了我们的使用之中，我们会根据工具来调整自己的行为：让字迹清晰一

---

① 转引自［美］斯蒂芬·李特约翰《人类传播理论（第九版）》，史安斌译，清华大学出版社 2009 年版，第 44 页。

些或者偶尔用上几个表情包，这些行为是如此自然，以至于很多时候我们甚至难以意识到它们。

现象学从理论上展开了"阐释""经验"的言说空间，拓宽了传播研究的通道，人们开始思考这样一些问题：传播何以能够发生？"物理世界的真理并不取决于世界是什么……而是它必须是纯粹概念性的事实。如果它们是纯粹的概念，那么只靠理性就可以理解它。"① 按照现象学的观点，先在的意识的客观结构，使得人类传播具有了一种普遍的思维结构，在这种思维结构之中，人的体验的主观性赋予意义以流动性，因而传播不会呈现为一成不变的结构或者样态，所以人类传播才可以如此丰富多元。同时，通过现象学的视角，蕴含在传播活动中的"工具的意义"的重要性也得以凸显出来。

但是，现象学关注的对象是"意识"和"体验"，在它的视野范围内，传播就沦为一种精神活动，这就忽视了传播活动的客观性。人类传播活动是客观存在的，除人内传播之外，大多数的传播活动都不仅只是停留在思维或精神层面，而是必须要借助物质性的工具才能发生，同时还要受到客观世界的结构秩序、意识形态等因素的影响。现象学范式在肯定"精神"和"阐释"在传播中的重要作用时，也缺乏对现象的辩证观察，因为体验一个事物，不代表一定能阐释它。正如"天体物理"的例子，当我们从纸上或者电视上看到或听到了"天体物理"这个词语时，虽然体验了它的存在，但对我们而言它依然是一个空洞的词语。

控制论范式。从某种意义而言，控制论是在系统论的影响下产生的。如果把人类社会视为由多种元素相互影响而成的一个系统，那么如何充分发挥各个元素的作用，调配元素之间的关系以维持系统平衡则是控制论所关注的。

"直到最近，还没有现成的字眼来表达这一复合观念，为了要用一个单词来概括这一个整个领域，我觉得非创造一个新词不可。于是，有了'控制论'一词，它是我从希腊字'kubernētēs'或'舵手'推究出来的，而英文'governer'（管理人）一字也就是这个希腊字的最后引申②。维

---

① John W. Carroll. *An Introduction to Metaphysics*, Cambridge University Press, 2010, p. 7.

② ［美］N. 维纳：《人有人的用处》，陈步译，商务印书馆 2009 年版，第 1 页。

纳在《人有人的用处》一书中这样写道。正如"控制"一词的希腊语和英语词源一样，所谓"控制"指的是为了维持一个系统的平衡，人们采用科学的方式使各元素之间处在一个相对稳定的状态。系统自身也必须要通过"输入"和"产出"的方式，与外界处于一种动态的能量平衡关系中。因此，所谓"控制"就包括了内部和外部两重关系，任何一重关系的异常都有可能导致系统的失能或崩溃。从这种简要介绍中不难看出，在控制论的思想之下，人类社会也被视为一个巨型系统，它由无数个次级系统组合而成，系统的终极目标是维持平衡，因而其功能、机制都要围绕着该目标来设定，人类社会也不例外。人们通过研究系统的内外部关系，采用多种手段把那些有可能威胁系统平衡的要素或关系的影响降到最低。

　　控制论范式对传播研究的影响主要体现在"思想"层面，比如，传播研究中的功能主义、实证主义倾向和重视"效果"的旨趣，其实质都指向了控制论范式。在控制论的视角中，传播是一个系统为了维持平衡而主动与外界进行的"能量"（信息）交换活动，这种能量交换活动是为了推动社会的运行，因而当它威胁到社会稳定的时候，人们理应采取行动加以控制。此外，将传播视为是信息系统的运行的理念，忽视了传播活动的特异性。因为站在系统的角度，人类社会货币的流通、人口的迁移都可以看作信息和能量交换活动。如果把传播看作一个系统，那么在传播活动中自然应该包括主体系统与客体系统、媒介系统、反馈系统，等等，这些系统间是怎样的一种关系？如此一来，我们就会陷入一种无限循环的"系统确认症"中。控制论重在对内外部"关系"进行管理和控制，但是要素与要素间、系统内部与外部间的"关系"是不是传播的本质属性？换句话说，人类传播是为了建立、保持或突破某些关系，以促进社会的整体和谐吗？我们真的可以并且应该通过预判风险而控制传播活动吗？很多时候，人类传播之所以重要，恰恰在于它的不可预测和不可控制性，否则我们的社会将会是一团平静的死水。所以，"广受欢迎的、影响巨大的"[①]，"控制"也不能算作是传播的本质属性。

---

　　① ［美］斯蒂芬·李特约翰：《人类传播理论（第九版）》，史安斌译，清华大学出版社2009年版，第49页。

社会心理学范式。某种意义上，社会心理学传统与控制论传统有异曲同工的地方，控制论传统认为人是系统中的人，社会心理学传统则说人是社会中的人。它们都看到了人不可能孤立地存在于世界中，而总是要与其他人、其他组织联系，但社会心理学传统格外突出了人的能动性，尤其是人的心理层面的差异导致的认知、态度和行为的差异。

在传播研究史上，"说服效果""沉默的螺旋""把关"等思想都涉及个人、群体的心理因素在传播中的作用。社会心理学范式认为，人类行为存在普遍机制，我们可以观察到它的存在。在社会心理学范式看来，人的行为受到心理因素的支配，有的时候表现为一种刺激反应机制，这种机制是可以遗传的。正如勒庞所说："真正的历史大动荡，并不是那些以其宏大而暴烈的场面让我们吃惊的事情。造成文明洗心革面的惟一重要的变化，是影响到思想、观念和信仰的变化。令人难忘的历史事件，不过是人类思想不露痕迹的变化所造成的可见后果而已。这种重大事件所以如此罕见，是以为人类这个物种最稳定的因素，莫过于他世代相传的思维结构。"① 他在研究法国大革命中的群体心理时认为，身处群体中的人会丧失理性而更多屈从于本能，这种本能来源于人世代相传的心理结构，借助这种心理结构谣言得以在人群中广泛传播。

在他之后，弗洛伊德开创的精神分析学又把对人的研究转向无意识层面，他向我们揭露了人类对自己的心灵世界所知甚少的事实。在他的影响下，李普曼提出了著名的"拟态环境"说，他认为大众传媒通过各种各样的信息，能够建构出一个与真实世界存在距离的世界，人们只能认识这个为媒介所建构的世界并基于这种认识采取行动。"李普曼把公众看作媒介的靶子，认为他们由片面舆论塑造的拟态环境所主导。"② 正如胡翼青指出的那样，这种看法实际上是把人当作一种受到本能驱动的存在，面对信息的刺激，人们既没有辨别力也没有判断力，而只能屈从本能式的心理结构，只要激发这个心理结构人就会做出相应反应。

此外，社会心理学范式还将"表征"视为人类特有的心理机制，认

---

① ［法］古斯塔夫·勒庞：《乌合之众：大众心理研究》，冯克利译，广西师范大学出版社2007年版，第35页。

② 胡翼青：《西方传播学术手册》，北京大学出版社2015年版，第12页。

为人们必须要通过表征来赋予某个事物以意义，因此研究表征发生的心理机制——包括在词语和事物间建立联系；用一个事物象征另一个事物；某事物蕴含的情感或者情绪——是理解"意义"产生的关键。所以霍尔说："我们给予事物意义是凭借我们表征它们的方法：我们所用的有关它们的语词，所讲的有关它们的故事，所制造的有关它们的形象，所产生的与它们相关的情绪，对它们分类并使之概念化的方法，加于它们之上的各种价值。"① 在社会心理学传统的影响之下，人的心理因素作为传播得以发生的要素进入了研究范围并取得了众多成果。

但是，传播的本质属性是"心理机制"外化的结果吗？换言之，这样的观点是否意味着传播只是心灵世界的投射物？只要我们能够确证普遍心理机制的存在，找到激发它的方法，就能实现畅通无阻的传播。在传播效果研究中，很长一段时间以来，人们确实操持着"刺激—反应"式的效果观。所以，当"使用与满足"理论证实了"皮下注射"论的荒谬之处时，也就把人的心理因素引入到对效果的观测和评价之中，同时也使得人们认识到，即使存在普遍的心理机制，传播也不只是一个心理或精神层面的问题，它的发生和演进要受到诸多主观和客观因素的影响。

"表征，即社会表征的特殊力量和说明性源于它们通过过去的事实以及预先假定的连续性成功地控制了今天的现实。"② 正如这句话所指出的，在某种意义上"表征"是一个文化系统自我积淀后的心理结构，它先于具体的传播活动因而会对其造成限制，但心理结构的普遍存在，并不意味着这个结构所蕴含的内容也是具有普遍性的。对不同的文化而言，哪怕面对同一个事物，其表征也是不尽相同的。因此在理解表征的时候，我们要看到它的形式和内容并不总是统一的，而是要受到各自文化传统和集体经验的影响，脱离表征的形式谈论内容，或者脱离内容谈论形式，表征都无法存在。比如，我们在面对西夏文和女书的时候，作为一种曾经存在过的表征形式，它们就因脱离了"内容"而变得难以解读。

在社会心理学范式中，传播活动被视为心理机制受到刺激后的外化

① ［英］斯图亚特·霍尔：《表征》，徐亮译，商务印书馆2005年版，第3页。
② ［法］赛日尔·莫斯科维奇：《社会表征》，管健译，中国人民大学出版社2011年版，第28页。

产物，这种看法确认了人的心理因素在传播活动中的重要作用，但是又把传播拉进了人类本能的老生常谈中，因而也就使得我们对于它的讨论再次陷入本能与反本能的窠臼。传播的本质属性是人类本能吗？本能是人类独有的生理和心理机制吗？面对本能人类是否还能有所作为？

社会文化范式。"互动"是社会文化传统的核心思想。社会文化范式认为，世界不是独立于人的存在，而是在集体、社群和文化之间的互动中"建构"出来的。在这个核心理念的影响之下，"符号象征互动论"认为传播就是一种人通过符号置身于象征性互动之中的活动。彼得·L. 伯格和托马斯·卢克曼的"社会建构"理论则认为，人类的知识并不总是具有客观性，而是在社会互动中被建构出来的。"在大多数时间，我与他人在日常生活中的相遇通常都会具有双重意义——我把他人视作一种类型并与他人在情境中互动。"[①] 按照社会建构论的观点，当我们选择与人进行互动的时候，实际上就处于一种双重互动的情境之中。首先，我们选择的互动对象是一个客观存在的、蕴含着历史和文化背景的某类人。其次，我们和他所处的语境为互动提供了客观基础。在这个双重互动的情境里，意义不断产生和演进着。

因此，"互动"看到了意义产生的复杂性，肯定了主客体双方在传播中处于同等重要的地位，还强调要从不同的互动模式入手理解意义的多样性。从这个角度而言，传播就是一种互动行为，它产生于人的互动之中，可是对于什么是互动，社会文化范式却未能做出更多限定。从它的视角出发，"互动"主要关注的是人的符号使用行为，但在传播活动中一些非符号的要素也能产生意义，比如，在人际传播中当交谈的一方沉默不语时，另一方可以通过他的沉默解读出弦外之音。此外，按照互动的观点，不同的互动形式必然产生不同的意义，那么当人们从报纸、电视、网络中接收到同一条新闻时，这三种不同的互动模式，就应该传播不同的"内容"。

批判范式。批判范式是在社会文化传统的基础上发展起来的。如果说社会文化范式确认了"建构"的存在，那么批判范式则旨在追问为什

---

① ［美］彼得·L. 伯格、托马斯·卢克曼：《现实的社会建构》，吴肃然译，北京大学出版社 2009 年版，第 27 页。

么会有"建构",人们是通过什么方式实现建构的,建构对世界的影响是什么等问题。批判范式质疑现存秩序的合理性,认为它们蕴含着意识形态并形成一种制度性的压迫。因此,在批判学派看来,传播尤其是大众传播,作为现存秩序中的一环,它传播什么、不传播什么,正是这种意识形态结构的体现。

法兰克福学派和传播政治经济学派是批判传统中最为著名的两个流派。霍克海默、阿多诺、马尔库塞、哈贝马斯等人都将传播视为资本主义社会的一种压迫性结构。他们认为,大众传媒通过传播活动将大众置于虚假的幻象中,使他们沦为"单向度的""拜物教式的""消费主体"。可以说,批判传统是这些理论范式中最为关注传播的功能和结构的一个范式,在持有批判范式的人看来,传播主体在现实世界中的身份和位置决定了它在传播结构中所处的位置,这种位置和结构是不公的。文森特·莫斯可在解释传播时这样说:"从狭义上讲,政治经济学是关于社会关系尤其是权力关系研究的一门学科,它们互相构成资源的生产、分配和消费……这一表述同时也为我们指明了消费者对产品的选择方式……另外,它还要求我们深思这么一个问题:那些诱导消费者做出选择的信息乃至我们对媒介的关注又是怎样变为在市场上出售的产品的。"① 可见他们关注的是传播的"政治问题"。

批判传统是传播研究中最需要继承的一种理论取向,因为它不仅看到了传播秩序的存在,还指出了这种秩序背后隐藏的政治、经济和社会分层等问题,使得人们具备了穿透媒介光晕直抵现实的可能性。如身份理论认为,人们因种族、性别、阶层、文化的差异导致了身份认同的差异,因而即使身处同一种传播情境也会持有不同的立场,身份的差异不是自然赋予的,而与人们在现实世界中的政治地位、经济水平和阶层位置密切相关,但(大众)传播却将这种差异视为一种自然。

批判范式从政治的角度解释了传播,为我们提供了一个更加宏观且清醒的立场,但是在承认一种范式的敏锐性的同时也要审视它存在的问题,批判范式也不例外。比如,按照身份理论的看法,处于传播中的主

① ［加］文森特·莫斯可:《传播政治经济学》,胡春阳译,上海译文出版社 2011 年版,第 3 页。

体，其身份的差异也是构成传播的一个要素。然而人的身份并不总是确定不移的，例如，一个人在家庭中是一个父亲，在工作场所里则是一个组织的成员，此时他就会因为处在不同的情境中而位于不同的秩序结构里：前者是婚姻和性别秩序，后者是经济和社会文化（管理）秩序。身份秩序的存在，使人们看到现实世界的权力结构，但是据此认为权力结构造成的"差异"是传播的本质属性，则忽视了随着权力结构的变化，"差异"也会随之改变，而人总是处于多种权力结构中的。"身份"蕴含着一个流动的主体，主体如果是流动的，那么在传播中还存在稳定的意义结构吗？

修辞学范式。修辞学起源于古希腊，它关注的是立意、布局、风格、表述和记忆五个修辞要素对口语传播的影响，它是口语传播时代的产物，因此在七大理论范式中与现代意义上的传播研究关联较少，但是修辞学范式的一些思想同样影响了后世的传播研究。

总体而论，修辞学关注的是如何通过遣词造句达到说服效果，在这个意义上它是一种关于说服的研究。当我们从"说服"的角度考虑传播时，传播就是一个传播者选择恰当的"符号"，将自己的意义赋予符号系统（立意），通过诉诸理性或者情感的方式（风格），基于经验储备（记忆）达到理想的效果的活动。所以在修辞学范式中，它的核心问题是使言语交际行为发生"效果"。

"说服研究"和"效果研究"是现代传播研究中的两个经典命题。早在拉斯韦尔、霍夫兰等人的战时宣传研究中，人们就已经开始注意到"说服""效果"是传播所具有的功能之一。随着人们对传播活动认识的加深，说服研究和效果研究也开始不断受到质疑。一方面，人们认为传播效果难以测量；另一方面，人们批评"说服"和"效果"研究把人视为"被动接受刺激"的客体而忽视人的主观能动性。在传播研究的七大理论范式中，除了控制论范式外，其他几种范式都避免了"降低"人的维度，而修辞学范式却大多只看到了"演讲者"作为人的能动性，忽视了接收者的主动性，并且片面强调技巧在"效果"中的重要性，因此，它难以为现代传播研究提供更多的理论滋养，也没能为传播本质属性提供更多有益的思考。

二　网络传播、新媒体传播的研究现状

新世纪以来随着网络传播活动的发展壮大，传播研究也实现了转向。人们逐步将研究焦点集中于网络传播活动，从性质、特点、机制、功能和结构等多方面做出了许多有益的探索。为了对相关研究有更加清晰的认识，我们认为关于网络传播、新媒体传播的研究情况，可以从以下几个方面予以梳理。

（1）网络传播、新媒体传播的概念界定。对于网络传播，不同的学者持有不同的定义，至今尚无定论，但总体上可以分为三类。

第一类看法是将网络视为一种"传播工具"，认为它是继报纸、广播、电视后兴起的"第四媒体"，是人类传播工具的进化，但它不会从根本上改变人类的传播行为。如殷晓蓉在《网络传播文化：历史与未来》一书中所说："网络传播只是开启了关于传播的虚拟世界，而并不能代替、否定以往现实世界意义上的传播方式。"[1] 张海鹰、[2] 薛金强、[3] 高钢[4]等学者都持有同样的观点，他们认为网络作为"第四媒体"具有大众媒介所无法比拟的优势，其互动性强、传播速度快、传播方式多样，因而能够提高人类传播的效率和质量。

第二类看法是将网络视为一种文化情境，认为它不可避免地要对人类文明产生重大影响。"我们已经进入一个史无前例的网络化信息时代，它反过来提供了如此广泛和多样的参与机会，从而成为构成媒介的一种民主化形式。媒体在一定规模上放开自身，力邀我们将其视为一种政治自主权的新形式。"[5] "未来社会三部曲"的作者曼纽尔·卡斯特在《网络社会的崛起》一书中认为伴随着网络时代的到来，人类社会的财富、权力和意象会在全球范围内流动，由此带来意义的重组和身份认同的重

---

[1]　殷晓蓉：《网络传播文化：历史与未来》，清华大学出版社 2005 年版，第 7 页。

[2]　张海鹰：《第四媒体的传播模式》，《新闻大学》2000 年第 3 期。

[3]　薛金强：《论第四媒体的特点及对传统媒体的影响》，《宁夏大学学报》（人文社会科学版）2001 年第 2 期。

[4]　高钢：《迎接"第四媒体"时代的到来——〈华声报〉电子版的实践与思考》，《新闻与传播研究》1998 年第 3 期。

[5]　［澳］格雷姆·特纳：《普通人与媒介：民众化转向》，许静译，北京大学出版社 2011 年版，第 2 页。

新聚合。"网络传播……还包括若干深层次的文化难题……其中最根本、也是最发人深省的难题是：一种注重文字、以媒介为中介的传播形式向图像和互动的传播形式的重大社会转移，将对社会文明产生什么样的影响？"① 正如殷晓蓉在《网络传播文化：历史与未来》一书中指出的那样，当人们把网络视为一种"文化情境"时，自然就会展开对网络传播的伦理问题、② 文化认同问题、负面影响③的研究，这些研究认为网络营造的文化情境会对主流文化形成冲击，它所带来的负面效应会对人尤其是青年群体的心理健康造成影响。

第三类看法是将网络视为一个虚拟社会，认为网络具有的网状传播、非节点传播、混合型传播的特点，使得它能够组织起一个跨越地域的"网络集群"，这个网络集群的结构和功能与现实社会不同，"沉浸"于其中的人们会受到潜移默化的影响，并从各个方面对现实社会产生作用。罗杰·菲德勒说："在我们可以开始对新兴技术和主流媒介的未来作出合理的判断以前，我们还需要掌握人类传播的全面、整体知识和在整个系统之内的变革历史格局。这一知识是我们认识媒介形态变化过程的核心，我把这一过程定义为：传播媒介的形态变化，通常是由于可感知的需要、竞争和政治压力，以及社会和技术革新的复杂相互作用引起的。"④ 他认为媒介形态的变化是一种"蝴蝶效应"，它必然带来社会的全方位改变。而卡斯特则认为，"新的传播系统日趋使用全球的数码语言，既将我们文化的言辞、声音与意象之生产与分配在全球层次整合，又按个人的心情和身份品位量身订制……它既塑造生活，同时也为生活所塑造。"⑤ 在国内，一些学者也注意到网络对社会结构的整体影响。例如，彭兰认为，

① 殷晓蓉：《网络传播文化：历史与未来》，清华大学出版社 2005 年版，第 189 页。

② 类似研究有：钟瑛：《论网络传播的伦理建构》，《现代传播》2001 年 6 月；杨先顺：《网络传播的后现代伦理审思》，《现代传播》2010 年第 3 期；李伦：《网络传播伦理的建构路径》，《道德与文明》2011 年第 2 期；戴长征：《网络传播伦理视野下的机密信息传播——对"维基解密"事件的思考》，《国际新闻界》2011 年第 10 期；等等。

③ 关于网络传播的负面影响，多集中于引发网瘾、沉迷游戏、网络色情等问题上。

④ ［美］罗杰·菲德勒：《媒介形态变化：认识新媒介》，明安香译，华夏出版社 2000 年版，第 19 页。

⑤ ［美］曼纽尔·卡斯特：《网络社会的崛起》，夏铸九译，社会科学文献出版社 2001 年版，第 3 页。

经过近 20 年的发展中国已经进入互联网社会，网络社区改变了传统时代以圈子、单位为基础的"关系"，改变了传统的人际关系和文化，同时借助网络展开的对公共事件的讨论，也加剧了中国社会价值观多元化的趋势，在这个意义上，网络社会成为现实社会的泄压阀，在某种程度上影响了社会群体分化。[①] 丁未、张国良从事"知沟"效应的网络实验，提出了"数字鸿沟带来的信息落差、知识分割和贫富分化，是互联网发展必须应对的难题"[②]。将网络视为"社会情境"的立场，催生了关于网络传播的意识形态、民族文化传播、青少年社会化、伦理建设、舆论引导[③]等一系列实用性研究。

通过这些分析我们可以看到，人们从工具、文化和社会三个立场研究网络传播，并对网络传播的特点和机制做了深入探讨，使得它具有了区别于大众传播理论的可能。但是，这些研究同样存在以下一些问题。比如，许多研究混淆了网络传播和新媒体传播的概念。在整理文献的过程中，我们经常可以见到将网络等同于新媒体，或者用"新媒体"涵盖"网络"的研究，以至于在一些关键的问题上语焉不详，造成这种现象的原因是多种多样的。从时间性的角度而言，相较于大众媒体，网络理应属于"新媒体"的历史序列，问题正在于我们如何定义新媒体之"新"：从时间的先后顺序来看，每一种后出现的媒体都是新的，因而"新媒体"的内涵自然也就在不断变化着；从传播行为的演进来看，新媒体之"新"指的是对大众传播活动的革新——通过新媒体人们不仅可以从事大众传播活动，还可以发起人际传播和组织传播行为；从新媒体具有的功能来看，"新媒体"拓宽了传统媒体的功能边际，在提供娱乐、传播信息之外，在舆论监督、人机互动等方面都呈现出了全新的势态。可以说，正是"新""旧"标准的混乱导致了定义相关概念的困难。

（2）网络传播是否是一种新型的传播形态。虽然也有研究者认为网络是"第四媒体"，但却未对网络传播的模式和机制做出更多更深入的研

① 彭兰：《从网络媒体到网络社会——中国互联网 20 年的渐进与扩张》，《新闻记者》2014 年第 4 期。

② 丁未、张国良：《网络传播中的"知沟"现象研究》，《现代传播》2001 年第 6 期。

③ 见许向东、程曼丽、史安斌、赵云泽等人的研究。

究。因为，一方面网络传播行为多种多样，难以把握；另一方面，传播
"本质"属性的悬而未决，造成了此类研究大多在新的环境中去验证某一
个传统理论的取向。

此外，关于网络传播、新媒体传播的研究，还表现为在新的传播生
态下反思并审视大众传播理论。在网络传播活动兴起之后，不少学者认
为我们应该站在新的历史条件下反思大众传播理论，而不仅是验证它、
修正它，此类研究同样可以分为三类。

第一类研究是讨论新的传播理论架构。比如，张允若认为，网络时
代把大众传播理论的不适应性凸显出来，因为大众传播是属于第一性的
现实世界的，而网络营造的传播空间是"人类传播和精神交往的第二世
界"，人们却未能意识到这一点。他还认为网络传播出现后，人类传播的
基本形态并没有发生变化，只是传受关系始终处于不断转换之中；传播
活动的基本结构也没有改变，但是互动性更强；传播所使用的基本符号
没有改变，只是在网络空间中被增添了新的意义。因此张允若认为，我
们应该以形态、内容、符号、范围和媒介为标准来开展网络传播研究，
建立起一个"各分支、各侧面的大融汇、大整合、大提升，逐步形成广
义传播学的基本体系。"① 冈特利特则提出，网络传播理论研究要经历
"大众化阶段""文化研究阶段"和"批评研究阶段"，他认为批评研究
应该是网络传播理论建设的中心和重点，他说："这时的网络文化扩展到
四个领域：网络中各种因素的相互作用，关于电子空间的话语方式，使
用网络的障碍及网络空间的界面设计，人们也开始研究这四个领域间的
相互交织和相互依赖关系。"② 也就是主张把批判的传统引入到网络传播
研究当中，鼓励人们对网络中的话语、权力和结构进行探索。陈力丹认
为在网络时代，传统的五大传播研究领域缺乏解释力，因此"面对因特
网这一新的传播科技成果，原来以传播效果研究为中心的传播理论的现
状必须改变，至少要有两个平行的重点研究方向，即用户作为选择和接

---

① 张允若：《关于网络传播的一些理论思考》，《国际新闻界》2002 年第 1 期。

② ［英］戴维·冈特利特主编：《网络研究：数字化时代媒介研究的重新定向》，彭兰等
译，新华出版社 2004 年版，第 31 页。

受信息者时的情形、用户发布信息和发表意见以影响他人时的情形。"①
根据对受众地位发生变化的现状的判断，陈力丹认为针对网络传播可以
划定四个研究方面：个人对个人的异步传播；多人对多人的异步传播；
个人对个人，或对不确定的多人的同步传播；多人对个人、个人对个人、
个人对多人的异步传播。在 20 世纪 90 年代末，当互联网还未能像今天这
样席卷人类生活的方方面面的时候，陈力丹的观点无疑是具有超前性的。

第二类研究是在网络传播环境下修正大众传播研究方法。陈燕、王
敬红对传统的受众调查法提出了质疑，他们认为网络时代交互式的调查
方式取代了线性的调查方式，在媒体融合的大趋势下，需要找到同样融
合、交叉的研究方法。②范龙认为，传统的内容（文字、声音、画面）分
析法在面对网络传播环境时，因内容的复杂化（图片、文字、动画、时
评等）而对分析的手段和方法都提出了改进的要求。③ 2002 年，白冰、
陈英提出了当时尚未普及的四种网络调查方法——注册法、软件调查
法、问卷调查法、网上网下结合法用以改进传统研究方法的不足，并敏
锐地指出除了技术限制外，还要格外警惕商业因素造成的数据不实。④

可以说，这些研究都看到了大众传播理论在网络传播环境中的不适
应，并且尝试着从框架、方法等方面去改造它，但是这些尝试同样存在
问题。网络环境是"虚拟"的，"虚拟"是我们理解网络传播的哲学前
提，因此，这些研究虽然看到了大众传播理论的滞后性，但对它的反思
还不够深入，同时对建构新的理论准备不足，对新的传播环境的认识不
足，因而就表现为方法的改进和范式的转换，以及对既有理论的修修补
补，而未能从哲学层面彻底突破大众传播理论的制约。

文森特·莫斯可在谈到理论与经验的关系时说："某种思想与理论而
不是别的被选择意味着我们的思想和经验保障了其优先性，但这并非宣
称它们自己就是理解社会实践的唯一的或者是最好的方式。此外，这种
认识论也是建构性的，因其承认因果决定论的局限性，并且包含了社会

① 陈力丹：《大众传播理论如何面对网络传播》，《国际新闻界》1998 年第 Z1 期。
② 陈燕、王敬红：《网络传播：研究方法的困惑与思考》，《现代传播》2003 年第 1 期。
③ 范龙：《内容分析法在网络传播研究中的应用》，《情报科学》2010 年第 6 期。
④ 白冰、陈英：《论网络媒介的受众调查方法》，《现代传播》2002 年第 3 期。

分析单元作为一个整合成型的总体以线性模式彼此互动的假设的局限性。相反，它把社会生活作为彼此建构的系列过程来处理，这些过程在不同阶段彼此相互作用，而这些过程相互作用的方向和影响只能在具体研究中得以理解。"① 他的这段话把人类的理论创建活动看作人们解释社会实践的一种方式，他认为，人们在社会实践中的相互关系和作用会对他们看待世界的方式造成影响。从这个观点出发，我们之所以未能建立属于网络传播的哲学，在于我们还未能充分认识以"虚拟"为基础的传播实践。

三 定向传播的研究现状

目前国内关于定向传播的文献并不多。在"中国知网"以"定向传播"作为检索项搜索后，涉及"定向传播"的文献共有 138 篇，排除其他学科的文献后，与本书所涉领域直接相关的文献仅有 9 篇。

第一类文献认为定向传播是一种广告营销手段。有《移动新媒体环境下网络广告的定向传播》《第五媒体：无线营销下的分众传媒与定向传播》《精准传媒：精准定向传播引领网络新媒体新趋势》《中视辉煌：定向传播成就新媒体时代的冠军》《网络社会对广告传播形式的影响》《网络定向广告的传播学分析》几篇文章。这些文献认为，新媒体促使广告营销方式发生转变，人们通过技术手段能够轻而易举地将"广告"投放给目标受众，实现广告与受众需求的精准匹配。因此，所谓"定向传播"指在新媒体环境下，根据受众媒介使用习惯和消费习惯，广告商开发出的能够精准定位消费者需求的一种新型营销方式。"定向广告追求研究受众的精细化，加上 DRAT 技术的支持，从而使市场目标定位个人化，容易形成一对一的精准传播，受众是根据自己的喜好或者需求主动地点击广告并且浏览广告内容，中间排除了诸多的干扰因素，广告的回报率得到提高。"②

第二类文献主要是政府公告。2016 年 4 月 25 日，国家新闻出版广电

---

① ［加］文森特·莫斯可：《传播政治经济学》，胡春阳译，上海译文出版社 2011 年版，第 13 页。

② 于潇：《网络定向广告的传播学分析》，《福建论坛》（社科教育版）2007 年第 S1 期。

总局发布了《专网及定向传播视听节目服务管理规定》，① 该公告称："本规定所称专网及定向传播视听节目服务，是指以电视机、各类手持电子设备等为接收终端，通过局域网络及利用互联网假设虚拟专网或者以互联网等信息网络为定向传输通道，向公众定向提供广播电视节目等视听节目服务活动，包括以交互式网络电视（IPTV）、专网手机电视、互联网电视等形式从事内容提供、集成播控、传输分发等活动。"这是国内首次对定向传播做出的权威界定，它包含了几个内容：一是强调接收设备的"定向"，包括了电视机和手持电子设备；二是强调传播渠道的"定向"，指的是虚拟专网或互联网；三是强调受众的"定向"，主要指公众。在这个界定中，定向的含义倾向于"点对点、线对线"式的控制，即通过对渠道、内容和受众的"定向"匹配，从准入机制、内容制作、播放途径、目标观众等方面，实现对互联网广电、手机广电和 IPTV 的有效管控。曾有两篇文章对该公告作出了解读，作者主要从技术和管理的层面解释了为何要"定向传播"。因为，"为促进交互式网络电视（IPTV）、专网手机电视、互联网电视等新业务健康繁荣发展，为人民群众提供丰富多样、弘扬主旋律、传播主旋律、传播正能量的视听节目，防范不良内容传播……强化事后事中监管……将内容安全、传输安全和技术安全保护制度作为业务准入的基本条件。"② 而"从本质上来说，视听新媒体具有一对多的广播性质，其受众人口多、影响面积大，具有广播电视的属性。这一特点决定了视听新媒体和传统广播电视网络一样都是群众精神文化的娱乐工具、是党和政府言论的传播途径，关系着国家政治安全和社会稳定，必须对其进行严格监管，保证其传播行为的方向性和正确性"③。也就是说，该公告中所提出的定向传播，并不是从形态上规定一种新型传播活动，而是从传播对社会可能造成的影响的角度出发，要求传播者站在"定调子、定方向"的宏观角度，在技术和内容层面对传播活动进行管理和控制。

---

① 国家新闻出版广电总局：《专网及定向传播视听节目服务管理规定》，《国务院公报》2016 年第 22 期。

② 国家新闻传播广电总局新闻发言人就《专网及定向传播视听节目服务管理规定》答记者问，《广电时评》2016 年第 5 期。

③ 广电总局 6 号令《何为"定向传播"》，《中国有线电视》2016 年第 5 期。

通过梳理文献，我们对于传播本质属性的讨论也就多了一些可供参考借鉴的维度。这些研究成果帮助我们进一步确认了"定向"的存在：它是传播的本质属性之一。这些文献使我们看到，从参与主体意义生产的普遍性、复杂性的角度去理解"定向"，以及对网络传播的形而上思考中理解"定向传播"的可能性。正是当代传播活动主体意义生产的特异性，当代传播技术的先进性，使得定向传播成为客观存在的一种活动类型。

第三节　关键概念界定

一　定向

为了更好理解"定向"是什么，我们来观察一段对话。

> 男：明天出来玩吗？
>
> 女：什么时候？
>
> 男：明天下午可以吗？
>
> 女：下午不行，已经有安排了。
>
> 男：那明天晚上可以吗？
>
> 女：行，那就一起吃晚饭吧。
>
> 男：好！

这个例子在人类传播活动中是十分常见的，它属于人际传播的范围。人际传播通常指的是人与人在社会交往中使用语言、文字等符号的传播活动。在这个典型的人际传播中，参与主体的意义经过多次交换最终达成了共识。那么，在这个传播活动中，有哪些意义存在，它们又是怎么交换的？

首先是参与主体的先在意义，主要以参与主体的性别、关系、身份认知为基础。先在意义在传播活动发生之前就已经存在。其次是工具的意义，指的是参与主体使用同一种语言、文字或符号进行交流，并认同这些符号的约定俗成的意义。最后是先在的意义和工具的意义都指向参与者的"意图"，这个意图可能会以明确的方式被表达出来，也可能以间接的方式等待解读，但不论是哪种方式，它都是多种意义综合作用后的结果。

　　比如，在这段对话中，男人的意图是"邀请女人出门"，于是他就在"意图"和语言之间建立起一种指向关系，这个指向活动包含着复杂的过程。第一，要把意图与词语"出来""玩"联系起来，这个建立联系的过程发生在精神层面。第二，把意图"说"或者"写"出来，也就是在现实世界中采取某种行动。此时，男人会根据实际情况选择打电话、发微信或者其他的方式，以便在行为和意图间建立指向关系。第三，当女人说出"明天下午不行"这句话的时候，男人的意图就得到了一个"既确定又不确定"的回应。他的意图的主体部分"出来玩"实现了交换，在时间的选择上双方的意见不一致。于是针对"出来玩"的具体时间，两人又再次进行了"定向"，也就是在精神和行动层面建立起一种指向关系。在另一个参与者"女人"那里，她的言语行为也包含了同样的几个指向过程。

　　我们分析这个例子并不是要将传播活动复杂化，而是想要说明一个问题：如果在参与主体最少、传播层级较简单、关系较为明确的人际传播当中都蕴含复杂的指向过程，那么在群体传播、组织传播、大众传播中"指向"的过程会更加复杂。在这些传播活动中，除了主体和工具的意义之外，还存在组织、社会、经济、文化的多重意义，因此它们就涉及如何在多种意义间建立指向关系。通过这些分析我们可以断定，"定向"是广泛存在的，它是传播的本质属性。

　　定向，在英语中"orient"（动词）和"orientation"（名词）两个词语均表达了较为相近的意思。"orient"的含义主要为"to direct sb/sth towards sth"，即朝向、面对、确定方向，使适应、使熟悉。"orientation"的含义主要有：①方向、目标、定向；②（个人的）基本态度、信仰、观点；③（任职前的）培训、迎新会；④术语，行星轨道。[①] 按照英语语法，动词不能直接与名词组合构成一个新的复合名词，当orient作为形容词使用时其含义为"东方的"，若要保留它作为动词时的内涵，通常情况下，要加上一个"限定"词使其意思更加明确，如

---

① 《牛津高阶英汉双解词典》，商务印书馆、牛津大学出版社2004年版，第1216页。

consumer-oriented（消费者导向的）。按照本书中"定向"的内涵，orientation 所蕴含的"方向""目标""预先立场"等含义使其比 orient 更为合适。

《现代汉语词典》（第 7 版）对"定向"做了如下界定："①测定方向：定向台（装有特种接收设备，能测定被测电台电波发射方向的无线电台）。②指有一定方向：定向爆破，定向招生。"[1] 这种定义更加强调方向的"确定性"，与本书讨论的"定向"关系不大，因为在这个定义之下"定向"就带有直线性的控制式的内涵。

通过分析人际传播的案例，我们对传播活动中的指向关系就有了一定的直观感受，在观察其他类型的传播活动后，我们认为人类传播有这样几个共通的元素：①发起传播的主体和接收对象；②传播总是以特定的方式展开的，它有的时候可以是"面对面"的，有的时候又必须要借助特定的技术手段；③传播必定蕴含主体和工具的意义，主体和工具的意义受到多种因素的影响，它先于具体的传播活动；④传播中存在多个意义系统，发起一方的意义系统可以理解为"想要传达的"，接收者一方的意义系统主要指的是阐释和理解；⑤人们会采用多种手段以实现意义系统的交换。

我们将这些元素综合起来将会得到如下印象：传播总是以某种特定的方式发生在主体间的，它蕴含着多个主体的意义，这些意义是有差异的。传播不是简单的意义交换，而是受到了某些因素的影响。这些印象正是对"定向"的描述，作为传播的属性之一，"定向"指的是主体的指向（要表达的）及其实现（对象接收到的）。

二 指向

在前文人际传播的案例中，通过分析我们看到它蕴含了几个复杂的指向过程，包括在思维层面把意图指向某个词语或者符号，以及在行为层面表达意图等。无论是思维层面的指向还是行为层面的指向，都是一种将"此"与"彼"进行匹配的过程，这个匹配的过程就是指向。

---

[1] 中国社会科学院语言研究所词典编辑室编：《现代汉语词典（第 7 版）》，商务印书馆 2016 年版，第 309 页。

指向还表现为参与主体之间的关系。因为在一个传播活动中，双方总是以对方为客体的，极少存在没有特定对象的传播活动。在文学研究中，人们也认为作家在写作的时候，读者是以"不存在"的形式存在于文本当中的，作家会想象读者阅读时的反应。我们在开展传播活动的时候，总是会设想存在一个对象，有时还会对对方的反应做出想象，在人内传播中如是，在大众传播中亦如是——镜头内的人总是向镜头外不可见的观众问好，这种现象正是传播主体间的指向关系的反映。

三　语境

传播活动不能发生在真空中，它要借助物质性的载体才能实现，这些载体产生于一定的社会文化环境里。传播活动的参与主体亦不是生活在真空之中，而总是要受到他的"过去"和"现在"的影响。这种载体的社会文化性和主体的复杂性，喻示着传播活动虽然要在具体的语境之中才能发生，但它却要受到多个语境的影响，这些语境不一定总是可见、可感的。

因此，所谓语境，包括传播活动发生的具体情景，如时空、场所、符号及其结构、传播主体的历史和现状等；又包括了以制度化方式存在的更为广阔的社会和文化体系。语境，关系到主体的指向能否实现。

四　意义

意义指的是，人利用符号指向客体并赋予其精神内容的行为。意义是主观性和客观性相统一运动变化着的观念系统，必须经过人的解释才能显现。人总是根据传播情境把握意义的核心内容。

第 一 章

传播中的"定向"

　　"理论化就是为了理解某个对象，系统地用公式阐明并组织某种思想。理论就是在此过程中出现的一系列相互联系的思想。"① 韦斯特在《传播理念导引：分析与应用》一书中这样写道。在他看来创建一种理论可以更好地理解一个对象，还可以把一系列与该对象有关的思想串联起来，传播理论就是这样的产物。它们大多来源于人们对某个具体的传播行为的思考，经过不断地修正和完善，最终形成了体系化的思想，并被人们用来研究复杂的传播活动。从这个意义上来说，理论其实是看待和解释世界的一种方式。库恩在研究自然科学是如何产生新的理论时认为，"一种新理论可能并不与任何旧理论相冲突，它可能只是讨论以前未知的现象……或者，新理论可能仅是比现有理论更高层次的理论，它能把一批较低层次的理论组合在一起，而无须对其中任一理论做实质性修改。"② 在他看来新的理论未必总是具有颠覆性，它可能只是探讨以往被忽视的现象，又或者只是把默顿所言的"中层理论"统和起来，以一加一大于二的方式，赋予新的体系以更强的解释力和科学性，使其适应新的环境和科学门类的发展趋向。库恩的观点虽然是用来描述自然科学知识的生产和演进的，但对于人文知识的生产同样具有启发意义。

　　正如我们在导论中指出的那样，人类传播活动虽然古已有之，但我们对它的系统的研究却直至 20 世纪早期才开始。这种理论研究滞后于实

---

① ［美］理查德·韦斯特等：《传播理论导引：分析与应用》，刘海龙译，中国人民大学出版社 2007 年版，第 49 页。

② ［美］托马斯·库恩：《科学革命的结构》，金吾伦等译，北京大学出版社 2003 年版，第 88 页。

践的情况，使得传播理论在许多重要的问题上语焉不详。我们通常将诞生于19世纪30年代的《太阳报》视为开启了大众传播时代的启明星，自此之后大众传播成为人类社会中的一个重要事物，在信息传播、文化传承、社会规训等方面发挥着无与伦比的影响。在这样的时代背景下，大众传播做了什么，产生了什么样的作用，自然就是一个非常重要的问题，与之相应的，传播者也就天然地收获了更多的关注。尽管在大众传播研究之外，也有许多研究注意到主体间的互动对于传播活动的影响，如戈夫曼就认为每一个人都是通过传播在社会舞台上进行表演的。但是，在一个大众传播活动占主导地位的时代，人们是难以做到不从理论上关注它、研究它的。时代赋予了传播者以显要性，也导致了一个时代的研究趋向，在这种研究趋向之下，传播活动中的另一方几乎是失语的。人们虽然也对受众展开了研究，但大多站在传播者一方去设想受众可能会是什么样子的，以及他们可能会喜欢什么样的传播方式，并对他们的反应作出预判。

20世纪晚期，互联网的出现和兴起使得传播活动中的传受关系发生了变化。在大众传播时代，人们虽然也能通过媒体发出自己的声音，但这种声音必须经过层层把关之后，才有可能以不损耗大众传播秩序的方式呈现出来。比如，《大众电影》杂志会刊登观众的观后感作为对学院派影评的补充，通常情况下，这些影评要符合办刊宗旨，同时还要文从字顺、条理清晰，也就是对观众的文字水平和欣赏水平都有一定的要求。但是在网络时代，网络评论的出现重新定义了影评——每个人都可以写影评，这些影评可以从不同的角度展开；长短也不限，甚至还出现了一句话影评；行文也未必通顺流畅。它们可以"即时"通过网络传播开来，在积少成多之后，这些影评会形成一种舆论倾向，并最终对一部电影的市场表现造成影响。这个案例喻示着传受关系的变化。除此之外，传播技术的发展还使得受众参与传播活动的方式发生了变化，人们不再是被动的，而是主动通过网络论坛、社交软件等各种平台，以既是传播者又是受众的方式参与传播。

人们在研究网络的匿名性时认为，它的存在使得人可以摆脱现实世界的制约，在赛博空间中自由呈现出真实的自我。匿名性正是虚拟性的后果之一。当我们用虚拟性作为哲学基础审视大众传播理论时，将会发现它们大多是用来解释以现实性为基础的传播活动的。那么，该如何建立区别于大众传播理论的"理论"，以避免落入在网络环境中验证它的窠臼？

迄今为止，人们大抵沿袭了库恩提出的生产自然科学知识的两种思路——或者用传统理论解释新的传播现象，或者创造新的术语去描述旧的传播行为。这两种做法虽然可以回避理论创建的困难，却无助于传播研究自身的发展。自然科学具有客观性、延续性、发展性，我们可以通过发现新材料、新规律的方式丰富理论体系，人文科学则不尽然。在人文科学的领域，旧的"原理、规律"随时会因为环境的变化而变化，现象和创造现象的人也始终处于运动变化之中。因此，通过把旧的传播理论延续到虚拟的网络空间中的做法，并不能从根本上解决问题。我们需要全新的理论来应对网络环境，这种理论虽然与大众传播理论不同，但并非对它的弃绝，而是在承认理论延续性的基础上，观察思考当代传播活动的特性，从形而上的层面为当代理论发展开辟新的道路。而实际上，库恩已经为我们提供了另一条思路——"讨论以前的未知"。

总体而论，近一个世纪以来我们的传播研究，大多是站在传播者的角度试图寻找"理想对象"以"实现理想效果"的，在这种主导研究思路的影响之下，人们忽视了传播活动的一个重要属性——定向。定向是普遍存在于人类传播活动之中的。在讨论定向之前，我们首先要理解传播。

第一节　什么是传播

自有传播研究以来，关于传播的定义问题众说纷纭。当代传播活动的多样化，传播环境的复杂化，使得定义"传播"成为一个难题——任何一种定义都不可能涵盖所有的传播活动，也难以从宏观角度总结出传播活动的特征。在导论中，我们曾经从七大理论范式的角度，对传播的内涵和本质属性进行了深入的讨论。通过这些讨论，虽然我们仍旧无法获得一个"完美"的定义，但对于传播的思考却更深了。实际上，当我们将自身从关于某个事物的内涵和外延的纷争中抽离出来后，从观察传播行为的角度入手也能获得一些新的维度。毕竟，任何理论思考都只是观察和解释世界的一个角度，在定义传播时也不例外。

从行为的角度而言，没有任何一个人类传播活动是指向封闭的。正如没有任何一首诗，不是为了被传颂一样。人是精神性和物质性的统一体，他的精神性只有向外界传播，才有彰显存在并得到传承的可能。为了更好传播出去，人类创造了形式多样的工具和技术，借助它们，人类创造的多种多样的"意义"有了栖身之处。在漫长的历史中，传播总是为时空所限，人们难以跨越时间和空间，于是就寄希望于物质的持久性，信息社会的到来改变了这一点，时间和空间不再是一个问题，正如波斯特所说："社会现在是一种双重运动：其一是个人和机构的；其二是信息流的。"① 借助信息的流动，世界被链接为一个整体，并创造出了不同于现实世界的赛博时空，人类的"意义"也有了新的传播渠道，并以数字的形式获得了永存的可能性。通过这些简要的描述，我们可以发现人类传播总是指向某个对象并且蕴含意义，这些特点为我们理解传播提供了新的思路。

在本书中，传播指的是以人为主体的意义交换行为。这个定义蕴含三方面的内容：第一，传播的主体是人或者由人创造并组成的组织及机构；第二，传播是意义的交换；第三，它是人的行为，表现为人与人、人与物之间的互动。"主体"和"意义"理解是这个定义的关键。

一 传播中的主体

传播中的"主体"，包括了发起传播的人和传播指向的"某个对象"。通常情况下，我们认为"某个对象"就是指传播中接受的一方，并以"受众"命名它。"Audience 的原始词义是倾听，确切的译法应该是阅听人，这种译法强调了在传播中信息的重要性，以及在接受者那里所产生的行为、动作乃至效果，但是受众，则更加强调了信息的单向流动，以及传者的强势地位。因为光说，没有听，是不足以构成传播的。'受'则有一种自上而下的压迫感。听，看，是与主体相连的，有主体才有这个动作，受是与客体相连的，作为一种承受的倾斜式的对象存在。"② 诞生

① ［美］马克·波斯特：《第二媒介时代》，范静哗译，南京大学出版社2009年版，第89页。
② 徐桂枝、熊壮：《中国受众观念的多元表述：一种话语理论分析的进路》，《现代传播》2015年第9期。

于大众理论背景下的受众概念，将传播一分为二，一方是占据主导地位的传者，另一方是充满了异质性的、分散的受众。这种看法认为，在一个原子式的社会中人是孤立的，当他受到大众传播中的某个信息的刺激时，孤立的状态导致他难以从群体中寻求支持，因而容易屈从本能做出反应。受这种思想的影响，人们认为传播一定可以达成某种效果并实现某种功能，因而受众也就被给予了一种期待。在这种期待的影响之下，找到激发受众反应的刺激物也就成了传播研究的重心。刺激物可以是受众的媒介使用动机，也可以是受众的社会属性和类别，还可以是传播者具有的说服风格和权威性。

麦奎尔在研究受众时认为，在"传播者与受众之间没有所谓真正的承诺和依附可言"①。因为传播者并不关心真正的受众，而只会从自身利益出发去寻找、研究并界定受众。麦奎尔看到了受众在传播研究中的尴尬地位，一方面他非常重要，另一方面他又是被传播者发现的，而不是他自我彰显的结果，以至于我们对于受众的种种讨论，都陷入了一个充满想象的空间之中。

"受众"之"受"，意味着时间上的先后次序、空间上的承续关系。在它的限定之下，传播活动中的接收主体就变成了等待、接收再做出反应的主体。实际上，被"受众"所限定的理想的传播主体几乎是不存在的。比如，赫佐格在研究日间广播剧时发现了人们收听肥皂剧的不同动机，在这种动机之外，他还发现了人们对于大众传播的出乎意料的解读：肥皂剧通常被认为是受家庭主妇青睐的一种电视剧类型，因此大多具有道德教化的意义，但听众却未必按照道德的要求去解读它，而是有可能从中获得新的知识——通过它了解上流社会的日常生活。赫佐格还发现了知识分子和男性也是肥皂剧的听众，他们对于肥皂剧的看法也是多种多样的。我们还可以结合人际传播来理解受众的"不可靠"。当我们进入人际传播活动中时，我们极少能做一个称职的"倾听者"，而总是用各种各样的方式表明自我的存在，我们会发生激烈的讨论，也会进入心不在焉的状态，当我们沉默不语时，也有丰富的内心活动。无论身处哪一种

---

① ［英］丹尼斯·麦奎尔：《受众分析》，刘燕南译，中国人民大学出版社 2006 年版，第 2 页。

传播环境，参与到哪一个具体的传播行为中，每一个人都是主动的，理想的传受关系永远在遭受这种主动性的冲击。

那么这种主动性对传播活动的影响是什么？为什么当我们确定了某个对象之后，传播行为还是如此复杂？也就是说，即使我们认识到了对象的主动性并承认其影响，为什么传播活动依然不能按照我们设想的那样展开？为了理解这个问题，我们来观察几个传播活动。

（一）

甲：张三真是一个讨厌的人！

乙：谁是张三？

甲：上次我们在街上碰到过的那个人。

乙：我不记得了。

（二）

好几个星期，李四都没有时间收拾屋子。逢着周末，他起了个大早，一边听着电视，一边做家务。电视里正播放着南方某地洪水肆虐的消息。他看了看时间，7月7日。他突然想起有一年的夏天，他在该地度过了一个愉快的假期。于是他把电视切换到了音乐频道，在轻快的音乐声中，他的家务活做得更起劲了。

（三）

又是例会时间，小王有些不知所措。同事们正在就一份营销方案展开讨论。由于疏忽，他忘了这件事。当经理让他对这份方案说点什么的时候，他只能沉默。

在以上三个传播活动中都有一个"指向的对象"——"张三""南方某地"和"方案"。站在传播者的角度，这几个指向的对象是有其特定含义的：对甲而言，张三意味着"讨厌"；对新闻机构而言，南方水灾是向公众通报的社会新闻；对公司而言，制定营销方案是为了促进商品销售。但是，在这三个传播活动中的另一个参与主体看来，它们的含义却是不明朗的。为什么会这样？其实主要是因为另一个参与主体的先在意义，影响了传播者意义的指向性。

里克曼说："我们所接受的信息，只有在它们适合于有关我们的思维能力和……整个观念情景和前提时，才能成为知识。"① 他的这句话指出了一个重要的现实，我们在接受信息之前已经拥有了理解它的一些框架，只有当信息与框架相符合的时候，我们才能对信息的内容和价值做出解读与判断，凡是与我们的观念体系相悖的信息，我们既难以接受也难以理解。而这正是人类传播活动的常态。

当我们用这个观点衡量上述三个案例时，我们将会发现传播活动是存在指向性的。它一方面表现为主体间的指向性，即一方以另一方为对象；另一方面表现为以符号的方式指向某个意义，这些被指向的符号虽然以符号的形式存在，但是却不一定发挥符号意义上的功能。也就是说，只有当乙把"张三"理解为一个"讨厌"的对象，甲和乙的对话才能继续。当李四将"南方某地"与当下的"水灾"相联系，这条新闻才算实现了真正的传播。当小王及时说出营销方案存在的问题，他才算参与了讨论。可实际情况是，他们都未能在对象和传播者的意义之间建立起联系，以至于他们对该对象的理解和阐释几乎是与传播者无关的。当类似情况出现的时候，这种以符号形式指向的对象是什么？答案是意义。

二 传播中的"意义"

在传播活动中，意义普遍存在，我们可以从以下几个方面来理解意义的普遍性。第一，参与主体的意义。人是传播活动的主体，传播机构和组织是由人构成的，所以它同样可以体现人的特性，只是此时人的特性要在一定的组织制度和文化规约中才能发挥作用。传播主体的意义包括了过往经验和当下经验。所谓过往经验，主要指的是人（主体）在其发展演变过程中具有的记忆、情感、价值理念和意识形态，过往经验是先在于具体的传播行为的，因此它具有不可逆性和客观性。所谓当下经验，主要指的是主体在参与传播活动时的状态，包括了其生理和心理状态，以及对传播的符号的选择、使用、解读等行为。

第二，传播情境的意义。简言之，传播情境既包括传播行为发生的具体时空和场所，又包括以制度化方式存在的更为广阔的社会和文化体

---

① ［英］H. P. 里克曼：《理性的探险》，姚休译，商务印书馆1996年版，第9页。

系。梅罗维茨认为，场景中同样蕴含着一个社会的行为规范和价值准则，有的时候我们的行为之所以会不合时宜，是因为"我们适应社会生活的方法之一是学习我们文化中的场景定义……'不恰当的社会行为'的部分原因是不能成功地协调各种场景的需求"。① 比如，两个互有好感的人相约走进影院，此时他们的私人社交行为就具有了公共性，在这个公共场合中，他们难以随心所欲地倾诉衷肠，但"看电影"的仪式又赋予了社交行为以情感性。这个常见事例说明了在大多数时候，我们的社会规范和文化都以一种"无意识"的情境意义存在，并对我们的传播活动造成影响。如同海德格尔所说的"锤子"，通常情况下，我们在使用锤子的时候很少注意到它，只有当它因"不称手"而影响对它的使用时，我们才会以看待一个锤子的眼光去看待它。

第三，符号的意义。传播活动中的符号是由人创造并使用的。对于符号的意义，语言学、符号学、结构主义学者们做了许多的研究，尽管立场不尽相同，但大体同意符号的意义源自人的阐释和解读。索绪尔将符号看作能指和所指的统一，人们在能指的意义上使用符号，但最终在所指的层面实现对符号的理解。布鲁默认为意义有三种起源：一是物体本身固有的；二是"个人把自己心目中某个事物的意义赋予了这个意义"②；三是他所理解的：意义是人的社会互动的产物。正如石头从不自称为石头，水也不知道它应该向东流。从这三个方面思考意义，有助于加深我们对传播活动中的意义的普遍性的理解。

三 传播是一种互动行为

所谓互动，指的是在传播活动中主体的意义被接收和阐释后，导致主体的状态或关系发生变化，它强调的是意义进入传播后引发的"改变"。从这个角度而言，每一种类型的传播活动都存在"互动"。比如，在人际传播中，人们通过语言将自己的意义传达出去，无论对方是否能

① ［美］约书亚·梅罗维茨：《消失的地域：电子媒介对社会行为的影响》，肖志军译，清华大学出版社 2002 年版，第 22 页。

② ［美］理查德·韦斯特等：《传播理论导引：分析与应用》，刘海龙译，中国人民大学出版社 2007 年版，第 97 页。

够理解，彼此持有的意义都加入了新的内容。在大众传播活动中，接收主体的意义虽然无法"立即"进入传播活动并为对方感知和接收，但它同样存在——收视率就是大众传播活动中观众的意义的一种体现。而在网络传播里，虚拟性、即时性使得互动发生的频次更高了，于是传播主体的意义也就始终处在运动和变化之中。

把互动视为一种因意义引发的可被感知、解读进而引发变化的状态，就是把互动视为一种情境，于是互动也具有了"意义"。例如，当两个人热烈交谈时，其中一个人突然不说话了，那么另一个人就会因他的状态的变化而感到无所适从。再如，某人在看电视的时候，突然停电了，他看电视的行为也因此终止。当这些情况出现的时候，传播主体一方状态的改变，使得作为情境的互动的意义也发生了改变，但这种意义的不同之处在于，互动是产生于传播过程中并且随着主体的变化而变化，它不是一种先在的"意义"，而是一种"此时此刻"的意义。"日常生活现实是由环绕在我身上的'此地'（here）及我所呈现的'此刻'（now）所构成。这一'此地此刻'正是我在日常生活现实中注意的关键所在，同时也是我的意识的实在性所在。"① "互动"所具有的意义不来自我们的过去，也不指向将来，它一定是当时当下的。这就好比人们只能用"爱着"去形容处于恋爱关系中的男女，而不能用"爱过"或者"将爱"去描述。

互动是基于已有的意义（主体的意义、情境的意义、符号的意义），对彼此当下状态的改变、感知和阐释的运动变化的过程。② 互动作为一种"当下"的意义，它由传播主体共同发起，任何一方状态的改变都会导致互动的变化，从这个角度而言我们对于互动的理解就要宽广得多，对传播的理解也就会更加深刻。

---

① ［美］彼得·L. 伯格、托马斯·卢克曼：《现实的社会建构》，吴肃然译，北京大学出版社 2009 年版，第 19 页。

② 认知科学关于人如何能感知他人的一系列研究，证实了在人等高等灵长类动物的大脑中存在一个区域，该区有一种神经元，只有当人执行一个动作以及知觉到他人执行同一动作时，才会激活，因而被称为"镜像神经元"。参见费多益《他心感知如何可能》，《哲学研究》2015 年第 1 期。

第二节 什么是"定向"

先来观察几个事例。

（一）人内传播

小丽很矛盾。她已经工作十年了，她的薪水和职位却没有长进。她萌生出辞职的念头，又害怕找不到更好的工作。一个声音告诉她，要敢于尝试；另一个声音劝诫她，要规避风险。经过激烈的思想斗争，她最终还是决定辞职。

（二）人际传播

男：今晚的月色好美啊！好像我第一次见你的那天一样。

女：是的。明天是个晒被子的好天气。

（三）群体传播

王老师生气了。尽管他想了很多办法，想使自己的课堂更生动一些，但是学生们依然故我。只有不到5个人在听讲，其他的人好像完全处于另一个世界。只有下课铃声响起时，他们才能真正回到教室里来。

（四）组织传播

今天是新员工入职培训的第一天，小刘作为老员工代表，要在会上致欢迎词。他老早就写了一份讲稿，可是老板觉得这份讲稿缺乏激情。几轮修改后，老板终于满意了，小刘却觉得这不是自己真正想说的内容。最后，他还是屈服了。不过是一份工作而已，小刘想。

（五）大众传播

又见春晚。忙活了一天的老李，终于可以坐下来给老朋友们发祝福短信了。电视上热闹非凡，可家里的每个人都埋头看手机。只有歪在沙发上的老父亲，看着电视，发出了鼾声。

（六）网络传播

前两天，小张在一条热门微博下随手评论了几句，没想到引起轩然大波。这几天，他的个人微博下整齐排列着一些网友们的谩骂，不少人叫嚣着要"人肉"他。他感到很委屈，他只是说了几句"真话"，怎么就让网友们误会了呢？

通过分析，在这六个典型的传播活动中存在一些共通的元素，我们将其罗列如下：

1. 发起传播的主体和接收对象

在人内传播的案例中，传播主体是小丽和内心的声音。在人际传播的案例中，讨论月亮的甲和乙是传播主体。在群体传播的案例中，王老师是发起传播的主体，学生是接收主体。在组织传播的案例中，小刘、老板和新员工是传播主体。在大众传播的案例中，传播者是晚会的制作者，老李一家是观众。在网络传播的案例中，小张和网友们既是接收者又是传播者。

2. 通过特定方式展开的传播活动

在这六个案例中，人们或者采用面对面的方式交流，或者在特定群体就一个事情展开讨论，又或以特定的传播技术为基础，在进入一个共通的空间后开展传播。

3. 传播中必定蕴含主体的意义，它是双向的

在传者一方而言是想要传达的（是这样）；在接收者一方而言是解读到的（应该是这样）。

比如，在人际传播的案例中，当甲提及月色时，他是将自己的情感折射到月亮之上，并希望乙也能体会到回忆往事带来的美好感受。乙虽然听到了甲对月色的评价，却没有"听懂"他的弦外之音，而是从实用的角度将月色和好天气联系起来。在这个案例中，月色的意义一共有两层：第一层是自然之美，是对客观事实的描述。第二层是甲赋予它的情感意蕴，以及乙赋予它的功能意义。在第一个层面，甲和乙的意义一致，在第二个层面则不尽然。这个案例说明即使是在人际传播中，哪怕只有一两句话，传播主体之间也未必能达成共识，这种现象在人类传播活动中是十分常见的。

当我们把这些从案例中抽象出来的元素综合之后，将会得到如下印象：传播总是以某种特定的方式发生在主体间的；它蕴含着多个主体的意义，这些意义是有差异的；传播不是简单的意义交换，而是受到了某些因素的影响。这些印象正是对"定向"的描述，作为传播的属性之一，"定向"指的是主体的指向（要表达的）及其实现（对象接收到的）。

一 主体的指向

主体的指向,包括在主体的思维层面把意图指向某个词语或者符号,以及在行为层面表达意图。无论是思维层面的指向还是行为层面的指向,都是一种将"此"与"彼"进行匹配的过程,这个匹配的过程就是指向。主体的指向,还包括了主体之间的关系,指的是发起传播的主体(人或组织)向"谁"表达了"什么",即以"谁"为对象传播了"什么"内容。

传播对象。在大众传播研究中,人们认为应该用"受众"这个词语来描述传播对象。受众是大众社会兴起之后的产物,在大众社会中人们以分散的、异质的方式存在,这种相互割裂的状态,使得人们极易受到大众传播的影响。因此,当人们系统研究受众之后,在很长一段时间里,受众被认为是一群匿名的、易受影响的心理群体,只要找到激发该群体的刺激物就能实现对它的控制。20世纪中期"有限效果"和"使用与满足"等理论,在验证大众传播的力有不逮时,又确认了受众的能动性和多样性——人们会出于这样或那样的动机去使用媒体,在大多数时候,人们并非无所作为只是缺乏发声的途径罢了。随着传媒经济的进一步发展,受众的注意力成为各大媒体机构竞争的目标,如何更好地满足受众的需求是这一时期传播研究的主流。20世纪晚期"分众传播"观念的出现,印证了受众地位的强势崛起。新世纪"用户"概念的兴起,则给"受众"增添了新的内容——受众变成了内容的生产者和消费者。通过梳理"受众"的概念变迁史,我们可以看到人们对它的认知经历了一个演变的过程,这个过程同时也是大众传播不断丧失优势地位的历史过程。

徐桂枝在一篇文章中指出,"受众"一词强调了信息的单向流动以及传者的强势地位。[①] 在她看来,"受众"一词把接收者置于某种秩序之中,以至于它无法体现出作为信息接收者的主体性,而充满了被动等待的意味,仿佛人们只能在传播者规定的场域里参与传播。但真实的情况是,

---

① 徐桂枝、熊壮:《中国受众观念的多元表述:一种话语理论分析的进路》,《现代传播》2015年第9期。

作为传播活动的主体之一的对象极少以"理想的方式"参与到传播中来。每一个主体都是独立的，他拥有独特的历史，过往的经历造就了他的性格和认知框架，他所处现实的情境也是独一无二的，当他进入传播者限定的场域中时，他会基于历史和现实，以一个主体而非客体的身份参与到传播活动中。所以，麦奎尔在批判受众研究时曾言辞激烈地说："所谓传受关系是一种典型的计算关系，一种与道德无关的关系。"① 在大众传播研究中，受众研究虽然占有一席之地，但几乎都是站在传播者的立场，试图通过科学的方法寻找受众当中存在的普遍性规律，以减少传播过程中的不确定性。

当我们把传播对象置于"受众"的概念之下后，自然就难以关注到他作为主体的主动性。那么传播对象是什么呢？所谓传播对象，指的就是发起传播的主体选择的接收主体，它是发起者"自我考量"的结果。

在一个传播活动中，在选择传播对象之前，我们通常要经过以下几个阶段：

第一，我想说什么（传播什么）；

第二，对方会不会听我说（能不能接收到）；

第三，他会有什么样的反应。

虽然这几个阶段只是对人际传播活动的描述，但事实上在其他类型的传播活动中，这几个阶段也存在。比如，大众传媒在传播信息或制作节目时会考量读者和观众的想法与趣味，并会把这种考量放进传播活动当中。上述第二阶段和第三阶段，正是传播对象的主体性在传播者那里的体现，这是一种被客体化之后的主体性，掺杂了传播者的特质。在传播活动中，传播对象具有重要作用，对象决定了我们传播什么，不传播什么，用什么样的方式去传播；对象决定了我们的"意图"是否可以实现——他可以按照期望的方式去理解，也可以反其道而行之。

传播了"什么"。我们在选择传播"什么"之前一般会有以下几个阶段：第一，"什么"是我想说的，就是在纷繁复杂的意识流中，将我要向

---

① ［英］丹尼斯·麦奎尔：《受众分析》，刘燕南译，中国人民大学出版社 2006 年版，第2 页。

外部表达的内容凸显出来，这是在意识层面发生的"指向"。第二，我应该用"什么"方式去表达我的想法，就是在众多符号中选择合适的符号用于表达，这是行为层面的指向。第三，现在是不是合适的时机，就是对传播发生的具体情境的判断。

这三个阶段在传播活动中普遍存在。比如，在刊发新闻之前，大众传播组织要从消息流中选择出某一个消息，而不可能有闻必录。在选定这则消息之后，大众传播组织要选择某种方式将其制作成新闻，并在合适的时机传播出去。而在网络传播活动中，传播主体始终处于运动变化的传受关系之中，所以其"指向"过程就相对复杂。

这三个阶段包括了意向的指向、符号的指向和情境的指向。意向的指向是主体指向的根本内容，符号的指向直接关系到主体的意向是否可以传播出去，情境的指向也会对意向的指向造成干扰。在上文列举的六个案例里，主体的意向以文字、图片、影像或者语言的形式出现，它们是传播符号，总是先于具体的使用者而存在。主体在选择符号表达意向的时候，必须要在意向和符号间建立起某种联系。这种建立联系的活动受到如下几个因素的影响：主体是否充分掌握了符号及其内涵；主体的符号使用习惯；主体对接收对象的判断；等等。

例如，2017年某省级媒体曾在某天的头版头条上刊发了一则科普新闻，主要内容是如何科学应对核污染。考虑到读者的接受水平，该媒体采用图片、文字相结合的方式，面向该省公众发布了消息。在这则新闻的传播过程中，省级媒体的权威性，文字、图片符号的客观、理性，普通公众的知识水平，共同塑造了这则新闻的最终面貌——它以科普文章的方式出现在了当天的头版头条上。该报作为发起传播的主体，在充分了解对象的接收能力和水平的基础上，选择文字和图片等直观、客观的符号，基本实现了意图的表达。

然而该则新闻刊发后，主体的指向实现了某种偏移。作为省级党报，一般情况下，它的发行区域和读者，主要集中于本省及周边地区，但是这则新闻却引起了全国性的关注，并引发了公众对该则新闻"真实意图"的猜测，如表1-1所示。

表1-1 主体指向发生偏移

	对象	意向	符号（内涵）
主体的指向	地方公众	如实描述	传播科学知识
（发生偏移）			
偏移后的指向	全国公众	暗示某事	地缘政治动向

通过表1-1中可以看到，该则新闻发布之后，公众将新闻背景指向了同一时期北方某国的军事动向，于是该则新闻的意义，在公众那里就发生了改变。人们认为该报选择在敏感时期刊发这样一条新闻，其行为是充满了政治意味的。但对于该日报而言，它只是刊发了一条科普新闻而已。在这个案例中，从传播者的角度而言，它的传播对象是地方读者，为了避免产生歧义，该报选择了图文结合的方式使内容更加清楚直观，也就是说此时主体的指向是明确无误的。可是当新闻刊发之后，为什么主体的指向却在对象、意向和符号三个层面都发生了偏移？这种偏移是怎么发生的，它为什么可以发生？因为，主体的指向通常表现为一个意义系统，它是多重意义运动的结果。

二 主体指向的形式：意义系统

主体的指向是一个意义系统，要受到主体、对象、符号等因素的影响，并始终处于运动变化之中。正因为如此，所以有的时候主体的指向不能被完整地表达出来，或者会在传播中发生某种偏移。

先来观察一个事例：

> 小王是一个虔诚的基督徒，他打算利用假期在老家传教。他的家乡地处偏远的山村，当地居民识字率低，且大多外出打工。小王通过网络购买了一批宗教用具和书籍，打算一并带回老家。班长得知他的想法后，以影响个人发展为由劝他最好放弃。小王觉得村里的留守人员缺乏精神寄托，整日沉迷于麻将，不仅荒废了田地，还会影响下一代，相较于个人发展，传教产生的社会效益更大，小王谢绝了班长的好意。节假日期间，安检格外严格，于是，小王精心准备的用具和书籍被没收了。

在这个事例中，有几种意义的出现影响了小王的意图，如表 1 - 2 所示。

表 1 - 2 意义系统

意图	影响因素				结果
主体	立场	群体	社会规范	对象的性质	意图受影响
小王	基督徒	不支持	违反有关规定	村民识字不多，沉迷于打麻将	意图未实现

一是主体的意义，主要由主体自身的立场、群体背景等构成。该案例中，小王的思想觉悟以及对村民现状的不满，共同构建了小王"此时此刻"的立场——他想要通过传教的方式，从精神层面影响村民。同时，青年人大多对现实充满理想主义的期待并乐于采取行动，因此，小王的行为也与该群体的总体特质相符。

在传播活动中，主体的意义一般以潜在的或者是无意识的形式存在，并会以影响指向和表达指向的方式发挥作用。例如，对一个以办好娱乐节目为宗旨的电视频道来说，它难以游刃有余地处理政经和社会议题。因为为观众提供娱乐就是它的主要意图，它会选择轻松愉快的方式将这个意图传播出去，如将主要精力放在制作播出综艺节目和肥皂剧上。对该频道而言，关注政治、经济和社会议题，除了要求从业者具备丰富的专业知识之外，还要求制作团队秉持严肃稳重的传播风格。

尽管主体的意义是先在的和潜在的，但这并不意味着它是一成不变的，主体的意义有坚硬的内核也有游动变化的空间。一般来说，主体的意义由他过往经验及当下情境共同塑造，过往经验是客观的，因为一个人的经历、一个组织的历史、一个社会的文化传统是先于参与传播活动的主体而存在的，它们是不可改变的。此外，主体总是参与到传播活动中的主体，它的意义会受到传播活动自身变化的影响。

例如，某国家级权威报刊发布了人类发现外星人的消息，这则消息发布之后，对一个操持"人类是宇宙中唯一智慧生命"的观念的人而言，他将会遭受巨大冲击。如表 1 - 3 所示。

表1-3 主体的意义

传播活动变化	国家权威
	专业权威
	证据权威
（主体意义的变化空间）	
没有外星人	奇闻逸事
	小道消息
	缺乏证据

从表1-3中我们可以看到，主体意义的变化与传播活动发生的情境密切相关。①当新闻来自国家级权威媒体时，这则新闻在其符号的所指意义之外，还增加了国家声誉、媒体信誉和科学权威的内容，对读者而言，它的意义系统就天然加入了真实性和权威性。②当新闻来自小报时，它的意义更多与虚假新闻挂钩。③对于读者而言，当他接收到第一则新闻的时候，无论他是否就此相信了外星人的存在，他都与从前不同，作为主体他的意义发生了变化，而这种变化是由传播带来的。

但是值得注意的是，主体的意义并非总是会受到传播活动自身变化的影响，当主体的指向主要处于自身经验范围的时候，主体的意义核心极少会受到冲击。比如，一个人复述自己的历史，一个金融机构发布金融类消息，一个电影公司制作电影。在这些情况下，主体的意义主要来自自身经验，其核心是坚定不移的。

二是对象的意义。传播对象的意义，主要以一种"客体化的意义"对主体的指向造成影响。当一个主体选择另一个主体（人或组织）作为传播对象时，他（它）会综合考量该对象的情况。例如，是否识字、是否是目标市场、是否能够理解意图等。这种考量是对传播对象某些特征的把握，但更多时候它是发起传播的主体以"自我"为中心的外在投射。对象的意义，是传播主体意义的客体化。如表1-4所示。

表1-4 对象的意义

对象的意义	主体判断	判断结果
	是否可以作为对象	传播/不传播
	他有哪些特征	以什么方式传播
	他是否可以理解	理解/不理解 （预期）

从表1-4中可以看出，传播对象是以客体的形式存在于传播主体的"判断"中的。"我们'深信'他人也会以类似我们的方式体会到自己的行动是有意义的，而且正如同我们对该行为所体验的那般有意义。此外，我们一般会深信不疑，自己对他人行动意义所进行的解释，大体上是适切的。"① 但是这种判断并非是主体的镜子式的自我判断，而是充分考虑了对象的客观性、主体的指向性后的结果。在前文"小王传教"的事例中，村民们文化水平不高、沉迷于打麻将的事实是客观的，小王想要以他们为传播对象，就必定要充分考量这些事实。对象的意义具有客观性，这种客观性来源于对象的客观性，对象是由他（它）的过去和现在共同塑造的。

传播主体还会对传播对象可能做出的理解进行预判。他会考虑对方是否可以理解自己的意图，以此为基础来调整表达意图的方式。我们以象棋为例来理解主体的"预判"。执黑子者认为执红子者应该会"走卒"，于是"走日"进行防守。执红子者"舍卒保车"，执黑子者只好根据"下棋的规则"重新调整棋局。在主体构建的意义系统中，对象的意义也被包含进来并具有重要影响，它直接决定了主体是否发起传播、传播什么、以什么方式传播。它以客体化的形式存在于主体的指向中，同时又具有客观性。

三是符号的意义。符号的意义，在语言学、符号学、结构主义等学科中都有充分研究，尽管立场各不相同，但大体认同符号的意义离不开人的阐释和解读。在人们对符号的意义的讨论中衍生了一些问题。比如，我们如何解决阐释主体之间的差异性，也就是说对不同的使用者而

————————

① ［奥］阿尔弗雷德·舒茨：《社会世界的意义构成》，游淙淇译，商务印书馆2012年版，第10页。

言，意义意味着什么？波斯特看到了这一点所以他说："象征符号的特点是当它们在人与人之间进行交换时产生意义上的自相矛盾。"① 他认为符号的意义产生于符号使用者的差异，不同的人有不同的理解，也就是符号的意义是具有偶然性的。那么在偶然性的限定之下，意义的稳定性和可交流性也就无从谈起。凯瑞在谈到传播的功能时候认为，"传播的起源及最高境界，并不是指智力信息的传递，而是建构并维系一个有秩序、有意义、能够用来支配和容纳人类行为的文化世界。"② 按照凯瑞的观念，传播是为了建立起一个有着稳定秩序的文化世界，作为传播载体的符号就必然要有意义的一致性，否则就会因解释主体的差异而造成意义的流动，传播的文化传承功能也就无法实现。然而，如果符号的意义是固定不变的，使用符号好比是一场"语言游戏"（维特根斯坦），那么使用者能否有所作为？关于这一点，语言学家沃尔夫在研究印第安人的语言后认为，我们生活的现实是通过语言"表演出来"。"实际上，所谓'现实世界'在很大程度上是由该群体的语言习惯无意识地累积而成的……由于我们所属群体的语言习惯已经预先影响了人们对阐释的选择，因此，我们的所见所闻和体验在很大程度上与我们原先所想的差不多。"③ 在他看来，人们使用语言等符号的行为既是具体的又是抽象的，人只能按照限定的、先定的方式去使用符号及其意义。

这些问题在索绪尔、皮尔斯、艾柯、巴特等符号学家那里也得到过详尽的研究。索绪尔把符号看作是能指和所指的结合，是一张纸的正反面。皮尔斯则从 representament（再现体）、object（对象）、interpretant（解释项）的关系入手，提出了"A 指称 B 意指 C"。艾柯说："符号化是经验主体赖以交流的过程，同时交流过程又由于意指系统的组织而成为可能之事。"④ 他认为，符号的功能和结构与符号产生过程密切相关，其

---

① ［美］马克·波斯特：《第二媒介时代》，范静哗译，南京大学出版社 2009 年版，第 147 页。

② ［美］詹姆斯·凯瑞：《作为文化的传播："媒介与社会"论文集》，丁未译，华夏出版社 2005 年版，第 7 页。

③ ［美］斯蒂芬·李特约翰：《人类传播理论（第九版）》，史安斌译，清华大学出版社 2009 年版，第 366 页。

④ ［意］乌蒙勃托·艾柯：《符号学理论》，卢德平译，中国人民大学出版社 1990 年版，第 358 页。

内容则与处于文化环境内的符号生产过程紧密相连。在最基本的层面——符号的能指与其指示物；B 的指称 A；"意指系统的组织"，所蕴含的意义基本相近。但是在其他层面，如内涵或者巴特所谓的"神话"，符号的意义更多取决于主体、符号系统的架构。在最基本的层面上，符号的意义是稳定的；在延展的层面上，符号的意义具有相对性。也就是说，当我们说出某句话、传播某则消息的时候，对符号的物质形式的意义，我们通常有一致的看法，但对这些符号的物质形式"意味着"什么，我们的看法则可能大相径庭。

我们还要注意的是，符号不是真空中的符号，我们使用符号的行为和环境，都会对符号的意义造成一定影响。物理环境、心理环境和社会环境是影响使用符号的几个主要因素。如表 1 – 5 所示。

表 1 – 5   影响因素

使用符号/不使用符号	物理环境
	心理环境
	社会环境

物理环境，指的是使用符号时的客观情境，它主要与符号赖以存在的物质载体的可得性、便利性相关。如是否用有用于书写的纸张，发送和接收符号设备的功能是否正常等。

心理环境，指的是符号使用者的心理状态，它主要以"意愿""无意识""态度"的方式影响符号的意义。例如，故意写错、说错、曲解某人的意图等。此外在传播活动中，个人的心理因素也有可能以无意识的方式发挥影响。弗洛伊德曾在《梦的解析》一书中，对人的口误、笔误、错置、错放等行为进行了详尽分析，他认为这些看起来无心的行为，能够反映出主体的无意识焦虑。

社会环境，指的是符号及其使用者赖以存在的社会制度、文化结构等，它主要以制度性压力对符号使用者造成影响。《红楼梦》里林黛玉的母亲名"敏"，因此林黛玉在不得不使用"敏"字的场合，总是通过其他形近或音近的字以回避母亲的名讳。

在这几种情况下，符号的客观性都受到了使用者及环境的影响。符号只有通过人的使用和阐释，它的客观性才具有现实基础。人总是在具体的情景中去使用和阐释符号的，他自身的行为、身处的环境、文化结构，都会对符号的使用和阐释造成影响。

通过对指向的简要讨论，我们可以看出主体的指向是一个复杂的意义系统，它包括了主体自身的意义、传播对象的意义和符号的意义，并始终处于辩证运动之中。在传播活动中，主体所持有的意义系统的差异是传播发生的根本原因，那么传播主体的指向是如何实现的？

三　主体指向的实现：对语境的限制或调用

语境，是语言学中的一个重要概念。长期以来，传统语言学一直把语境研究的重点放在语言的规则及其结构上，这种做法并不能解释因语用因素造成的意义差别，因此遭受了不少质疑。近年来，兴起的动态研究则强调，"综合考虑可能影响话语使用的各种语言和非语言因素……把语言看作是在交际网络中不断进行选择和变动的过程。"[①] 经过多年的发展，当代语言学已经不再把语境看作语言的先在结构，而是认为它要受到言语行为发生的场景、言语交际行为、前后文关系和语言结构的影响。

在文化研究的领域，爱德华·霍尔发展了语境的内涵。他把语境提升为文化结构的一部分，他认为历史文化积淀深厚的社会属于"强语境"社会，反之则是"弱语境"社会。在跨文化传播中，一个人原有的语境越强，他所遭遇的传播障碍就越大。梅罗维茨则把人所处的环境看作人的行为赖以发生的情景，"我们适应社会生活的方法之一是学习我们文化中的场景定义……'不恰当的社会行为'的部分原因是不能成功地协调各种场景的需求。"[②] 前后台情景的差别，是造成人的感觉和行为差异的根源，而传播是人识别前后台情景的重要手段之一。在他看来，传播不仅是当时当地的行为，更是对宏观的情景进行判断后的"表演"行为，因此梅罗维茨所讨论的"情景"其实也是一种语境。

---

① 王冬竹：《话语与语境》，黑龙江人民出版社 2004 年版，第 8 页。

② ［美］约书亚·梅罗维茨：《消失的地域：电子媒介对社会行为的影响》，肖志军译，清华大学出版社 2002 年版，第 22 页。

简要言之，语境既包括传播活动发生的具体情景（时空、场所、符号结构、传播主体），又包括以制度化方式存在的更为广阔的社会和文化体系。语境，关系到主体的指向能否实现。

当主体借助符号传播的时候，通常有以下几个步骤：

（1）要表达。

（2）选择对象。主体会根据对象的情况考虑是否继续表达，并会对表达的效果做出预判。

（3）选择表达方式和符号。对象的性质对表达方式和符号产生影响。比如，老师在向学生授课时，会采用较为明确具体的语言使抽象的概念变得简洁明了；而当他参加学术研讨会时，他的语言通常是凝练与抽象的。

（4）判断语境。此时语境的性质开始发挥作用，它会对主体的判断造成影响。例如，在一个没有信号的地方，传播主体是无法通过打电话的形式和外界联系的，这时他会转而采用其他的传播方式。公共场合的公开性、礼仪性和社会性，使得人们不能传播淫秽、迷信的内容。某个员工生病了，公司通常不会选择在此时谈论解聘。当类似这些情况出现的时候，语境的性质虽然是客观的，却被传播主体赋予了意义。

当接收者对接收到的符号进行解释的时候，通常有以下几个步骤：

（1）接收到了什么东西。由于注意力机制的存在，人的注意力难以长时间集中，因此在传播活动，人的接收行为也就会因注意力的集中和游离，而进入一种"有意接收"与"无意接收"的辩证运动中。

（2）它"是"什么。人们会对接收到的"东西"进行认知和解读，这是解释的第一个层面，即按照符号本来的意思去理解。如人们在解读"北京下雨了"这句话时，解释的第一个层面是对北京的地理位置和雨的形态的认识和理解。

（3）它"意味着"什么。在这个层面，接收者不受具体语境的限制，产生了二次（多次）解释。比如，人们可以想到北京历来干旱少雨，这是将传播活动的具体语境和历史语境联系起来；还可以想到下雨可以缓解北京的雾霾，这是对其他语境的调用。

在这里，对其他语境的调用是将某个具体的符号置于另外的语境中。符号总是要处于一定的语境中，人们对它的解读也必须建立在一定的语境之上。对于传播双方而言，语境是一个影响表达和解释的双重维度。对于发起者而言，限制语境以减少符号解读的跨越性，可以促进指向的实现。对于接收者而言，一般情况下，解释行为总是跨语境的。

例如，某个新闻节目的传播。在制作新闻时，通常情况下记者（编辑）要根据法律、道德规范、目标观众、节目时段等因素对其进行把关，因此，在时政类新闻节目中鲜有民生新闻（社会影响特别重大的除外）。记者、编辑的把关行为，就是对法律规范、报道时机、收视群体性质等因素进行综合考量。考量的过程是对语境的限制过程，以尽可能少的引起观众的误读。当观众看到这条新闻时，他们会把新闻本身所处的环境（该档新闻节目的性质），以及它所处的更广阔的环境结合起来理解。如果我们通过《新闻联播》得知某娱乐明星吸毒的新闻，那么就要比从小报里看到该新闻的意义重大得多，因为它可能意味着，该明星的行为极其恶劣以及他演艺事业的彻底终结。

由于人类传播活动的特殊性，无论发起传播的一方对语境进行了何种审慎的处理，他都不能杜绝接收者的"跨语境"解读行为。那么，主体是如何限制语境的呢？除了对客观存在的事物，如法律、道德、规范、传播时机等进行把握外，还涉及对对象的性质及其当前状态的把握。

对象的性质，主要用于判断他是否可以成为传播对象，与对象的背景（群体、文化层面等）相关。对象的状态，指的是对象参与传播时"此时此地"的状态。对象的状态所具有的意义是一种"此时此刻"的意义。"日常生活现实是由环绕在我身上的'此地'（here）及我所呈现的'此刻'（now）所构成。这一'此地此刻'正是我在日常生活现实中注意的关键所在，同时也是我的意识的实在性所在。"① "状态"所具有的意义不来自我们的过去，也不指向将来，它一定是当时当下由双方共同发起的，任何一方状态的改变都会导致变化进而影响传播。

考虑到传播双方不是在同一个维度上去认知和使用语境，那么，是否可以据此认为主体的指向永远不可能实现？答案是否定的，我们可以

---

① ［美］彼得·L. 伯格、托马斯·卢克曼：《现实的社会建构》，吴肃然译，北京大学出版社 2009 年版，第 19 页。

以阿尔弗雷德·舒茨提到的"砍柴人"为例。舒茨在解释世界的"建构性"时举了一个例子，他说假设①A 正在砍柴，B 和 C 从旁观察。②砍柴这个动作 H 的意义为 S，A 和 B 观察到的意义分别为 S′和 S″。③在任何情况下，B 和 C 观察到的意义都是不同的。但 S′和 S″是由 S 延展出来的，不存在脱离 S 的 S′和 S″，它们只能在一定的范围内围绕 S 运动。④当 B 和 C 就 H（砍柴的动作）进行交流的时候，他们都不能绕开砍柴这一行为的客观意义。① 通过这个例子，我们可以看到主体的指向在某些层面上可以实现，比如我们能够知道对方"说了"什么，但却未必能理解他的"意思"。

主体利用语境表达或解释的行为，与主体的指向能否实现密切相关。发起传播的主体，一般来说总是竭力追求准确性和精确度，接收主体则不尽然，但这并非意味着主体的指向完全不能实现，否则传播也就无法发生。通过上面的分析我们可以看到，在一个传播活动中，总是先有语境被限制后的理解，即它"是"什么；② 后有从其他语境中调用某个因素之后的理解，即它"意味着"什么。在前一个层面上，传播活动可以发生，在后一个层面上，理想的传播（传播者所希望的传播效果）较少出现。

定向指的是主体的指向及其实现，它有两方面的内涵：一是主体想要表达并期望对象按照理想的方式解读；二是对象接收了并按照"自己的"理解去解读。定向是传播双方在判断并利用语境的前提下对符号的使用及其解读。

第三节 "定向"在几种传播类型中的体现

定向，作为人类传播的属性之一，存在于多种类型的传播活动中。

① ［奥］阿尔弗雷德·舒茨：《社会世界的意义构成》，游淙淇译，商务印书馆 2012 年版，第 11 页。

② 认知科学关于人如何能感知他人的一系列研究，证实了在人等高等灵长类动物的大脑中存在一个区域。该区有一种神经元，只有当人执行一个动作以及知觉到他人执行同一动作时才会激活，因而被称为"镜像神经元"。参见费多益《他心感知如何可能》，《哲学研究》2015 年第 1 期。

我们在前文讨论主体的指向时，已经对传播中发生在意识层面和行为层面的指向进行了探讨，因此定向的普遍性是有其客观存在的基础的。

在传播研究中，长期以来，人们主要是从发起主体的角度来研究定向对传播活动的影响的，而对接收主体的指向则缺乏深入的研究。发起主体的指向主要表现在两个方面：一是对象的指向，即在对传播对象的选择上具有较强的指向性；二是意义的指向，即传播的内容是一个自为的、严密的意义体系，传播对象的影响较弱。当我们从这两个方面来审视传播活动时，我们将会发现"定向"同样是普遍存在的。

一 人际传播中的"定向"

我们通常将传播活动分为人内传播、人际传播、群体传播、组织传播、大众传播、网络传播几大类型。其中，人际传播在对象的指向性上是最强的。如图 1 - 1 所示。

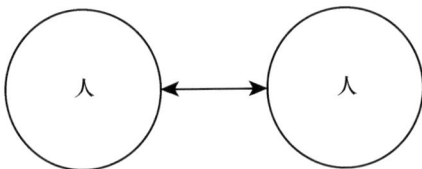

图 1 - 1 人际传播中的"定向"

在人际传播中，人们一般通过"面对面"或者模仿面对面的方式把个人的意图表达出来，这种方式使得人们可以较为直观判断出个人的指向是否实现。在人际传播中，人们以真实可感的、活生生的"人"的形式参与传播，并在同一个现实语境发生传播和解读行为。对于发起传播的主体而言，人际传播可以有效避免因时空区隔而导致的语境的跨用，避免因此导致解读差异。

作为互动性最强的一种传播类型，它的对象的指向性也最强。人际传播尤为看重人的影响，而人总是难以预测的，因此在意义的指向性上，人际传播要受到主体自身变化带来的影响。例如，一方沉默不语或借助肢体语言表达了强烈的不满，那么发起传播的主体就要面临意义指向过程的中断。

人际传播，是"人对人"的传播，它在对象的指向性上最强。主体的指向以直接且可见的方式被传播对象接收，传播对象的解释行为几乎是同步发生的，因而人际传播中意义的流动性也最大。

二 群体传播中的"定向"

群体传播是一种混合了人际传播和组织传播的特殊传播类型，如图1－2所示。当群体规模较小又没有严密的控制系统时，"人际"是其赖以传播的主要方式。例如，在家庭、班级等小群体里，人与人之间存在面识的可能，当传播活动发生时，此时对象的指向性较强。在人数规模较大又具备控制系统后，群体就兼具了组织的特征。在这种情况下发生的传播活动，对发起传播的主体而言，其意向的指向性最强，对象的指向性相对较弱，因为此时对象是以一种集体特质存在的，个人的特异性则不那么突出。

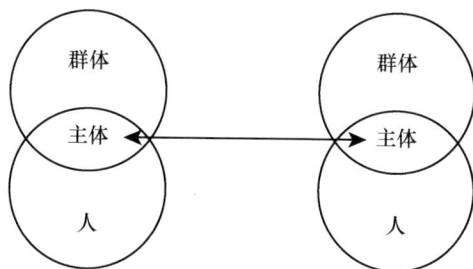

图1－2 群体传播中的"定向"

例如，某公司召开员工大会。在这个传播活动中，主体（公司）意图的指向性居于主要地位，它选择的传播对象以一种集体的形式存在，并不指向某个具体的人。当群体传播指向具体的人时，例如，招聘会，此时传播活动就转变为人际传播或小群体传播，对象的指向性上升。

对于传播主体的指向而言，群体传播是一种混合指向——它可以在对象的指向性上最为明显，也可以在意向的指向性上最强。这种混合性源于群体自身的特性，群体由具体的人构成，人在构造它的同时又要受到它的影响，因此处于群体传播中的主体是融合了群体特征和个人特征后的"人"。

三 大众传播中的"定向"

大众传播是最早注意到接收对象的重要性的一种传播类型，因此在考量主体的指向时，我们要看到相较于其他几种传播类型，大众传播在对象的选择和意义的传达上都具有极强的指向性。如图1-3所示。

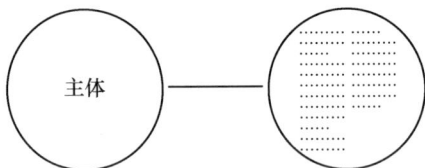

图1-3 大众传播中的"定向"

第一是对象的指向性。19世纪30年代，美国《太阳报》的诞生标志着大众传播正式登上人类历史舞台。自那个时期起，大众传播就以大众作为其主要传播对象。经过近两个世纪的发展，大众传播在制作流程、内容选择和传播程序上确立了一套严苛的标准，这套标准主要围绕着"受众"和"效果"两个要素设计，"效果"是核心。在大众传播的场域，接收对象以"受众"的名义象征性地存在，他们个人的面貌、兴趣爱好、性格、背景都被受众的总体性消解了。尽管也有许多研究旨在强调受众的独特性、差异性，但无法否认的是，相较于媒介组织的制度化生产和传播，长期以来真实的受众是受到忽视的——人们只能在大众传播提供的内容中展现出片面的真实，大众传播在规范自身的同时也规范了受众。

第二是意向的指向性。作为传播主体，大众传播意向的指向性与其建构意义系统的能力密切相关。大众传播组织垄断了生产资料、传播渠道、传播技术、传播人员和传播规范，只要主体进入了大众传播的领域，他就要受到这些先在条件的限制。这些条件把制度权威、技术权威转变为传播主体及传播内容的权威，因此，大众传播在意向的指向上天然具有体制化的能力——它不仅可以制作新闻，还可以制定评价和"解读"新闻的标准。在这个意义上，大众传播的内容总是独立于它的接收对象的，人们接收到的传播内容，在时间和空间上都与自身存在差距，同时也不是他们自主选择接收的结果。当接收主体以接收者的身份进入大众传播之后，他必须符合其角色期待，这种角色（受众）是大众传播赋予他的。

四　网络传播中的"定向"

相较于其他类型的传播活动，网络传播中的"定向"是十分复杂的。从对象的指向性而言，网络传播活动中的对象可以是某个具体的人，也可以是以群体形式存在的主体，比如某些亚文化、小众文化群体。从意向的指向性而言，由于主体始终处于传受关系的变化之中，因此意向的指向性也就处于变化运动之中。比如，一个人在微博等社交平台上发布一则信息，引发了他与网友的争论。这时他有双重意图，第一重是该信息的传播，第二重是维护个人的观念和立场。第一重意图指向性较强，因为其旨在对外传播；第二重意图的指向性较弱，因为网友持有的立场是多样化的，当这些意图激烈交锋时，必然会削弱各自意图的指向性。

得益于传播技术的发展，发起主体和接收主体都变得"可见"了，因而也就将传播活动中的"定向"凸显出来。网络传播中的"定向"是主体在开放、虚拟、超链接的空间中实现指向的复杂过程，它已演变为一种独特的传播形态——定向传播。

第四节　"效果研究"：对"定向"的理论梳理

在传播研究中，关于主体如何表达、接收者如何理解已经有了不少的研究成果。比如，关于传播策略、传播技巧的研究以及分众传播等理论，就都强调要在把握受众特异性的基础上，尽可能为其提供感兴趣的内容，通过受众乐于接受的方式，实现差异化的信息或服务。这些研究注意到了接收主体的能动性，也主张要用这种能动性提高发起主体的效率，但它们依旧是线性研究逻辑的一种体现。在这些研究中，发起主体和接收主体是被置于一个时间上有着先后、空间上存在上下的传播秩序之中的，因而对于接收主体的关注，本质上是出于维护传播秩序以减少接收主体的不确定性。当传播活动主要发生在网络空间中后，传播秩序也就发生了改变，因此用大众传播理论观照网络传播活动时，就会明显感到它的不适应性。任何一种理论都不是凭空出现的，新的理论虽然也是解释世界的方式之一，但总是建立在已有理论的基础之上，对"定向"及"定向传播"的研究也不例外。

在传播研究中，传播效果研究与"定向"的联系最为密切。效果研究为发起主体如何实现意图的指向提供了许多有益的参考，比如，通过减少传播过程中的噪音，或者采用契合受众心理状态的说服方式来实现传播效果等。但是，同强调线性的、传者主导立场的效果研究相比，"定向"要求我们将主体置于平等的位置，系统研究主体"意图"的指向及其辩证运动。从理论角度梳理效果研究的历史，有助于我们进一步理解线性研究逻辑的影响，进而打破它对传播研究的桎梏，为理论研究开辟新的方向。

一　对传播效果的再思考

传播效果是什么，不同的人有不同的看法。比如，吉特林认为，效果探求的是媒介内容所产生的特殊的、可测量的、短期的、个体的态度与行为。[1] 洛厄里却将效果概括为"大众传媒到底对我们做了些什么？"[2] 在他看来效果就是传播活动对我们造成的影响。以这两种观点为代表，众多效果研究虽然关注的主题各不相同，但大多有共同的立论基础——将传播尤其是大众传播视为某种"改变人"的力量。洛厄里看到了这种共通的因子，所以他在《大众传播效果研究的里程碑》一书中认为，迄今为止的效果研究"很少处于循序渐进的状态"，它不是"科学的理想模式"[3]，因为它们总是在同样的问题上反复。

正如洛厄里所说，传播效果研究自诞生之日起，几乎就始终围绕着如何通过传播实现"改变"费尽周章。从这个意义而言，传播效果研究

---

[1]　Gitlin, T. "Media Sociology: The Dominant Paradigm", *Theory and Society*, Vol. 6, 1978, p. 207.

[2]　[美] 希伦·A. 洛厄里、梅尔文·L. 德弗勒：《大众传播效果研究的里程碑（第三版）》，刘海龙等译，中国人民大学出版社 2004 年版，第 2 页。

[3]　[美] 希伦·A. 洛厄里、梅尔文·L. 德弗勒：《大众传播效果研究的里程碑（第三版）》，刘海龙等译，中国人民大学出版社 2004 年版，第 5 页。

秉持的是功能主义的立场，所以"传播的三功能""传播的经济功能"和传播能实现"感官延伸"等思想，都是从传播对人类社会具有的作用和功能的角度展开的思辨。

在绵延近百年的效果研究历程中，人们涉及的研究领域众多，既有形而上的宏观思考，又有根据庞杂的数据得出的具有普遍意义的结论。效果研究涵盖的范围从人际传播直至大众传播，① 关注了自我认知、群体压力、流言、宣传、创新、知识鸿沟、社会议题形成等多个问题，可谓是传播研究中成果最为丰富的领域，想要彻底厘清效果研究的版图将是一项巨大的工程。出于论述的便利，本书将以三个问题为线索，系统爬梳并审视效果研究的历史。

（一）人在传播中的位置

自大众社会理论诞生始，人就被视为异质的、孤立的个体。大众社会中的"大众"并非指人口的数量众多，而是指在这个社会中人与人之间的关系，由血缘地缘的联系转变为经济和职业分工的联结。社会的结构性变化，对人们的思维方式、文化传统和社会关系都造成了巨大的冲击。在农耕时代，人们以血缘为纽带形成了宗族社会。在宗族社会中，人属于家族，人和人之间的关系也就因血缘相近而具备了"面识"的可能，因此人实际上是生活在一个熟人社会中。宗族文化不仅在家族内部中发挥作用，在业缘、学缘结成的关系中也同样存在。工业革命之后大众社会崛起，改变了人类以血缘为主的聚集方式，职业分工成为纽带将分散的劳动力集合起来。经济地位而非血缘关系成了凝聚人的主要方式，人和人之间极少再有职业联系之外的联结，因此也就以彼此匿名又陌生的状态存在。在宗族时代，熟人社会的信息链是人们主要的信息源，熟人赋予了信息以权威性和可信性；在大众社会中，人们通常对陌生人充满警惕，因而急于寻求一个客观又中立的机构，希望能从中获得外部世界变动的信息，大众传播正是诞生于这样的时代。

当人们以大众时代为背景来研究大众传播时，自然也就将这个时代的集体心理倾向投射到对大众传播活动的看法当中。这种看法认为，大

① 所谓的网络传播研究中，并没有产生超越大众传播效果研究的新成果，它们大多是将传统效果理论置于网络中进行验证，例如，利用互联网展开的"知沟""第三人效果"的研究等。

众传播覆盖的人群可以任意"改变"。在大众社会里，由于人是以孤立的状态存在而难以从周边寻求支持，因此他是以被动的、沉默的姿态面对着大众传播。在社会学涉及传播研究的领域中，也有许多学者持有类似的观点。比如，塔尔德认为人类普遍存在的心理机制，使得社会的运行逻辑由"模仿律"所主导。帕克则把报刊视为移民融入新群体的桥梁，报刊具有社会化的功能。在他们的研究中，人面对外部世界时缺乏能动性，只能不断从传播中汲取营养以适应社会发展。

到了 20 世纪 20 年代，传播研究正式兴起。佩恩基金会组织了一系列关于电影的社会影响研究。那时，人们认为好莱坞电影中充斥着色情和暴力内容，它们会对人尤其是青少年造成负面影响。30 年代一则广播剧引发的民众恐慌，直接造成了社会秩序崩坏，使人们见识到了以广播为代表的大众传播的威力。坎特里尔（Cantril）在名为《火星人入侵地球》的报告中写道"美国公众长期以来形成的对广播的信任"①，导致近 70% 的听众（约 100 万人）表现出了恐慌。拉扎斯菲尔的"伊里调查"确认了"既有政治倾向"的存在，同时也确证了大众传播具有激活（activation）、强化（reinforcement）和改变（conversion）的作用——也就是说，无论人们持有怎样的立场，在面对大众传播时他都无法真的做到无动于衷，大众传播的效果虽然不一定是可见的，但却是真实存在的。50 年代，赫佐格的日间广播肥皂剧研究，确认了接收者利用媒介"满足"需求的行为，从这时起接收者的面貌开始清晰起来。霍夫兰的"说服研究"则将造成接收者态度改变的原因，与信源的权威性、可信赖性和接收者的可被说服性联系起来，明确指出了接收者的心理因素对传播效果的影响。到了 70 年代，"知沟"（generation gap）研究又把人们的关注焦点与社会阶层分布、文化资本占有等更为广泛的传播问题联系起来。

在效果研究不断深化的过程中，人在传播中的位置经历了三次变化。第一次是从被动、沉默的大众，向利用媒介满足需求的接收者转变。第二次是从"无历史"的总体性存在，向具有文化传统、个性特征、媒介接触习惯的差异个体转变。第三次是从无意识的支配对象，向具有批判

---

① 转引自［美］希伦·A. 洛厄里、梅尔文·L. 德弗勒《大众传播效果研究的里程碑（第三版）》，刘海龙等译，中国人民大学出版社 2004 年版，第 61 页。

分析能力的个体转变。

（二）传播传递了什么

人们虽然对传播效果做了诸多探讨，但实际上却并不真的关注传播传递了"什么"，而是要将它的内容归纳为"好的"和"坏的"，并将其带来的改变总结为"正面的"和"负面的"。

在传播研究中，关于传播的负面影响的研究不胜枚举。近一个世纪前，由佩恩基金会开启的电影中的负面内容与青少年犯罪行为之间的关系的研究，奠定了这个领域的基调。到了20世纪80年代，人们依然认为沉迷于电视的儿童，因缺乏真实的社会互动，会在融入社会方面存在障碍。1983年，戴维斯提出"第三人效果"理论，这个理论揭示出大多数人都认为别人更容易受到媒介中"负面内容"的影响;[1] 在批判学派和文化研究的视野中，传播的负面作用也为学者们所关注。人们将沉迷于电视的人称为"沙发土豆"，认为他们满足于电视等大众媒介提供的虚幻的刺激，丧失了开展社会批判与社会行动的欲望和能力。他们还将现代社会视为"拷贝支配"的社会，认为人们只是在和世界的影子互动。他们把大众传播视作是意识形态的机器，认为它能在潜移默化中实现意识形态输出，并对违背主流社会价值观的人和物施加制度性的压力。他们将商品社会称为消费社会，认为人受到消费符号的刺激后沦为了丧失判断力的消费主体。

经过近百年的发展，在"传播传递了什么"的问题上，人们的见解并没有随着时代的发展而变化。21世纪初人们对互联网传播暴力、色情内容的担忧，与20世纪20年代好莱坞电影面临的有伤风化的指摘如出一辙。尽管其间也出现了以"两级传播""创新扩散""议程设置"为代表的较为客观的研究，但总体而论，效果研究对"内容"的分析几乎都预设了"负面"前提。

传播的内容并不能简单地归结为"好的"或"坏的"。拉斯韦尔在谈到如何发挥宣传攻势时说道："可供使用的动员集体行动的方式必然依赖于言辞以及与言辞等效的东西，而这些言辞的重要性已经被政治领域中

---

[1] Davison, "The Third-person Effect inCommunication", *The Public Opinion Quarterly*, Vol. 47, No. 1 (Spring. 1983), pp. 1–15.

现存的接受模式（predispositional patterns）所限定……这些模式包括价值结构（根据权力、财富进而其他评价标准判断谁是精英、次精英或老百姓）、神话（学说、公式和流行的原则）、技术（影响行为和资源环境的可行性常规的传布）和文化素材（环境中的原材料、经过加工的材料）。"① 他看到了影响传播效果的多种因素，比如，人们固有的价值结构、文化传统、传播技术和手段等。传播中的某些精神内容虽然是传播活动的构成要素，但它们先于具体的传播活动，受传播活动赖以存在的社会的影响。此外，人们判定传播内容"好或坏"的标准来源于现实世界，它也并非是一成不变的。当我们以今天的标准回顾电影史时，20 世纪 20 年代的好莱坞电影未必充满了暴力与色情内容。

人们逐步意识到传播的精神内容不是引发接收者行为，尤其是负面行为的直接或唯一原因。20 世纪中期，克拉帕注意到了"中介因素"的存在，他说："大众传播大多时候不是引发受众效果的充分必要条件，而是会通过众多中介因素和其他影响力发挥作用。"② 田园社会学关于杂交玉米推广的研究也证实了，相较于大众传播，人际传播在某些方面更为有效。比如，在种植新型农作物这件事上，无论媒体如何宣传其好处，大多数人都会以谨慎的态度对待它，直到身边有人率先种植并取得较好的收成之后，人们才有可能加入这个"创新扩散"的过程。这些把传播视为影响人的直接或唯一原因的观点，本质上还是把人视为被动的"被影响者"——人们在面临负面内容时几乎丧失抵抗力。然而，早在坎特里尔的广播剧研究中，冷静的、具有分析能力的接收者就已经出现了，正是这些人在火星人入侵地球造成的大恐慌中保持了理性和克制。

（三）人与传播的关系

在人与传播的关系问题上，人们的讨论主要集中在两个方面。一方面是传播对人做了什么，另一方面是人用传播做了什么。

在以往的效果研究中，人们多认为传播对人造成了负面影响。从微

---

① ［美］哈罗德·D. 拉斯韦尔：《世界大战中的宣传技巧》，张洁等译，中国人民大学出版社 2003 年版，第 5 页。

② ［美］约瑟夫·克拉帕：《大众传播的效果》，段鹏译，中国传媒大学出版社 2016 年版，第 6 页。

观层面而言，它可能引发反社会、反规范的行为；从宏观层面而言，传播尤其是大众传播是实施社会控制的手段，能潜移默化地使人安于现有秩序。

那么，人用传播做了什么呢？自"强效果"式微后，关注人的媒介使用行为、使用经验的研究兴起。以赫佐格的日间广播剧收听研究为代表而发展出来的"使用与满足"理论，确认了"积极的受众"的存在。该理论将人与媒介的关系概括为"寻求满足"（gratification-seeking）、"期望价值"（expectancy-value）、"使用与依赖"（uses and dependency）等类型，力图从中找出人们"如何以及为何使用媒介"①。罗杰斯认为在"创新"的扩散中，通过传播人们可以"知晓"并产生"兴趣"，一旦新产品具有满足某种需求的潜力，它就有可能扩散开来。卡茨和拉扎斯菲尔德则重新发现了"个人影响"在初级群体中的重要作用。"对于意见领袖来说，接触大众传播获得了大量可供其选择传递与否的资讯与观点。"②诺依曼则认为，传播是人们感知周围的舆论气候的主要途径，通过传播人们可以避免被群体孤立。"公众得到了关于真实的两种看法、对意见气候的两种不同的印象：一种印象来自自己的原始观察，另一种印象是通过电视的'眼睛'的观察。因此就形成了令人不可思议的现象——一种'双重意见气候'。"③关于"反第三人效果"的实证研究显示，当人们认为传播中的内容是正面的时候，倾向于承认自己受到的影响比他人多，而当传播中的内容是负面的时候，人们则会认为相较于他人，自己是难以被影响的。④从"人通过传播做了什么"的角度看，它重新确认了人的主体性。没有任何一种传播行为是被动的、简单的，只有将其置于人的行为系统、文化及群体背景中，人的传播活动才可以得到恰当的解读。

---

① Jennings Bryant & Susan，*Thompson*，*Fundamentals of Media Effects*，北京大学出版社 2007 年版，第 128 页。

② ［美］约瑟夫·克拉帕：《大众传播的效果》，段鹏译，中国传媒大学出版社 2016 年版，第 24 页。

③ ［德］伊丽莎白·诺尔－诺依曼：《沉默的螺旋：舆论——我们的社会皮肤》，董璐译，北京大学出版社 2013 年版，第 167 页。

④ Kurt N & Edward F，"Extending the Framework of Third－，First－，and Second-Person Effects"，*Mass Communication and Society*，Vol. 5，No. 2，2002，pp. 113－140.

二 传播效果研究存在的问题

传播效果研究是大众传播时代的产物，它所体现出来的传播观是与大众传播的垄断地位和社会影响力契合的。在这样一种效果观的主导下，无论怎样研究和重视受众，他们都不是以"真情实感"的人的面貌出现的，而是以具有某种社会的、心理的和文化结构的状态存在，人们认为可以通过科学的手段观测并把握这种结构，于是就可以促进效果的实现。在对待传播内容的态度上，效果研究认为"内容"不可能不含有任何"意图"，传播就是要实现意图，而传播内容的好或坏通常是泾渭分明的，甚少存在客观中立的内容。

正是基于这样的观点，所以效果研究大多将焦点集中在传播的内容与人的行为的关系上。在人与传播的关系上，效果研究将其概括为"使用""依赖""沉迷"等类型，并从微观、中观、宏观层面对人的媒介接触行为作出了评判。效果研究认为，在一个充斥着传播活动的现代社会里，人无法也无能回避传播的影响，因而在认知、态度和行为层面一定会表现出可被观察到的特异性。

在这样一种效果观的主导下，效果研究就存在一些难以回避的问题。第一，现有的效果研究大多预设了一个研究立场，即"传播效果的确存在"。比如，拉扎斯菲尔德在研究选民的投票行为前，已经默认了他们会受到宣传的影响，他在详述研究目标时说道，"正式的宣传有何作用？报纸和广播宣传有什么作用？人们从哪儿得到信息，如何得到？"[①] 他的研究目标是从大众传播中找到影响效果的因素，对他而言"效果存在"是一个不证自明的前提。克拉帕在展开对"中介因素"的研究之前以理论假设的方式提出，"在几种剩余情况中大众传播似乎起到了直接效果，或者直接地、自发地起到了身心作用"[②]。在他这里，大众传播有效果同样是毋庸置疑的，他的研究是旨在寻找影响效果的"中介因素"。

---

① 转引自［美］希伦·A. 洛厄里、梅尔文·L. 德弗勒：《大众传播效果研究的里程碑》（第三版），刘海龙等译，中国人民大学出版社 2004 年版，第 70 页。

② ［美］约瑟夫·克拉帕：《大众传播的效果》，段鹏译，中国传媒大学出版社 2016 年版，第 6 页。

在这种预设的研究立场的主导下，即使在研究中出现了与研究前提不符的现象，也会为研究者所忽视。例如，"议程设置"理论是以经常看电视和报刊的人为研究样本的，研究者认为经常接触媒介的人，他们的日程及其重要性要受到媒介议程的影响，于是也就把那些并不经常看的人排除在外。那么这些人的议程又从何而来呢？

第二，效果研究大多是某个实验的结论，在样本的选择、研究工具、控制方法上都具有特异性，而不是对人类日常媒介接触行为的完整再现。所以人们在评价有限效果论时，曾一针见血地指出效果研究对量化分析的过分倚重，使得人们忽略了"当媒介和政治条件变化的时候，在不同的时间、不同的地点，量化研究结果的差异将会很大。"[①] 例如，在当代电影研究的某些领域，研究者会让受试者戴上眼动仪观看电影捕捉脑电波波动变化的数据，并以此作为分析电影效果的基础。这种方式得出的数据是较为客观的，但它忽视了一点：人们在日常生活中是进入电影院或者在家庭中观看电影的，在实验的环境下所得出的结论，能在多大程度上证实日常媒介接触行为的效果？因此，效果研究的结果并不具备普遍性，严格来讲，它们并不是一种理论而是实验的结论。

第三，效果研究是以一些难以证实的理论假设为前提的。例如，"沉默的螺旋"理论就以"身处群体中的人害怕被孤立"为研究前提，以此来验证人们在公共场合是否敢于表达与群体不同的意见。说服研究则将"可说服性"与人格联系起来，研究者认为在人群中存在一些性格强硬的人，这些人是难以被说服的。害怕被孤立也好，难以被说服也好，当研究建立在这些难以证实的假设的基础之上时，无论量化分析的质量如何，实际上都影响了研究结论的可靠性。

最为根本的是，随着时代的发展，建立在直线式的、传者主导的思想之上的效果研究，已经无法解释以互联网为主要场域的新型传播活动。在网络世界里，传者不再高高在上，而总是与接收者处于你来我往的互动中。传播的内容也不再自成一体，而是以超链接的方式与众多文本共

---

① Chaffee, S. H. & Hochheimer, J. L. *"The Beginning of Political Communication Research in the United States: origins of the 'Limited Effects' Model"*. In E. M. Rogers & F. Balle (Eds.), *The Media Revolution in America and Western Europe*, Norwood, New Jersey: Ablex, 1985, p. 290.

处一个空间。传播的壁垒被打破，非组织传播、制度化的传播、人际传播和谐共存。人在视频、图像、文字、声音等传播符号间切换自如。大众传播时代效果赖以发生的传播机制受到冲击，一切以无组织、无中心的形态存在，因此这种线性的效果观也就失去了解释力。盲目地将大众传播效果研究的理论套用在网络的情境中，除了重复验证外，并不能推动效果研究的进一步发展。

三 效果理论对"定向"研究的启发

通过对效果研究的简略回顾不难发现，它们大多存在这样几种观念。一是传播者必定是有意图的；二是传播活动可以传递这种意图；三是意图在传递的过程中要受到众多因素的影响；四是意图可以为接收者感知到并可能引发后续的行为；五是无论接收者具有怎样的特异性，无论他是否会被"意图"影响，他都必定处于传播中。

效果研究从传播者的意图出发，以意图的最终实现为关注焦点，注意到了传播者的意图与接收者的解读间存在较大的差异，这正是效果研究为我们留下的宝贵遗产。同时，效果研究把意图与解读间存在差异的原因归咎于传播者，片面强调传播者要对传播策略、文本、技巧进行选择，则是忽视了传播是发生在两个主体间的。此外，以传者主导的视角分析接收者的心理状态、接收环境、文化背景，这种"由己及人"的研究方式，也不能使得传者真正拥有接收主体的视角，故此人们也就无法真正理解到底是什么影响了"效果"。

对于我们将要展开的关于"定向"的讨论而言，效果研究的成果是有积极意义的，它从这几个维度为我们提供了从理论上进行"扬弃"的基础。第一，效果研究确认了主体意图的存在。第二，效果研究确认了传播符号、渠道、生态对主体表达的重要影响。第三，效果研究确认了接收者的复杂性、多样性。同时，通过对效果研究历史的审视，我们对于定向的研究和讨论，就可以避免直线研究的弊端。我们将会把精力聚焦于传播是如何在主体间发生的，通过讨论发起主体建构意义系统的方式，以及接收主体解读意义系统的途径，以此研究在表达和解读意义系统的方式存在差异的情况下，意义系统如何借助传播实现其所指的特异性。

第五节 "定向"如何可能

当我们把定向界定为主体的指向及其实现，认为它是传播主体意义系统的构建和解读的辩证运动时，我们自然就要进入以下讨论之中。现实生活中，我们总会在传播中遭遇"词不达意"或者听出某些"弦外之音"，当这些明显属于定向"失败"的情况出现的时候，为什么传播还是可以发生？或者说，为什么一个主体想要表达的东西，可以为另外一个主体接收，并且存在被理解或不被理解的可能？

"他（康德）的回答是：心灵的能力本身提供了我们所能依赖的不变的结构。而心灵（按他的意思是指各种智能、才能和我们大家所具有的以及我们大家从相同的方式起作用的智力天资）能动地组织和构造它所感知的各种印象，并进而把它自身所固有的模式施加于经验。"① 正如这段话所指出的，人类心灵的结构具有特异性，它可以把人的经验转换为某种模式，在这种模式的指引下人又可以对新的经验加以构建。传播由主体构成，主体赖以建构经验的方式是具有共通性的，因此即使在意图的实现层面主体的指向失败了，但是传播依然可以发生。在我们看来，主体构建经验的方式与以下三个因素紧密相连：意向性、时空和语言，它们分别对应着意识层面的指向性、行为层面的指向性和语境层面的指向性。

一 意向性

"意向性"在哲学、心理学、语言学和认知科学中是一个非常重要的概念，它表明了人类心灵具备的一种能力——我们可以将外部世界与自身的内在世界联系起来。在人类传播活动中，"意向性"是人能在意识层面实现指向的前提，借助意向性主体才能表达意图。那么，什么是意向性呢？

自然世界的一朵花盛开了，我看到了它，于是它也开在我的心中。任何情况下，心中的花都不可能与自然界的花等同。我们拥有的是花的

_____

① ［英］H. P. 里克曼：《理性的探险》，姚休译，商务印书馆1996年版，第120页。

观念，这种观念指向花的物质形态，却绝不是花本身，但某种意义上它们又是统一的。于是就带来一个问题，外部世界和内部世界为什么可以合而为一？心灵是沟通外部世界的桥梁，还是反射外在世界的一面镜子？不论它的作用是什么，心灵所具有的"从内到外"或者"从外到内"的能力却是客观存在的。哲学家们将心灵的这种能力概括为"意向性"。

作为哲学中较为重要的一个概念，人们对于"意向性"的讨论的发端甚至可以追溯到柏拉图。他曾把人类关于外部世界的观念和看法，看作是心灵向外部"射箭"，也就是把人的内心想法投射到外界的靶子上去。正因有这个射箭的过程，所以人们才会"感时花溅泪"或者以物喜和悲。① 到了中世纪，神学家阿奎那首次把"意向性"作为一个术语引入哲学研究，他说"心理系意向活动的惟一发生场所，并且经由自身的意向活动对实在的或者虚拟的意向对象进行内部建构。"② 他的观念指出了"意识"的指向性，意识指向的对象可以是具体的某个事物，也可以是完全虚构的对象。

到了 19 世纪末，布伦塔诺进一步发展了"意向性"的概念。他把世界区分为物理世界和心理世界，前者是自然科学研究的对象，后者是哲学研究的对象，它的基本特征是意向性。"意向性"在布伦塔诺这里有两个含义：第一个含义指的是自然世界是以意向的形式存在于心理世界中的；第二个含义指的是人的意识总是指向对象，因此意向性要通过"意向"去理解。"意向"的本质是观念。比如，在古今中外的民间故事里，少女们都梦想着嫁给一个白马王子，此时白马王子就是一个"意向"。少女最终要和真实的人而非"观念"结婚，无论这个人是否与想象"指向"的对象（白马王子）契合。也就是说，意向（白马王子）与意向性（结婚对象）不能等同，两者是完全不同的概念。按照布伦塔诺的观点，我们认识的就是外部世界的"意向"，而不是外部世

① 有学者认为柏拉图将信念与思想等心理状态比喻为"射箭"，其实隐含了对心灵的"意向性"问题的关注。参见王姝彦《分析传统中的意向性理论及其发展》，《科学技术哲学研究》2012 年第 2 期。

② 徐弢：《试论托马斯·阿奎那的意向性学说》，《学术论坛》2001 年第 1 期。

界本身。

胡塞尔看到了布伦塔诺"意向性"观念的局限性，于是他用"noema"来解释意向活动的指向性。在胡塞尔的观念中，"noema"是意识的一种结构，它的存在确保了意识的指向性。人们有时候会想象一场浪漫的偶遇，此时，意识所指向的对象——偶遇的某个人——是不存在的，但意识的指向性依然存在。"这好比钓鱼，不在于有没有鱼，能钓鱼在于鱼钩有钓性。因此意向对象实际上是意向活动创造的。"[①] 也就是说，只有当我们把外部世界当作意向指向的对象时，它在我们的心灵中才有可能存在。

从"意向性"出发，胡塞尔又提出了"视域"的概念，他认为意识所指向的对象不是独立存在的，而总是与其他的对象处于一种结构和普遍的联系中。意识也不例外。例如，当我们想到某个桌子时，它不会是空无一物的所在之处的桌子，而总是处于"某处"的桌子，我们关于这个桌子也会有一些看法：这张桌子应该是"木质的"或"用来写字"的。通过这个例子可以看到，意向性在指向某个对象的时候，也指向与对象有关的概念、观念及其结构等精神内容。海德格尔则不同意对意向性的这种解释。他认为我们"看"桌子或者"想起"桌子，总是一下就看到了、想到了，这才是符合日常生活的自然态度。[②]

现象学的重要贡献在于深入探讨了意识的指向性：世上万事万物之所以能与人发生关系，根源在于意识能够指向它们。但是，指向某物就能"知道"该物吗？我看到了一个人，我就能"理解"他吗？我们在这里就"意向性"进行了一些简单的讨论，并非是要从哲学层面进一步深入研究它，而是想要引起后面的问题。如果我们把"定向"归纳为人所特有的一种能力，将传播看作人的精神活动的外化，那么"定向"所蕴含的指向性，在某种意义上与"意向性"有异曲同工的地方——它们都不可避免地指向"我之外"，都具有指向存在或"不存在的存在"的能力。

---

① 尚杰：《胡塞尔的意向性概念》，《辽宁大学学报》1987 年第 5 期。

② 孙周兴：《我们如何得体地描述生活世界——早期海德格尔与意向性问题》，《学术月刊》2006 年第 6 期。

"意向性"在我们的视域中是一个更为多元的范畴。正如我们在前文提及的：意识到一个事物，不表示一定能够理解它，世界对我们来说只有"有意义"才能真正地被认识。例如，我看到一头牛，想起了小时候见过的一匹马。我的意识指向的对象是牛，它以观念的形式出现在我脑中，但真正令我动容的却是"不存在的马"。"非存在——不存在的东西——有确定和重要的结构。这种结构，正如我们所看到的那样，对理解许多事情尤其是意向性，是至关重要的。"① 这种常见的心理现象说明了一个问题，意向性总是包含了"内容"，它具有赋意的功能。也就是说，只要意识指向的对象在人的心灵留下印记，它就必定带有"意义"。不论这种意义是对象本身所具有的，还是由它所引发的，"意义"总是存在的，否则世界就是一张白纸。我看到一个陌生人，那么"陌生"就是这个人所具有的意义；我害怕夜晚，"害怕"就是黑夜的意义。

基于指向性和赋意两个层面上的"意向性"，世界对于"我"而言才是可能的。首先，世界内化为"我"的心理世界的一部分，但这种内化不是镜子式的再现，而是要受到心理世界的特殊性的影响。比如，当一个人幻想的时候，外部世界就以非理性的形式存在于他的心目中。此外在人的心理世界中，还存在大量的意识碎片和无意识，它们会对人们认识外部世界造成影响，比如注意力分散有可能会中断人们对外部世界的关注。其次，世界是"有意义"的，凡是能内化为人的意识指向对象的外部世界，对人而言它就含有深意，这种深意为人们的认识和理解打下了基础。最后，通过意识指向的对象及其意义，"我"得以理解这个世界。在这个过程里，世界对我而言分为了"可知"和"不可知"的两个世界。

通过对指向性和赋意的讨论，我们对于意向性的理解也就加深了一些。那么在传播活动中，意向性是如何发挥作用，使得人们可以在思维和意识层面指向外部世界的呢？我们可以以图1-4男性借助玫瑰花向女性表达情感的事件为例子。

如图1-4所示，在这个传播活动中，男性和女性是主体，而玫瑰花

① 高新民：《意向性研究的心理哲学进路》，《学术月刊》2008年第10期。

图 1 - 4

是现实世界的事物，当发起主体选择以它表达爱意的时候，就是将自己的内在世界指向外部世界。当接收主体收到玫瑰花后，她把现实世界中的玫瑰花指向了男性的内在世界。在这个过程中"玫瑰花"被赋予了新的意义，当两者的意义一致时，主体的指向顺利实现。

　　传播是主体内在世界的外化。借助意向性，传播主体可以利用指向外部世界的方式表达他的意图，赋予他的意图以意义。对于接收主体而言，意向性使他能够将对方的意图与现实世界联系起来，同时也可以将现实世界与自己的内在世界联系起来，并赋予这个新的世界以意义。

二　语言

　　对于人类而言，借助语言世界才是可以理解的。符号也是语言的一种外化表现，我们在看到、提到、想到、写到一个事物的时候，虽然它是以符号的形式出现，但最终却是以语言的方式存在于我们的心中。"人之外的事物虽然在象征、比喻的意义上也能关于什么，但其象征、关于从根本上说源于人类心灵的作用。"① 我们的心灵主要以语言的方式去理解世界，通过语言，主体的意图才可以表达出来，接收者才具备解读的可能。

　　既然世界是以语言的方式存在于人的心灵世界中的，那么"语言"是怎样发挥作用的？首先，语言具有指向外部世界的能力，语言是人们用来描述客体的产物，当用"我"来形容自身时，"我"也就成了自己观照审视的对象，因此语言总是指向客体的。其次，任何一个语词都是由内涵和外延构成的，我们在使用它的外延时也接收了它的内涵。最后，

---

　　①　高新民：《意向性研究的心理哲学进路》，《学术月刊》2008 年第 10 期。

我们认为语言有两种存在形式，社会语言和心理语言，它们共同作用于人类心灵，使我们能够与世界"交流"。这个意义上的语言，不是指能够借助发音器官表述出来的字、词、音、语法的综合体，而是一种"排列组合"以传递信息的载体，比如，计算机语言。

在某种意义上说，社会语言是在互动过程中产生的。"人们是把语言看作独立的、准生物学的实体，其发展完全是由它的内在力量和内在需要来规定。事实上，语言是与人类交际同时产生的现象，它受到一切社会力量各自不同的交际模式的影响。"① 正如维纳所言，语言不是一个生物现象而是一个社会和文化过程。所谓社会语言既指人们用于交流、协作的语音综合体，又指"类语言"的各种规则、制度乃至文化系统。这些以"类语言"的形式存在的事物与语言密切相关，一方面它们要依靠语言及其符号形式才能传播，另一方面它们的构成方式是一种类语言的体系，表现为一定的规则、制度和文化结构。社会语言一经产生，它对人的言语行为就构成了限制。"施行言语行为在一般意义上可以看成是按规则有意图的行动，使言语行为成为可能的规则是一类非常特殊的规则……它不仅调节先前就存在的诸多行为形式，而且实际上也能为新的行为形式创造可能性。"② 人们总是试图将自己的所思所想"表达"出来，"表达"是一个在社会语言的语法系统中"定向"的过程。

不同于社会语言，心理语言有其特殊性，在大多时候心灵语言是缺乏"语法规则"的。当我们做梦的时候，我们的"世界"呈现出一种杂乱无章的情形。梦里，我们的感官退化，视觉占主导位置，理性退位使得梦完全处在了心灵规则的支配之下，因而表现出不同于现实世界的逻辑。当我们清醒之后，我们所回忆的梦境会经过心灵的二次加工，此时被复述出来的梦，它所表现出来的"叙事"的连贯性和逻辑性，其实就成了现实世界的产物，它并不能用来解释心灵语言的特质。梦的这种特点，昭示着存在一个不能被我们深入探知的"世界"，它完全依靠心灵的力量存在，却又不是我们所熟悉的语言中的任何一种，所以难以解读。

① ［美］N. 维纳：《人有人的用处》，陈步译，商务印书馆 2009 年版，第 70 页。

② 尚晓明：《言语行为理论中的个人意向性和社会现象——维特根斯坦语言哲学的日常语言分析》，《黑龙江社会科学》2009 年第 5 期。

心灵哲学、语言学对心灵语言的运作机制，做出了许多有益的尝试却收效甚微，因为我们用社会语言的逻辑来研究它，这是"语言"选择上的南辕北辙。心灵语言的特殊性还在于，它未必总是表现为一个连续的"言语"，我们常用"意识流"来形容心灵的这种特质。我们的心灵如银河般浩繁，能被我们"意识"到的意识好比行星，那些碎片化的意识和无意识是数量庞大的其他星体，当我们为行星所震撼时，却也无法忽视还存在一个同样令人震撼的宇宙。

当我们把语言视作人类理解世界的主要方式时，我们必然要面对这些难以解释的问题：心灵并不能影响和改变自然世界；心灵语言的杂乱无章和不能完全被表达出来的状态，使得每个人的心灵世界都是不完全可见的；人与人之间如何实现心灵的连接与沟通？世界和人之间还有必然的联系吗？我们的答案是，即便人类心灵的本质如此，世界依旧因为人才能被表达和交流。这就好比年轮与树龄的关系，无论我们是否以年轮这个词命名树的这种自然现象，树都不会受到命名的影响，树不会在意它是否又多了一圈年轮，但是，年轮最终要在人类世界中才能"有意义"。

作为社会动物，在几百万年的进化和社会协作的历史中，人类已经习得了一套表达心灵的方式，这种方式压制了心灵的杂乱无章，并把心灵置于社会语言的场域之中。社会语言是建立在约定俗成的基础之上的，它象征着人类的总体心灵——为大多数人所认可的意义及其结构。

通过对语言的这些讨论，我们对"定向"发生的基础也就多了一重了解。语言是人类的存在方式，自然语言与心灵语言的差异，是人类"理解"世界的客观基础，这种差异正如前文列举的砍柴的例子——S′（A 的意义）和 S″（B 的意义）总是围绕 S（砍柴的行为）运动。无论我们的心灵世界的差异有多大，当我们把心灵表达出来的时候，其实也就在心灵和客观世界间建立了一种指向关系。曼海姆在研究意识形态的时候指出，"一个历史时期中的每一个事实和事件只能依照含义作解释，而含义又总是涉及另一种含义。因此，一个时期含义的统一和相互依赖的观念总是构成那个时期解释的基础"①。在他看来，人们解释世界的方式多种多样，但每一个时代都有其客观机制和观念结构，它们是解释得以发生的前提和基础。比如，当我们以地质分层为基础确定历史年代时，不论我们从历时性的角度赋予自然世界演变以何种意义，地质现象和分层标准都是客观存在的。我们的社会语言也是如此，它源于人类漫长的发展历史，在人的社会互动中它拥有了意义，它是人的解释行为的先在结构。在社会语言的限定下，心灵语言的特殊性又赋予人多样性，也就是人的"意义多样性"。所以，人虽不可以被完全理解，但他总是"能"表达并"被"解读的。

三 时空

时间和空间是研究传播的两个重要维度，人们看到了传播活动总是要发生在一定的时间和空间中，因而主张从这两个维度来探讨传播的意义和功能。伊尼斯在研究人类有史以来的媒介时，将其分为时间偏向和空间偏向两种类型。他认为偏向空间的媒介，通常利于保存并能经受住时间的流逝，偏向时间的媒介，则较为轻便因此适合传播开来。② 梅罗维茨重点研究了电子媒介带来的时空分离，他认为，电子媒介把人和他所在的客观时空分离出来，创造了一种新型的时空关系，导致人们的前后台情境发生了改变。③ 吉登斯用"脱域"来描述当今世界，认为科技发展将人从物理时空中解放出来，人的传播活动可以不再为地点和场所限制，信息技术重新把人类世界连接为一个"脱域"的社会。

但是，无论人们对于信息时代有着怎样美好的祈愿，在可以预见的将来，人类还是要依托具体的时间和空间才能存在，人感知时间和空间的方式不会发生大的变化，虚拟化的时空关系也不是当前人类交往的主流方式。在这样的语境下，我们关于时间和空间的讨论，也就必须以一种相连而非孤立的视角，也就是将时间和空间视为一个整体。在我们看

---

① ［德］卡尔·曼海姆：《意识形态与乌托邦》，黎鸣等译，商务印书馆 2009 年版，第 69 页。

② ［加］哈罗德·英尼斯：《帝国与传播》，何道宽译，人民大学出版社 2003 年版。

③ ［美］约书亚·梅罗维茨：《消失的地域：电子媒介对社会行为的影响》，肖志军译，清华大学出版社 2002 年版。

来，按照人与时空的关系，时空可以分为社会性时空和个人性时空。

在我们的讨论中，自然时空理应也有一席之地，之所以没有把它列入其中，是考虑到如下一个问题：自然时空是否是一种确定的存在？先来看时间，哲学家们或者把时间视为"先天直观"，是宇宙间的先验的永恒真理，要么将其归因于人的意识的流动，是某种主观的东西。于是我们关于时间的讨论，也就进入了一种非此即彼的立场当中。当我们把它视为客观之物时，它就成为人类存在的先验维度，在时间之流里，每一个人都有其归宿。当把它看作主观产物时，时间也就成了人类"自说自话"的彰显方式。

诚然，时间是我们认知外界的一个最重要的维度。我们将地球公转一次规定为"年"，自转一次规定为"天"，还把这种对时间的规定发展到生活的方方面面。但在我们将步履迈入宇宙之时，我们对于地球时间的规定是否依然有效？当我们这样做的时候，宇宙的时间就变得太过久远，以至于远远超出人所能感知、理解和生存的极限。如此一来，时间似乎也就失去了作用。作为一种感知"变化"的维度，时间注定是属于人类的，正如我们不能用"年"去概括蜉蝣的生命周期。

空间也注定是属于人类的。当我们说起或者想起某个人、物的时候，他（它）总是以"在某处"的方式存在于一个空间中，而绝不会是处于无归无依的状态。"在某处"是地球上的一切物体借助引力安置于地面的方式，这种方式内化于我们的心灵，自然也就渗透进对空间的感知和认识中了。当我们将目光移向浩渺的宇宙时，那里群星璀璨，它们以在我们看来是"漂浮"的方式存在，于是我们给"漂浮"以坐标。尽管如此，我们仍旧不能否认漂浮才是宇宙的常态，那么"安置于、依附于某处"的存在方式，就不能算作宇宙的必然。所以斯特尔把人类的知识分为主观和客观的，他说，"我们今天称之为知识和学问的东西中的大部分并不是关于事实、规则和事物的直接知识，而是客观化的知识。客观化的知识就是大量的、极其不同的、被从理智的角度予以占用的自然和社会，这也可以被看作是构建一个社会的文化资源。于是，认识大致上就是对于社会文化资源的参与。"① 在他看来，知识不是事实，而是看待事实的

① ［加］尼尔·斯特尔：《知识社会》，殷晓蓉译，上海译文出版社 1998 年版，第 141 页。

结果。在时间和空间的问题上，千百年来人类孜孜以求，但至今尚无定论。因此在我们的讨论中，自然时空被悬置起来，而主要以人类感知时空的方式为标准，将时空分为社会性时空和个人性时空，从这两个维度研究它们对于传播的影响。

所谓社会性时空，指的是社会建构出来的时空体系，它有多种形态，但一般情况下是以人类制定的计时制度为基础，本质上是人类感知世界的一种方式。各大古文明都曾有自己的计时方式，比如，中国的天干地支和十二时辰、古埃及的历法等。今天我们使用的公元纪年便是以"耶稣诞生"作为起点，"公元"并不是自然界的应有之物，而是人类记录线性时间的标志。"科学家所提出的其引力定律在一切情况下都具有相同的表现形式，这根本不能证实自然界的一致性。它可以证实的只是我们使自然定律的名称在一切情况下以共同形式表达的事物一致。"① 里克曼在论及人类的理性时认为，自然界的一致性（自然规律的客观性）并非确定不移的，在更多时候它只能确证人赋予它的意义具有一致性。时间和空间作为自然界的应有之物，它的规律和表现规律的形式同样是由人来确定的。

这种人为建构的时空对传播有以下三种影响。第一，人类传播总是在社会性时空中发生的，是当时当地的行为。第二，即使传播的内容指向过去或将来，它也必定是社会意义上的某个时空。比如，当我们谈到公元前232年秦始皇统一六国的历史事件时，我们的意识其实指向了曾经真实存在过的某个时空。第三，意义总是处于时空中的意义，我们无法想象"凭空出现"的东西，即便是在梦中，我们也一定"处于"某一个空间和时间中。正如里克曼所说的："人类认识的第二特点是，被接受的印象有着时间上的次序，并且有些印象……也有着空间上的次序。"② 这段话的意思是，人类认识和理解到的事物，先天蕴含着历时性和共时性的内容。此外，人还具有将"事件"作为记忆标点的特点，这是利用某个事件发生的时间和空间来指代具体的时空。比如，"我出生的时候""举办奥运会那年"等表达习惯，就是把社会性时空作为标尺以建构个人

① ［英］H. P. 里克曼：《理性的探险》，姚休译，商务印书馆1996年版，第39页。
② ［英］H. P. 里克曼：《理性的探险》，姚休译，商务印书馆1996年版，第110页。

历史。

所谓个人性时空，指的是因人的心灵机制而产生的对时间和空间的感知。在我们存在的社会时空之外，心灵却处于另一个截然不同的时空之中。在心灵所处的时空里，我们可以与亡灵交谈，可以随意转向过去与将来。我们可以以"梦"为例来加深对心灵时空的理解。梦中的时空，有着与自然世界完全不同的流逝方式，也有着难以捉摸的时空逻辑。在梦里，我们可以看到各种怪异的建筑，又能不经过任何过渡而突然出现在某一个时空中。而当我们清醒的时候，有时感觉度日如年，有时又觉得日月如梭。每当我们试图将心灵的怪异、急缓表达出来之时，无论怎样表达，这种表达又必定指向现实世界。个人在心灵层面的时空"感受"虽然不能作为时空建构的标准，但它却真切存在同时也影响着我们的生活。

所以，在一个人类传播活动中，当主体想要表达什么的时候，他必须以社会时空为参照；主体选择的对象一定是"占据着"时空的具体对象，哪怕对象自身并不真正存在，他（它）也一定不可能是"空"和"无"；主体必须借助真实存在于空间中的符号及其含义才能够表达；接收主体的接收和解释行为也是如此。

本章小结

在以往的传播研究中，人们大多关注到传播主体为了促进意图的传达，而在对象、符号和策略上的某些选择，并把传播主体的这些选择统括在"效果研究"的领域，从理论层面对意图如何更好地传达做出了许多研究。效果研究是传者主导的，它把传播活动的接收对象作为客体，而忽视了他（它）是以主体的形式存在于传播中的，他极少会在发起主体给定的语境内去理解传播。效果研究无法避免传者主导的研究思路，使得在它的视域里接收主体总是客体化的主体。因此，尽管效果研究对我们理解主体的指向提供了许多有益的借鉴，却不能真正解决传播的"定向"。

"定向"是传播的本质属性之一，传播是人类发起的意义交换行动。从这个意义而言，人类社会凡是涉及意义交换的行为都可以纳入"传播"

中予以考察。没有任何一个人类行为是不涉及意义的。"一个写下来的思想，只有当它被读者阅读并且进入他们的头脑中，才可以通过提供给他们精神模式或者责任意识的方式，从而具有约束他们行动、思考、感情的力量。"① 意义是传播中必须由人去解读、阐释的精神内容。意义是理解"定向"的关键。

定向，由主体的表达和实现表达两个层面构成，分别对应着传播的发起主体和接收主体。对于发起主体而言，他（它）借助传播表达了自己的意图，并期望对方可以按照"设想的"那样去解读。对于接收主体而言，他（它）总是按照"自己的"方式去理解传播。"定向"的这两个方面是统一的。

传播主体在借助传播表达意图的时候，要经过确定意向、对象和符号的过程。这个过程是传播主体由内部指向外部世界的过程。这个过程是传播主体考虑自己想要表达什么、向谁表达、对方是不是能够理解等内容的过程，同时也是传播主体对意向、对象（客体化的）和符号（意义）能否实现指向的综合考量过程。

接收主体在参与传播活动时，他（它）要考虑对方要表达什么、为什么要向"我"表达。他（它）的这种考虑指向传播主体的意图，却必须要以接收主体的主体性为基础。主体间的差异造成了主体的指向难以真正实现。

主体的指向通常表现为一个意义系统，由主体的意义、符号的意义、接收者的意义构成。这些意义的客观性和多义性，加剧了意义系统的复杂性，也加剧了主体实现指向的困难程度。除此之外，我们还要看到一个重要的现象，主体的指向并不总是直接指向"某人某事的"，它在运动过程中会在对象、符号和意图等方面发生偏移。造成这种偏移的原因是多种多样的，在我们看来，它主要和传播主体借助"语境"来表达和理解意图有关。

语境，既包括传播发生的具体情景，如传播活动依赖的时空、发生的场所及使用的符号结构，还有传播主体的先在意义；同时又包括以制度化方式存在的社会和文化体系。人类的传播活动总要处于一定的语境

① ［英］杰西·洛佩兹：《社会结构》，允春喜译，吉林人民出版社 2007 年版，第 23 页。

中。对于参与传播的主体而言，他（它）们的传播行为要受到语境的影响和制约。通常情况下，为了确保意图按照预期的方式被解读，发起传播的主体会限制语境以避免歧义，但是却无法限制接收主体的"跨语境"解读行为。

我们认为，主体的指向通常表现为一个复杂的意义系统，接收主体不会只在给定的语境中去参与传播，但这并非意味着主体的指向没有实现的可能。"定向"是传播主体从内指向外、接收主体从外指向内的过程。人类传播中普遍存在的一些元素使得定向能够实现。这些元素包括主体的意向性、主体使用的语言（符号）和存在的时空。外部世界、语言和时空先于具体的传播活动，它们的意义虽然也源于一定的社会文化，但在一定时期内具有稳定性和一致性，它们是传播和理解传播的基础，也就是"定向"得以发生的基础。

第 二 章

什么是定向传播

我们已经用大量篇幅对传播的本质属性"定向"进行了详尽的探讨。在我们看来，作为传播本质属性之一的"定向"普遍存在于人类传播活动中。"定向"的内涵包括两个方面：一方面是发起主体对接收对象的选择及限定语境以传达意图；另一方面是接收对象调用语境解读发起主体的意图。传播主体的传达、接收和解读行为都要受到语境的影响。

在网络时代到来之前，得益于大众传播活动巨大的影响力，我们对传播活动中主体的指向的关注主要集中于发起传播的一方。人们认为在实现主体指向的途径中，接收主体虽然重要，但通过寻找心理的、社会的、文化的机制，就可以降低接收主体的干扰。网络传播活动的兴起改变了人类传播活动，演变出一种在网络环境中存在的传播形态，我们称其为"定向传播"。

那么，什么是定向传播，它有哪些特点？它的作用机制是什么？这将是本章重点讨论的内容。

第一节 "定向"的限定方式

定向，是主体的指向及其表达。主体的指向表现为一个意义系统，主要以限定对象和限定意义的方式表现出来。对发起主体而言，他（它）要选择传播对象、选择传播或不传播。对接收主体而言，根据注意力的作用机制，他（它）始终处于有意或无意接收的运动中。接收主体的解读行为赖以发生的语境是有独特性的，通常不会受到发起主体的限定。

为了更直观地说明问题，我们先来观察几个传播活动。

1. 人际传播

甲：晚上我想出去吃饭。

乙：你去吧。

甲：我想和你一起去。

乙：我心情不好，不想吃饭。

2. 群体（组织）传播

经理：你连续三个季度的 KPI 考核不达标，我建议你最好把精力放在工作上。

小吴：我家里有事，我又失恋了，难免会影响工作。

经理：按照公司规定，你可能还要失业。

3. 大众传播

电视台：接下来请欣赏歌曲独唱。

观众一：这个唱歌的人是谁？

观众二：她穿的裙子挺好看的，我要上淘宝找一下同款。

观众三：这首歌真难听。

电视台：接下来请欣赏魔术表演。

4. 网络传播

小王：发个微博。

小李：这个人刚才发的微博还挺有意思的，我点个赞。

小张：又来一个蹭热点的人，我要给"差评"。

小郭：王某刚才发的微博是什么意思，还有人专门发评论骂他？我要打个电话问问。

小王：天哪，我的微博被某日报官微转发了！再发个微博庆祝一下！

在上述四个案例中我们可以看到，在人际传播中主体间通常有"面对面"的关系，以及伴随着"面对面"而来的意义的"可见性"。当甲向乙表达想要一起吃饭的时候，乙在用语言表述他的意思时，甲能够即时听到、看到并清楚地知道自己的意图实现与否。在人际传播中，主体与他的意图是一体的，意图在传播过程中几乎不存在时间和空间的距离，人们的反应在彼此看来都是一目了然的，且是双向即时互动的。

在群体（组织）传播中，按照是否归属于群体（组织），接收对象被分为成员或非成员，当传播活动发生时，发起主体的意义既来自自身又来自群体（组织）。在案例中，经理和小吴在谈话时，他是以公司的业绩标准来衡量小吴的价值，此时组织的意义占主导地位，并限定了这次谈话的基本语境。然而，当小吴接收到相关信息之后，他却选择回避当下语境，转而从个人的历史语境携带的意义中去寻求对话的可能。

在大众传播活动中，它的对象首先要从技术上具备接收传播活动的可能，比如，在上述案例中，观众只有通过正常运转的电视机才能接收到电视台的节目。其次，大众传播接收主体的解读行为是滞后于大众传播活动的，并且以大众传播提供的内容作为解释基础。解释的滞后使大众传播的意义成为一个自成一体的系统，而极少受到接收主体意义的即时影响，因而相较于其他类型的传播活动，大众传播的互动性较低。

通过对上述案例分析，我们可以看到在几种类型的传播活动中，"定向"的表现形式是不同的，为了促使主体指向的实现，主体会从对象和意义两方面对传播活动进行限定，如表 2-1 所示。

表 2-1   主体限定对象与意义的方式

传播类型	对象	意义
人际	面对面	双向
群体（组织）	成员/非成员	群体、个体的混合
大众	观众、听众、读者	独立的体系
网络	多类型混合	超链接、超文本

正如第四个案例所描述的那样，"网络传播"中发起主体对传播对象和意义系统的限定方式是截然不同的。在该案例中，除非小王采用技术措施限定传播范围，否则身处网络空间中的任何主体都可以成为小王的传播对象。这种现象导致网络传播活动中传播对象性质的多样性，这些传播对象既有小王在现实世界中的人际关系的延续，比如，他的亲朋好友；又有完全陌生的主体，即数量庞大的网友，因此，这些对象的解读也是多种多样的。一般来说，虽然他们的解释同样要以小王的意图为基础，但在某些情况下也可以不以他的意义系统为解读的蓝本。比如，案例中的小张认为小王在蹭热点，此时他的解释行为发生在"现在的网络

热点"的基础之上。所以，"定向"在网络传播中的表现形式是非常复杂的，因为它已演变为一种传播形态。

一　对象的限定：关系

定向既然普遍存在于人类传播活动中，那么主体通常如何限定对象和意义呢？在我们看来，主体是以关系为主要标准来对传播对象进行限定和选择的。当我们选择某个人作为传播对象时，就是选择与之处于一个系统和某种关系当中。人是以相互联系而非孤立的状态存在于世界上，因而人不可能不传播。同时，他选择的对象、使用的符号、认识世界的方式（上文所论"语言"①），也要处于一定的结构关系中。

"在系统的概念下，社会的结构和秩序都是在组成社会的各个元素之间的特定关系中产生的，这些关系最终靠基本的物理相互作用维持，同时也遵从生命现象和心理现象的规律，属于完全客观的自然过程。"② 按照系统论的观点，人类社会是处于特定关系中的多个元素相互作用后的产物。作为社会系统中重要的一环，传播是在各个元素间建立起关系的主要手段。

通过传播，社会系统中的某个元素的变化能够及时为另一个元素感知，并导致它们联结的方式发生变化。传播在社会中具有的结构和功能，是我们在此处讨论传播活动的出发点。

如果把处于运动变化中的关系看作人类社会相互联系的常态，那么"关系"自然也就是衡量传播活动的一个重要维度。比如，库利曾说传播是"人类关系赖以存在和发展的机制，是一切心灵符号及其在空间上传递、在时间上保存的手段。"③ 在他看来传播是人与人和世界建立关系的一种方式。麦奎尔也说："传播是社会关系内部的一种凝聚力，但是它同时又是无法窥见、没有明确和固定的表现形式，在特定的关系结构中，

---

① 索绪尔认为"任何一个语言事实都是关系"，语言符号的能指与所指之间存在组合聚合关系，据此，语义得以产生。参见［瑞士］费尔迪南·德·索绪尔《普通语言学教程》，裴文译，江苏教育出版社 2002 年版。

② 钟学富：《社会系统：社会生活准则的演绎生成》，中国社会科学出版社 2007 年版，第15 页。

③ 转引自郭庆光《传播学教程》，中国人民大学出版社 1999 年版，第 2 页。

传播行为是可预见或重复出现的，并且对该关系结构具有不易观察到的影响。"① 传播是把人类社会凝聚起来的主要原因之一，它把人们置于特定的潜在的关系结构之中，使人类文明得以传承下来、传播开去。

在传播活动中，我们会通过多种多样的方式对对象予以限定，这样既可以避免对象的指向不明，又可以避免因对象的泛化而影响意图的实现。比如，一个老师在课堂上授课，当他以整个班级为对象提出问题时，常常会因对象不够明确而得不到回应，但是当他直接将问题抛向某个学生时，无论该生是否能够回答，他都必定会做出某种回应。这时，老师就在学生和自己之间建立起了一种问答关系。而在群体和组织传播活动中，人们主要通过群体或组织身份来限定对象，这时"归属关系"是限定传播对象的主要标准。在大众传播活动里，人们以"目标受众"为名目来概括主体间的关系。所以在我们看来，关系是主体限定对象性质的重要标准之一。

1996 年，巴克斯特和蒙哥马利出版了《关系：对话与辩证法》（*Relating: Dialogues and Dialectics*）一书把辩证法引入了关系研究中。② 他们认为关系不是一个"线性发展"的过程，而是辩证运动的。按照关系辩证法的观点，人们总是把关系的变化预期为更好或者更坏，我们会认为当两个人之间发生了激烈的争吵之后，他们一般会不再来往，这种看法是将关系看作线性的，它只能奔向某种非此即彼的结局，而绝不会呈现出丝毫的游离。实际上人类的关系是无比复杂的，我们的每一段关系都会遭遇发展、停滞乃至破裂。传播是我们的关系得以建立和发展的重要途径之一，同时，关系所处的阶段也能影响人们在传播中"开放"的程度。我们通常与好友无话不谈，对陌生人充满了警惕。但有的时候，我们又有可能与陌生人"无话不谈"：当我们要购买化妆品时，就不得不与导购员分享个人的年龄、肤质、收入等隐私，以便其推荐相应的产品。也就是说，即使是在同一种关系中，随着传播活动的变化，它的开放程

① ［英］丹尼斯·麦奎尔、［瑞典］斯文·温德尔：《大众传播模式论（第 2 版）》，祝建华译，上海译文出版社 2008 年版，第 4 页。

② ［美］理查德·韦斯特等：《传播理论导引：分析与应用》，刘海龙译，中国人民大学出版社 2007 年版，第 224—237 页。

度和隐私程度也是在不断变化的。

关系的辩证法把"变化"看作关系的核心，而伴随着"变化"而来的感知、情感和态度也值得我们关注。我们常说礼尚往来，但倘若这种"礼"只限于其中一方，时间久了就会因对方的"失礼"而备感怠慢，最终导致"往来关系"产生变化。关系不止于变化，还在于它总会伴随着"评价"，这种"评价"有两方面，一是关于关系"程度"的评价，主要集中于熟悉与否；二是关于关系的"情感"评价，它的标准较为复杂，不能简单地归类为"好"或者"坏"，但一定是以个人的情感为依归的。

"在文化生活中，任何对象或过程，在某一关系上可能具有仅仅是'手段'对'目标'的意义，在另一关系上则有独立的价值……对于价值来说……在某一关系上实现或维持它是'目标'，在另一关系上却成了实现其他'目标'的手段。"① 正如这段话所指出的，随着关系的变化，主体的位置和价值也会发生变化。在一段关系中，他可能是沉默的大众，但在另一段关系里则有可能是意见领袖。从价值层面来说，如何评价一段关系，决定了我们与对象进行互动的频次和程度。

人与媒介也处于"关系"中，既是信息接收的关系，又是信息传播的关系。前者主要指人通过媒介或媒介组织接收信息，具有一定的被动性；后者指人使用某种媒介主动传播信息，主动性较强。

人与媒介的信息接收关系，与媒介组织的整体形象、社会评价和人的媒介使用习惯有关。一般情况下，当一个媒介组织的形象积极向上，专业化程度高，社会整体评价趋向正面，又恰好与人的接收习惯吻合时，那么人主动接收它传播的信息的可能性就较高。同时，人的接收习惯并不是一成不变的，它与社会评价、个人评价（情感导向）处于辩证运动中，当接收习惯发生改变时，例如，从报纸的读者转变为电视的观众，那么在这段关系中，报纸的社会评价的性质就不再产生影响了。

人与媒介的信息传播关系，主要受可得性和便利性的影响。在当代社会的传播活动中，人们主要依赖电话、短信、微信等方式传播，同它们相比，写信是一种传统的传播方式，它的便利性较差。但是，当电子

---

① ［美］弗洛里安·兹纳涅茨基：《知识人的社会角色》，郏斌祥译，译林出版社 2012 年版，第 54 页。

媒介无法发挥作用的时候（可得性缺失），写信的便利性就会上升。此外，我们并不只从可得性和便利性出发来评价与媒介的关系，每一种媒介都蕴含着人的记忆和情感偏向。在信息传播格外发达的现代社会，书信这种古老的传播方式依然存在。人在媒介系统中选择某一种媒介建立关系时，也是在选择这个媒介的情感意蕴。

关系是一种传播情境，正如特纳所说，"在某一特定情境下，人们对于某个个体人格的知觉（他们独特的个人特征）在很大程度上取决于人际比较；而这些人际比较又是在确定了参照群体的内群体成员身份以及与情景有关的维度上做出的"[①]。在他看来，人通过人际交往将自己归属于某个群体的过程，也是人与该群体发生关系的过程。这个过程包括了人的现实状态和心理状态的双重改变。关系是传播中的关系，没有传播，关系就没有发展变化。

在人类传播活动中，"关系"是主体限定对象的主要方式之一。对发起主体而言，通过判断是否应该建立关系，以及关系蕴含的情感、态度和价值来限定传播对象的性质。在人际传播的领域，判断标准集中于"熟悉、亲近"；在组织（群体）传播中，它又主要以（非）成员的为标准；大众传播里则以是否是"收视（听）市场"来区分接收对象。

二 意义的限定：符号的选择

主体限定意义的方式是多种多样的，为了保证意图的准确传达和实现，主体主要通过选择符号的方式对意义进行限定。主体在使用符号的过程中面临着符号和符码的双重选择。

索绪尔将语言符号区分为能指和所指，他认为在能指和所指之间不存在天然的联系，它们之间的关系受人类社会文化的影响因而表现为"任意的"。斯特劳斯对这种"任意性"做出了这样的解释：对于具体的言语行为而言，语言符号是任意的，对于运用语言符号的人来说，语言符号是非任意的，因为，"从真正和恰当的意义上来说，每一个人类语言中相传下来的每一个词都是任意的和规约的符号：之所以是任意的，是

---

① ［澳］约翰·特纳等：《自我归类论》，杨宜音等译，中国人民大学出版社2011年版，第64页。

因为目前人们使用的上千个其他的词，或成千上万个人为造出来的词，都可能是同样学得的并用于这种同样的目的；之所以是规约的，是因为使用这个词不使用那个词完全在于这样的事实：它已经在说话人所属的语言社团中使用了。"① 维特根斯坦所谓的"语言游戏"也表达了同样的意思：我们在参与游戏之前，游戏的规则就已经确定了，但我们在游戏中的行为却具有偶发性和情境性。我们很难创造新的字词，却能通过字词的排列组合传递新的内容。

符号是以共时和历时的方式处于一定坐标轴上的，因此，也只有在坐标轴中才能确定其意义。当我们选择符号的时候，被选择的词语总是与其他词语处于一种张力中。选择了苹果就排除了梨子，此时苹果和"非苹果"、水果和"非水果"构成了一种二元结构，正是在这个结构中，苹果的意义才被凸显出来。从语言的使用情境来说，一般情况下语言符号总是指向二元对立，因而极少存在孤立的词语。② 例如，当我们提及"好与坏""爱与恨""美与丑"时，也就是将这些词语置于二元对立结构中去把握，它们的意义互为镜像，缺少其中一个就意味着另一个的难以解读。

当我们使用符号描述世界时，我们会发现存在无法归为某一极的心理动态和事物状态等，如悲喜交加、破茧前的蛹，但是却甚少有词语能直接描绘，而是必须借助词语的组合或者是聚合，这种现象对于理解处于语境中的词语大有裨益。当一个词语处于语境中它就具有了性质，绝对中性的词语是不存在的，语气词也不例外，此时我们就面临着对语境的选择。语境是客观存在的一个意义系统，只有当人意识到它并对它做出解读的时候，它才能发挥作用。语境的解读是一个选择过程，人们从以往经验中挑选出可供借鉴的经验，并对语境中的人及其关系进行判断，在这些基础之上人才有可能发生言语行为。比如，当我们进入一个陌生的社交场所时，我们首先会考虑这是一个什么性质的场合，我是否曾经

---

① 杨忠：《索绪尔语言符号系统观的贡献与局限》，《外语学刊》2013 年第 4 期。

② 详见列维－斯特劳斯的人类学研究。他提出人类思维结构本质是二元对立的观点，认为那些不能明确归属于二元中某一极的事物就成了禁忌。例如，吸血鬼、僵尸就是典型的跨越生与死的禁忌般的存在。

出席过类似的场合，我和在场的人交谈时应该注意什么。

除了选择符号之外，人们也在选择符号的特异性。所谓符号的特异性，指的是语言符号的语音、语义的特异性，还包括其所处的语言文化系统的特异性。符号的特异性是阐释得以发生和进行的前提与空间。在传播活动中，主体使用的符号是从"在者\是者"（李洪儒）① 的二元结构中凸显出"在者"。人类的符号系统中存在大量可供选择的符号（是者），当我们要借助符号表达某个意思时就是从这些符号中选择某个符号（在者），此时其他的符号就处于一种潜在和隐藏的状态。"是者"是理解"在者"的基础，文化系统也不例外。饮食文化是嵌入在一个地区的地理环境、风俗习惯之中的，当我们为西南地区嗜辣的喜好感到惊讶时，我们必须要把它与西南地区潮湿的气候环境结合起来考量。

主体使用语言的过程同样也遵循着二元结构，这种二元结构也是主体限定意义的表现方式之一。在一个传播活动中，通常情况下"说的一方"总是希望用最简洁的话表达复杂意思，"听的一方"则希望对方能说得更详细一些以免有所疏漏，如此一来，"简洁"和"详细"就构成了二元结构。

这种"简洁"和"复杂"的结构在伯恩斯坦看来是符号的符码造成的。伯恩斯坦的符码在充分吸收了古典社会学、语言学、符号学和结构主义的理论精髓上，由语言的使用出发最终指向附着在语言及其结构上的权力秩序，在这个意义上他所谓的符码更加接近罗兰的"神话"。在伯恩斯坦看来，符号并非只是指向客体（所指）更指向主体，符号总是与主体的某些特质相连。主体的这些特征是社会化的结果，包括了主体的符号使用习惯、熟练程度、所掌握的特殊表达方式等，通过这些特质，主体使用的符号也就由原本的客观指代完成了社会化的过程，这个过程就是符号的编码简称符码。②

伯恩斯坦的符码理论关注的是符号的权力问题，他将人们使用的符

---

① 参见谢萌《论"任意性原则"对语言系统的多维度诠释》，《外语学刊》2014 年第 2 期；李鸿儒：《索绪尔语言学的语言本体论预设》，《外语学刊》2010 年第 6 期；以及刘艳茹、许国璋等关于语言符号任意性的研究。

② 周旻、侯怀银：《语言与再生产——伯恩斯坦的符码理论探微》，《东北师大学报》（哲学社会科学版）2016 年第 3 期。

码分为精心设计的符码（elaborated code）和限制性符码（restricted code）两种。所谓精心设计的符码，指的是这些符码以复杂的表达方式、完整的语义以及重视个体思想的表达和多元化的阐释为特征，比如，诗歌。所谓限制性符码，以表达方式单一、强调使用者的共性以及较为统一的阐释为特征，比如，产品说明书。伯恩斯坦的符码理论是在研究教育分层后得出的结论，他认为受过良好教育和社会地位高的人通常倾向使用精心设计的符码，社会地位和教育水平低下的人则更加青睐限制性符码。

　　人类的传播活动是一个使用语言符号的过程，我们在选择语言的同时也选择了附着于其上的权力结构。比如，此刻我们运用了大量的术语讨论"传播"，这些学术研究中的术语对于非专业人士而言是难以理解的，因而他们也就不太可能用学术术语讨论问题。克兰在研究学术论文的引文时发现，"思想之间的关系，用出版物中出现的参考文献来度量。科学家之间的关系，则使用在回答他们的非正式交往情况以及对他们写作最有影响的资料的来源的问题时，彼此提到的名字的多少来衡量。"[①]因此她得出结论说，参考文献形成的脉络构成了一个"无形学院"，无形学院作为一种潜在的权力，能够推动学术共同体的成员快速寻找到所属的圈层。

　　在传播活动中因符号导致的圈层现象也同样存在。一个人的言谈水平能够反映其受教育的程度，而教育作为一种文化资本，在布尔迪厄看来是能够世代传承的。符号是社会的产物，社会的权力结构和文化秩序也蕴含在符号之中，通过人类传播活动这些秩序得以代际延续。

　　通过选择语言（等）符号和符码，发起传播的主体可以限制意义系统的多义性。比如，对于大众传播活动而言，它所传播的信息必须与社会的主流价值观契合，考虑到受众的广泛性，大众传播通常也只能传播浅层次的信息，因而其使用的符码一般来说是限制性的。但是在一个社会高度开放，多元价值观和谐共存，受众受教育平均水平较高的社会里，大众传播依赖的符码则可能是精心设计的。

　　通过对传播中"定向"的限定方式的讨论，我们对于主体限定意义

---

① ［美］戴安娜·克兰：《无形学院——知识在科学共同体中的扩散》，顾昕译，华夏出版社 1988 年版，第 17 页。

和对象的途径也就多了一些了解。在人类传播活动中，我们会通过以"关系"为代表的一些标准对传播对象进行限定，也会通过选择符号和符码的方式以避免过度解读。随着传播技术的发展，"定向"在传播活动中尤其是网络传播活动中的表现方式也出现了明显的变化。网络传播主体并不主要以"关系"作为限定对象的标准，因为网络空间使得任何进入网络环境中的主体都有成为"对象"的可能，并且这种可能性不以主体个人的意志为准绳，除非他采取了某种措施。网络传播主体在表达意图的时候，网络空间削弱了他为限定意义所做的努力。接收主体在解读意图的时候，处于由现实世界和网络世界共同构成的语境中，他（它）接收到的文本虽然以传播主体的文本为基础，但同时也以超链接的形式指向其他文本，他（它）的解读行为将更加复杂。这些特殊性意味着，定向传播是一种发生在网络空间中的区别于其他形态的新型传播活动。

第二节　定向传播的发生基础

互联网深刻改变了人类传播生态。作为一种技术，互联网赋予了每个传播主体以自由传播、接受和阐释的权利。它使人类传播活动摆脱了现实世界的种种制约。它所倚重的文化呈现出多中心、无结构、反秩序的特点，因而也给人类传播文化带来了新的色彩。当代，大众传播日益丧失了垄断地位，它与其他传播活动共同塑造出一个众声喧哗的时代，在这个时代里，沉默的受众开始显现出主体性，他们通过多个渠道把人类传播活动的情境从现实世界转向虚拟空间，并通过建立数字化的人的"形象"和"人格"，把复杂的意义系统统一起来，于是"定向传播"出现了。

一　大众传播丧失了垄断地位

20世纪20年代，李普曼在其代表作《公众舆论》中提出了"拟态环境"假说。他认为大众传播经年累月的传播活动会在人们的头脑中形成一个关于外部世界的印象，这种印象不是对真实世界镜子式的再现，而是经过媒体的选择、加工后形成的现实环境的"拟态"，人们基于"拟态环境"来认知世界。以"拟态环境"为代表的研究，一方面准确描绘了大众传播的现实影响力，另一方面又蕴含了一种研究逻辑——传播尤其是大众传播有能力构建一个世界，这个世界可能充斥着暴力、种族和性别歧视，更致力于把人变成单向度的消费主体，但无论它是怎样的，它总是有其一以贯之的话语结构、权力秩序和表征。因此，只要人还是媒介社会中的人，他就要处于由大众传媒所建构的某一个完整的"拟态世界"中。

大众传播的"拟态"能力与其强大的社会影响力密不可分，随着20世纪晚期互联网的兴起，大众传播的垄断地位遭到挑战，它建构拟态世界的能力也随之遭受冲击。我们可以从四个方面理解大众传播地位的变化。

第一，大众传播作为一个传播类型参与到社会信息的生产和再生产中，它不再是占主导地位的传播方式，网络传播才是当代传播活动的主流。

随着互联网技术的进一步发展，当代人主要通过数量庞大的各类移动平台和应用进行新闻传播、社交、生活和娱乐，读报纸、看电视、听广播等活动虽然依旧存在，但不再是仅供选择的几种信息传播方式之一。"随着以电脑科技为基础的媒介技术的发展，各种媒介的互动能力在不断增强，由单向系统变为双向系统……由于人际范围和人的个性通过媒介化的社会传播得以恢复，位居中心的传播者与处于边缘的接收者之间支配与反支配两种力量的关系得以重新平衡……在一个完全去中心化的传播网络中，传统的受众概念……意味着'所指对象的消解'。"[①] 在这样的环境中，稀缺的不是受众或用户，而是注意力。

第二，受众细分成为时代主流，信息过载又极大消耗了人们的注意力。

大众传播时代人们以性别、年龄、收视喜好等社会属性为标准对受众进行划分，此时受众是以总体性的方式存在于传播活动之中的。随着传播技术的发展，受众的兴趣爱好、消费水平、媒介使用习惯以更加清晰的面貌呈现出来，受众的类型和层次也就更加丰富多元。每一个受众

---

① ［英］丹尼斯·麦奎尔：《受众分析》，刘燕南译，中国人民大学出版社2006年版，第13页。

都处于好几个细分的群体中，他的精力和注意力有限，却不得不被大量的同时又是重复的信息包围，因而也就进入了一种"茧房"状态中。而大众传播时代，人们的传播活动有森严的传播壁垒，我们很难一边看电视一边办公，这两种活动的"界面"难以实现即时"位移"，所以大众传播的区隔机制在某种程度上维护了注意力的完整。

网络时代，传播活动间的壁垒被打破了，虚拟空间使得传播具有了跨越空间区隔的能力，比如，网络远程办公让人们足不出户就可以处理公务，但同时又为压榨私人空间提供了便利：微信等社交媒体使得朝九晚五的生活为二十四小时在线待命所取代。在这样一种信息过载、公共传播不断入侵私人空间的生态中，人们对传播产生了无意识的焦虑和恐惧，也就为强调人的主体性的"定向传播"的产生奠定了心理基础。

第三，大众传播不再是传播规则的主要制定者。

今天，我们借以认识世界的工具和机制都发生了巨大的变化，当我们进入网络建构的世界，大众传播时代由媒介建构的那个完整、权威、神圣的世界消解了——宏大叙事不得不与垃圾信息、广告、交际、游戏、消费活动同处一个空间。没有任何一个文本可以形成自洽的体系，总是有更多的链接不断消解它，意义系统的稳定性遭受冲击，于是也就为"人格"传播的崛起创造了条件——"人格"作为一个意义生产和消费的核心，在当代传播活动中发挥重要影响。

第四，网络正在创造新的传播文化和秩序，它以反权威、反结构、多元共存为主要特征。

网络影评的崛起正是这种新的传播文化和秩序的反映。网络影评主要通过网络进行传播，它面对的接收对象是不确定的广大网友，因而它的评价标准也就显得丰富而多元。人们可以从表演、导演、叙事等传统影评的角度评价电影文本，也可以以"颜值""烧脑"等充满网络文化特质的标准去衡量一部电影，但无论操持何种立场，在网络世界中每一部影评都有其拥趸。创作者在现实世界拥有的权威身份和社会影响力，几乎很难成为增加其作品影响力的因子，反而可能因网络天然的反权威风格而遭受广大网友的反感，这是当代传播文化的一种宝贵特质。

二　传播对象的主体性开始显现

我们在论述传播对象的性质时认为，把对象简化为"受众"的做法对理解传播对象无益，因为"受众"作为一个具有总体性和结构性的观念，它对应传者主导的线性传播观，在这种观念的影响下，传播对象是以客体而非主体的形式存在于研究中的。

这种观念之所以会出现，主要是因为大众传播技术为组织所垄断，普通人无力也无能通过占有传播技术而表达自我，个人或组织在制度化的大众传播活动中，只能通过占有一定的传播生产资料（发送和接收信号的装置），熟悉生产流程并遵守生产准则，才有可能在大众传播中占主导位置。此时，他不再是作为个人出现，而是以组织中的个体的面貌存在。对受众而言，当他（它）主要以对象的形式出现在大众传播中时，他（它）的总体性代替了他（它）的个性，他（它）还必须在受到限制的情况下解读大众传播——他（它）只能在大众传播提供的内容和情境中去解读。

大众传播的语境同样受到限制，无论是发起主体还是接收主体，当他们身处大众传播的语境中时，他（它）们都要受到更高层次的语境的限制。例如，以新闻的标准来制作一条新闻，以电影的摄制规范为标准来拍摄一部电影；观众也只能以既定的标准为基础去解读一条新闻、欣赏一部电影。

互联网兴起后，人类传播活动的传受关系发生了变化，传播者和受众通过信息的运动处于不断变化的关系之中，此时受众不再主要以总体性特征而存在，他作为人的主体性日益凸显出来，并对当代传播活动造成影响。接收主体以个体的形式存在于虚拟世界，此时主体归属的群体、文化、社会结构以潜在的方式发挥作用。在网络空间里，主体可以随时进入或者离开某个传播情境。当他（它）作为接收主体参与一个传播活动时，他的解读和阐释可以超越特定文本而以超链接的方式指向其他文本，因此他的意义阐释活动格外复杂。除此之外，传播技术的发展也赋予了他（它）成为积极的意义生产者的能力。

三 传播语境从现实转向虚拟

语境，是传播活动发生的具体情景和其所处的社会文化结构。当传播情景由现实转向虚拟，现实世界依赖的文化结构向网络空间的"非中心、去结构"文化形态转变，传播活动的语境也要随之发生变化。

首先，主体以虚拟的方式存在于互联网中，较少受到现实世界的限制。他（它）能够以任何主体作为传播对象，也可以成为另一个主体的传播对象。在虚拟世界中，他（它）可以发起人际传播，也可以发起群体（建立微信群、QQ群等）传播和大众传播（建立公众号等形式）。

其次，主体发起和解释传播的活动是及时的、双向的，不再受时间、地点和技术的限制。

再次，主体存在的虚拟世界是一个无中心、去结构的世界，它独特的文化生态削弱了现实世界结构秩序的影响力。

最后，主体表达指向和指向的实现方式更加多元，他（它）可以通过组合符号、建立超链接等方式限定或调动多个语境。

四 社交媒体的兴起

社交媒体的兴起使"定向传播"成为可能。社交媒体是当代传播活动发生的主要平台之一，也是人们接触最为频繁的媒介之一。那么什么是社交媒体呢？为什么说它使得定向传播成为可能？

在我们看来，社交媒体不是指某个具体的媒体类型，而是一种理解当前传播活动的特殊场域。Thomas Poell 认为"有四个原则[1]可以用来理解社交媒体的逻辑，可编程性、通俗性、连接性和数据性。"[2] 也就是说，社交媒体是以技术为依托（编程性），以关系为导向（连接性），允许个人或组织生产内容、交换内容（通俗性和数据性），依附并能够建立、扩大和巩固关系网络的一种网络社会组织形态。

---

[1] Thomas Poell, "Understanding Social Media Logic", *Media and Communication*, Vol. 1, 2013.

[2] 原文为datafication，并无对应的汉语翻译，根据维基百科的定义 "Datafication is a modern technological trend turning many aspects of our life into computerized data.", 意为当前人们生活中的方方面面都以数据的形式链接在一起，故将其翻译为数据性。

作为近年来的热门话题，有许多学者对社交媒体做了深入的研究，这些研究对于社交媒体到底是什么未能达成共识。这个关键问题的悬而未决，使得在有关研究中出现了把新媒体、自媒体、社交媒体等概念混用的现象。

Antony Mayfield 是首个提出 social media 概念的人，他在一本电子书中声称："社交媒体被理解为一种新型的网络媒体群，它们具有以下特征：参与性、开放性、社区性、连接性。"① 同时，他将社交媒体的基本形态分为七类：社交网站、博客、维基、播客、论坛、内容社区和微博。实际上，他是以网络的开放性和参与性为标准，认为网络传播能够促进人们之间的交往和联系，因而在他看来网络传播平台都可以算作社交媒体。这种看法有合理之处，但是却存在混淆形态各异的网络传播活动的风险。比如，当我们通过博客抒发自我或者参与公共事务时，我们实际上主要是以自我和客体化的、"不可见的"乃至"未知的"网友作为传播对象。而当我们在论坛上发表意见时，此时传播对象却具有确定性——该论坛的注册用户，这种确定性必然会对我们的传播活动造成影响。2007 年前后，Antony Mayfield 的电子书通过网络进入中国大陆，并被人翻译为《什么是"社交媒体"》，自此"社交媒体"一词流行开来。

迄今为止，对于社交媒体的看法，学术共同体有两种截然不同的态度。第一种看法是把社交媒体视为新媒体的分支，认为它是新媒体发展过程中的一个阶段和一种表现形态。徐升华曾以关键词检索和词频分析的方式，把国外与社交媒体有关的文献按照"认知""内容""技术"三个方面进行了分类，他认为新媒体理论对社会化交流、言论自由、数字化鸿沟等问题已经做过了深入的研究，因此我们对于社交媒体的种种讨论不过是"旧瓶装新酒"②。

第二种看法认为社交媒体完全不同于新媒体，它应该有其独特的学术价值和研究取向。比如，王昀说："在整体媒介环境的变迁之下，既有研究关于传统媒体与新媒体之间关系的讨论至少历经了三种层次的观念

---

① Antony Mayfield, *What is Social Media*, http://www.docin.com/p-403595988.html.

② 徐升华等：《社会化媒体的背景、内涵与辨析——国外研究文献评述》，《情报理论与实践》2017 年第 5 期。

转变：一是线上空间能够创造传统媒体的增补形式，甚至于成为替代物……二是基于社交媒体服务提供的另类平台资源，探讨其何以助益转型进程中的媒体生态；其三则更进一步，将社交网络作为媒体产业自身发展的进阶层次，社交媒体本身即被纳入新闻实践的有机体系。"①

这两种看法虽然对社交媒体与新媒体的关系各有立场，但基本上都认同社交媒体有区别于新媒体的内涵。例如，社交媒体的用户更加强势，社交媒体的互动形式更加多样化等，但是却都未能将社交媒体视为一个独立的对象去展开研究，而是将其视为新媒体的一个变种，并且某些研究在使用 social media 的概念时，有时称其为"社交媒体"，有时又使用"社会化媒体"，等到自媒体出现后，概念混用的现象就更明显了。

社交媒体不能等同于新媒体。因为以出现的时间计，任何一种媒体都曾经是"新的"。技术意义上的"新媒体"一词，最早由蒂姆·奥雷利和约翰·巴特利②于 2004 年提出。新媒体也被称为 Web2.0，它的特点是极大增强用户参与度，用户可以通过网络交流创意、传播信息、进行内容分享。从这个角度而言，新媒体不止是一种传播形态更是一个传播范式，它在技术、文化、受众地位转向等方面的规定性作用，对随后出现的一系列传播形态形成了限制。

社交媒体不能等同于自媒体。我们可以通过溯源"自媒体"的方式来理解这一点。2003 年 7 月，美国新闻学会的媒体中心出版了谢因·波曼与克里斯·威利斯联合完成的名为"自媒体"（We Media）的研究报告，该媒体中心的副主任戴尔·帕斯金在该报告导言中对"自媒体"给出了定义，他说："自媒体是通过数字技术链接全球知识，从而提供了一种了解普通大众如何提供和分享自身经历和新闻的途径。"③ 在这个概念

① 王昀：《作为风险的新媒介：线上内容生产与公共性文化研究》，博士学位论文，浙江大学，2017 年，第 41 页。

② 参见［美］查理斯·特斯林《大众传媒革命》，王家全等译，中国人民大学出版社 2014年版。国内也有学者提出新媒体一词的创造者为麦克卢汉，详见廖祥忠《何谓新媒体》，《现代传播》2008 年第 5 期。

③ Dale Peskin, *We Media: How Audiences are Shaping the Future of News and Information*, http://www.hypergene.net/wemedia/weblog.php? id = P3.

里，自媒体被定义为大众生产并传播自身经历的一种链接平台，强调用户的自我赋权和自主传播。

在国内，我们关于自媒体的讨论和社交媒体有异曲同工之处，人们大多认同自媒体也是新媒体的一种特殊形态。比如，吴潮认为："自媒体的本质，就是在新媒体技术背景下形成的'信息共享的即时交互平台'。自媒体与新媒体的技术背景完全一致，并不存在着一个不同于新媒体的自媒体技术形态。"① 持有类似观点的人认为，自媒体无法脱离传统媒体、新媒体而独立存在，因为它们拥有的技术原理是一致的。韩丽说："自媒体有三个显著特征：一、自媒体主体是普通大众或组织，并非专业的传播机构；二、数字科技与网络技术是自媒体赖以存在的技术依托，传统的口口相传或者纸质媒介都不属于现代自媒体范畴；三、自媒体需要借助第三方的平台来实现。"② 自媒体没有技术上的独立性，因而也就没有形态上的独特性。

"社交媒体"不是"社会化媒体"。彭兰就将 social media 称为"社会化媒体"，她定义其为："互联网上基于用户社会关系的内容生产与交换平台"，并认为"'社会化'比'社交'一词可以更好地体现大规模的互动及其影响。"③ 她又说："社会化媒体可以包含三个层次：底层是社会化媒体技术，也就是相应的技术原理与支持技术……中间层次是社会化媒体应用与社会化媒体产品，即运用相关技术构建的特定应用软件……最高层次可以称之为社会化媒体平台，即某个产品及其所有用户和运营者构成的整体环境。"④ 在她看来，social media 包括了媒体技术、产品和平台三个层次。彭剑则直接将 social media 与社会化媒体等同，他说："社会化媒体，又称社交媒体（social media）"⑤，因此没有必要从内涵上对两个概念予以区分。但是正如赵云泽指出的，此类观点中的"社会化媒体"

---

① 参见［美］查尔斯·斯特林《大众传媒革命》，王家全等译，中国人民大学出版社 2014 年版。国内也有学者认为新媒体一词的创造者为麦克卢汉，详见廖祥忠：《何谓新媒体》，《现代传播》，2008 年第 5 期。

② 韩丽：《自媒体发展及其文化问题——新世纪中国自媒体现象研究》，博士学位论文，吉林大学，2011 年。

③ 彭兰：《社会化媒体》，中国人民大学出版社 2015 年版，第 2 页。

④ 彭兰：《社会化媒体》，中国人民大学出版社 2015 年版，第 3 页。

⑤ 彭剑：《社会化媒体舆论传播与引导研究》，上海三联书店 2016 年版，第 7 页。

所表达的依然是社交媒体的内涵。① 无论人们是从技术、产品或平台的角度定义 social media，他们都认同它能够增强用户间的互动并能使用户的关系得到再生产，所以他们的研究重点就放在了对 social media 特征的概括上，而不是从本体论的层面厘清其内涵。但是，"社会化"作为一个社会学术语有其独特的内涵，它强调的是人被社会所规训的过程，而网络空间中的传播活动具有的强互动性、关系再生产以及自主传播的特征，是否同样具有"规训"意义则需要进一步研究。

通过这些讨论我们可以看到，新媒体、社交媒体、自媒体的内涵的确存在重合，比如，它们都强调技术、互动、共享和赋权，但是由此将它们视为在时间上彼此接续的，在形态上是新媒体的不同发展阶段的观点则有些偏颇。因为，在新的传播技术层出不穷的情况下，"新媒体"应该被理解为一种内在的技术和文化内涵。而同社交媒体相比，自媒体更加强调"赋权"，在它的语境里，个人也能成为组织化的传播主体，比如，微信。微信原本是个人化的移动应用社交工具，但通过建立公众号，人际传播就变成了群体或组织传播。而社交媒体则更加强调"社会交往"功能，它通过技术手段实现可以人或组织的"关联"。所以从这个意义上而言，只要能够在人与人、人与组织间建立起关系，那么绝大多数的传播活动赖以发生的场域就可以归纳为社交媒体。

当我们把新媒体视作一种内在的文化属性时，自媒体和社交媒体自然就是相互依存于新媒体的环境当中的，它们的区别主要在于：社交媒体以"建立联系"为核心，自媒体以用户创造内容为核心。

从词源的角度看，"we-media"中的"we"与"I、you、he、she、they"等人称代词同属主格；而汉语中的"自"，对应的是宾格"me"，宾格具有客体性。所以将"we-media"中的"we"翻译成"自"，则使得其作为主格人称代词所具有的主动性、主体性被消解掉了，因而理解"we-media"的关键在于"we"所蕴含的"自主、自由、自生"的意蕴以

---

① 赵云泽：《"社会化媒体"还是"社交媒体"——一组至关重要的概念的翻译和辨析》，《新闻记者》2015 年第 6 期。本文分析了国外社交媒体的几种定义类型，social media、social network sites、sociable media 是国内"社交媒体""社会化媒体""社交网络"等多个概念混用的原因。

及"we 意识"。所谓"we 意识"，指的是自媒体具有的一体感，它包括人与内容的一体感（自主生产的）以及人与观看者的一体感。比如，当我们发布了一条微信朋友圈时，好友有权限看到，好友们看到的是同样的内容，而这个内容来自我，此时好友就成了我的观看者，于是在我和观看者之间就产生了一种微妙的"we 意识"。

如果将传播活动割裂开来，那么自媒体侧重的是传播行为，即每个人都可以成为传播者，成为内容生产者；社交媒体侧重的是传播过程，它通常是两个或多个主体的传播活动的发生地，通过社交媒体主体始终处于内容生产和接受的辩证运动中。

我们认为社交媒体包括了自媒体。正如田丽和胡璇所说"在'社会化媒体'这一语境中，我们需要将媒体理解为一种互联网的结构、一种自组织。从这一意义上讲，'社会化媒体'一词与其所指是有偏差的，将来可能会有更准确的概念将其替代。"① 她们的这种看法有可取之处，随着传播技术的发展，今后将会有更多的网络应用出现，它们有可能革新我们对于新媒体乃至媒体的看法。所以，只有将社交媒体看作理解当前传播活动的特殊场域而非某个具体的媒体类型时，我们才能对今日的传播生态和行为的复杂性有更加深入的认识。从这个意义上而言，社交媒体包括了自媒体，自媒体虽然强调内容的自主生产和传播，但它所依赖的技术，运行的逻辑，生产与传播的方式与社交媒体并无本质上的区别，只是两者各有侧重。

所以在我们的研究视域中，所谓社交媒体指的是以技术为依托，以关系为导向，允许个人或组织生产内容、交换内容，依附并能够建立、扩大和巩固关系网络的一种网络社会组织形态。这个概念把社交媒体的自我赋权、内容生产和关系网络建设的特点都涵盖进来了，因而相对全面。

社交媒体赋予了用户最大限度的自我生产和传播的自由，通过它用户的主体性得以凸显，每个主体都是以"人"的姿态出现在社交媒体中，群体或组织也不例外。社交媒体革新了主体生产、传播和交换意义的方式，在社交媒体上主体以去中心的网状形态连接着，这些特质使得定向

---

① 田丽、胡璇：《社会化媒体概念的起源与发展》，《新闻与写作》2013 年第 9 期。

传播的出现成为可能。社交媒体赋予了传播主体（双向）选择的自由，也赋予了主体身处多个传播情景的能力，并凸显了主体的特异性。

第三节 定向传播的内涵

在现实世界的传播活动中，"定向"以限定对象和意义为主要表现形式，而随着互联网的兴起，人类传播活动赖以发生的生态环境、渠道、结构秩序发生了变化，"定向"的表现形式也相应改变。这种改变主要表现在两个方面，一方面发起主体限制对象的手段、表达意图的方式发生变化；另一方面接收主体解释意图的方式更加复杂。这种变化与传播技术的发展密切相关，技术赋予了主体凸显主体性的自由。而在大众传播时代，主体尤其是接收主体是以群体或社会分类的形态存在于传播活动当中的，网络时代的到来改变了主体的位置，也改变了人类的传播形态。传播技术的进步为传播主体"指向及其实现"提供了新的途径和可能，使得传播活动在对象和意义的指向性上更为明显，凸显了发起者和接收者行为的复杂性、语境和意义指向的特异性。在定向传播的范畴里，传播主体（双方）以"人"的姿态出现。

一 主体的双向选择

在既有的几种类型的传播活动中，主体间的选择通常囿于某一方，比如，在群体和组织传播中，当发起者面向组织成员进行传播时，成员通常是无法回避的。在大众传播中，受众虽然可以选择进入或者不进入大众传播活动，但却不能选择接收到什么样的内容。而在定向传播中，主体是双向选择的，一方面发起主体和接收主体互为"准入"的对象，另一方面发起主体和接收主体互为彼此意义的"准入者"。准入是理解定向传播的一个关键词。

所谓准入，指的是准许进入，在其他类型的传播活动中同样存在准入。在人际传播中，人们以"认识与否"来作为是否发起传播的判断标准之一。准入指向的是人的情感态度，传播主体的自主性较高，但是在某些情况下这种自主性同样会受到外部压力。比如，当我们与不认识或者不喜欢的人共处一室时，我们通常会因情景或场地的公开性以及社交压力而感受到心理上的不适。人际传播中"准入"的指向性强，但是要面临主体所处情境的压力。

在群体（组织）传播中，"是否是成员"是发起传播的主要标准之一。它指向的是群体（组织）的性质，具有明晰、准确的特点，指向性较强而主体的自主性较差。我们可以用案例来理解群体（组织）传播中的"准入"：某人与部门同事关系紧张，但是他却不得不与同事继续共事，除非其中一人离开公司，否则两者间的传播行为就难以避免，此时他们是以组织成员的身份进入传播活动中的。当一家公司对外召开新闻发布会向公众说明运营情况时，这个传播活动指向的对象是以总体方式存在的公众，他们是公司的目标客户和服务对象。

在大众传播中，"目标对象"的性质是是否发起传播的主要标准之一。在大众传播中，发起主体的自主性强，接收主体的自主性弱。经过百余年的发展，大众传播具备了一整套严密的规程和流程，这些流程赋予发起主体高度的自主性，他（它）只要按照既定的方式发起传播即可。同时，相较于人际传播和群体（组织）传播，大众传播最为依赖技术，技术赋予了它极强的指向性，技术的程序性和机械性确保发起主体的意图能够被准确还原。而身处大众传播中的接收主体，主要是以"受众"的面貌出现的，在直线型、倾倒式的传播场域里，接收主体的自主性极易受到忽视——他（它）只能在大众传播提供的内容库里有所作为，除非他（它）选择退出大众传播场域。

定向传播中的"准入"具有其特殊性，它是双向的也是极度依赖技术的。我们可以借助下表来理解定向传播的"准入"。如表2-2所示。

表2-2 定向传播中的准入

社交媒体	准入	主要方式
QQ	验证/不验证	查找QQ号
微信	验证/不验证	查找手机号
微博	关注/不关注	查找邮箱号

表2-2是几种主要的社交媒体的准入方式，通过该表可以看到：第一，准入机制在社交媒体中普遍存在；第二，准入方式指向现实世界中

的个体，即表中列举的 QQ 号、手机号、邮箱号，它们都是属于使用者个人，具有唯一性，且与使用者的现实生活勾连；第三，准入机制是技术发展的结果，不为任何组织或者个人垄断，任何主体都有权利使用它，它赋予了主体高度的双向选择权和自主权；第四，准入机制的存在，使得主体互为意义的传播和接收对象。

在准入机制的作用下，一般来说，只有先成为某个主体的接收对象，才能够看（听）到他（它）的意图，否则就只能徘徊在"门"外。也就是说，在定向传播中先有关系的准入，后有意义的准入，但有时先有关系的准入，也不一定可以进入意义接收的领域，因为主体还可以通过意义准入机制，使得内容的生产对某些主体处于"不可见"的状态。这正是定向传播不同于其他传播活动的一个特征。

二　表达和解释的"跨语境"

前文在对传播中的"定向"进行分析时指出，语境是发起主体限定意义，接收主体解释意义的主要"参考物"。通常情况下，发起主体是限定语境的，接收主体是跨语境的。但是定向传播改变了这一点，在定向传播中主体的行为都是"跨语境"的。定向传播发生的场域的特殊性决定了主体行为的特殊性，主体天然处于多个语境中，以超链接的方式与其他的意义系统共处一个虚拟空间里，因此主体必须要调动多个语境以传达和解释意义。

此处以微信朋友圈为例，某人发布了一条朋友圈，该朋友圈对所有"好友"可见。

某人的表达行为建立在这样几个基础上：

a. 他此刻发布的内容与其他内容共同组成他的朋友圈。

b. 他发布的内容既是"当下"的又不限于此——它可能是对"此时此地"的复刻，比如，在朋友圈中记录个人生活状态；又可能是对"他时他地"的反映，如转发链接（先在的）等行为。

c. 该内容虽然主要以某一种符号为载体，但也与其他的符号共处一个空间。通常情况下，我们所看到的朋友圈是被文字、图片、视频、音频等多种符号（系统）填满的。

d. 该条动态出现的空间是多元的，包括了内容的丰富性和形式的多样性。

"好友"的解读行为也有这样几个基础：

a. 该内容是"他"发布的；

b. 它的意思是什么；

c. 这条动态反映了"他"的什么；

d. 有哪些人可以看到这个内容；

e. 我要不要"点赞"或"评论"，他会不会和我产生互动；

f. 如有互动，那么他的回复是什么意思；如无互动，他又是什么意思。

这个例子在我们的日常生活中相当常见，通过分析它我们可以看到几个有趣的现象，这些现象在其他类型的传播活动中是比较少见的，因而有助于我们理解定向传播的特质。

第一，主体的表达受到表达"空间"的影响。正如案例所示，主体的朋友圈是依托微信应用存在的，而微信应用处于一个开放的、混杂的空间。在这个空间中主体发布的内容极少单独出现在接收对象的视域中，而总是与其他内容共处一"室"。该空间的性质使得我们有可能遭遇传达的失败，如主体发送的朋友圈被湮没在众多内容里，或者接收主体屏蔽了发布主体的朋友圈。

第二，主体的表达受到"自我"的影响。一般情况下，主体的朋友圈由多种内容构成，包括了主体个人的生活动态以及转发的文本等。如果将朋友圈比喻为一个系统，那么其中任意一条内容都只能在系统当中才能存在、传播和解读。

第三，主体的表达受到"对象"的影响，当且仅当主体将内容设置为"所有人不可见"时，主体才可以不必考虑该内容是否适合传播、是否能够被人理解。

第四，接收主体可见和接收的空间是多元的。接收主体总是在动态的消息集合中才能关注到某个具体内容，同时他还可以利用屏蔽机制选择接收或者不接收。

第五，接收主体的解释行为是复杂的，他会将看到的内容与发布者本人勾连起来，与"此时此地"的语境联系起来，与所有"我可见的"对象和内容连接起来。这一点意味着在定向传播的接收主体看来，发送主体的意义总是与他的某些特质有关的。

这几个现象正是定向传播中主体发送、接收和解释行为都出现了"跨语境"的现象的体现。造成"跨语境"的原因是多方面的：第一，在定向传播中，发起主体和接收主体都处于一个动态变化的空间里，这个空间虽然也受现实世界的影响，但又截然独立于现实世界，现实世界的结构秩序较少影响它的运行，无论主体身居庙堂还是江湖，他都能够以同样的方式出现在这个空间里。这个空间是变动不居的，它不会为某一个特定的传播活动所限，而总是在多个文本和语境间流动。当我们打开微信朋友圈的时候，我们将会看到父母、师长、上司、朋友均以虚拟头像和名称的方式出现，无论他发布的内容多么重要，在我们看来它只是朋友圈中一闪而过的一条动态。

第二，主体的存在方式决定了依托该空间的传播活动的跨越性。主体既是现实世界的主体又是虚拟空间中的主体，这种天然的"跨越"使得主体发起的传播活动也蕴含着跨越多个语境的可能性。比如，某学生在课堂上发布微信朋友圈，他就同时身处人际传播和定向传播语境中。

第三，传播活动自身的复杂性。定向传播是高度依赖传播技术的，这就使得一方面它要与其他类型的传播活动分享同一个空间，另一方面它所处的语境也在历史性和共时性间不断运动变化着，并不会因现实世界时空的流转而沉寂。比如，某好友点赞了"我"半年前发布的朋友圈，于是该条朋友圈的历史语境重新激活为"此时此刻"的语境，并具有了截然不同的丰富意义。

我们在前面的内容中谈到主体指向的表达形式时，将其描述为一个混合了多种意义的特定意义系统，它之所以出现，是为了保证主体的意向能够以较为清晰的方式呈现出来，也就是说传播主体中总有一方所处的语境是相对稳定的。那么，当主体表达和接收的行为都不得不"跨语境"的时候，主体的指向是否是混沌的？定向传播是否还能作为一个传播活动去予以把握？答案同样是否定的，因为"人格形象"出现了。

三　人格形象的出现

传播活动中的发起主体总是要"表达"的，当他（它）处于一个天然开放的、跳跃的语境当中时，他（它）通常会借助一定的手段以确保意义系统的稳定性，避免其陷入不可解读（传播）的困境。在当代传播活动中，接收主体的自主性、复杂性和多元性，传播活动赖以存在的空间的特性，都使得发起主体无法关照到所有对象，更无法限制对象的阐释，因此他（它）会自觉或不自觉地以一种"形象化"的模式出现，以此来抑制语境的流动性对传播造成的损耗。这种"形象化"的模式，我们称其为定向传播中的"人格想象"现象。

由于定向传播主要发生在虚拟空间中，因此其参与者虽然是以主体的形式进入传播场域中，但却因缺乏物质性的躯体而表现为人的拟像，拟像是人的主体性在虚拟空间中得以发生作用的基础，我们可以通过一个例子来说明它的重要性。比如，当我们激活 Apple 手机上的 Siri 时，尽管我们可以与其进行简单的对话或者发出简单的指令，我们却无法从它身上感受到主体性。定向传播的主体的主体性必定要与"鲜活的人"相联系，而人的"鲜活性"与人格密切相关，与其说我们是在与人交流传播，不如说我们是与人格进行交流与传播。"人格形象"在定向传播中主要通过这几种方式展现出来：对主体关系的延续或模拟，对主体状态和情感态度等类人属性的模拟。

第一，对主体现实关系的延续或模拟。通过社交媒体，人们可以将现实世界的人际关系延续到虚拟世界，还可以通过虚拟平台建立新的人际关系。比如，我们利用社交媒体交网友的行为，其实是对真实世界中结交朋友的过程的模拟。同时，通过社交媒体建立的关系也可以延展到现实生活中。

第二，对主体的真实状态的模拟。例如，人们在社交媒体上发布与个人有关的文字、图片、视频等，展示自我的某种状态，这种对主体的生活与心智状态的模拟构成了"人格形象"的核心。

第三，对主体的情感、态度等类人属性的模拟。例如，人们在网络传播中经常会使用表情包进行交流，表情包是通过符号的形式模拟人的情感或态度，它们与真正的人类情绪存在较大差异，但在定向传播的语境中表情包起到了丰富主体性的作用。

通过对关系、状态和心智的模拟，定向传播中的人格形象就具有了鲜活性，这个形象会在参与主体那里引发丰富的心理联想。但正如模拟一词体现出的内涵所示，定向传播中主体性并非是真正的主体性，只是主体参与、生产和传播意义系统的方式造成了某种幻象。因为，首先，主体展示的内容通常先要经过选择，这些内容是主体的"产品"而非主体自身；其次，主体展示的内容必定与主体自身的某些特性相联系；最后，主体展示的内容要受到"可见对象"的影响故而是片面的。

因此，不论定向传播中的人格形象多么栩栩如生，它都不是真正的人格。我们必须承认的是，尽管当代大多数的传播活动要以虚拟世界为依托，但作为主体的我们却依旧属于现实世界，这种情况使得主体以虚拟的、数字化的、碎片化的形式出现在定向传播的场域中时，同样要受到赖以存在的真实世界的影响。他（它）的头像、ID、虚拟身份与现实世界的真实主体有关，一些用以标志身份的符号能够反映主体个人的审美品位；他（它）操守的价值观同样来源于现实世界，并指导着他在虚拟空间中的传播活动；他（它）的传播活动是对现实世界传播活动的模拟，比如，通过网络购物、社交和娱乐的行为都可以在现实世界中找到原型。此外，主体发布或解释传播的行为源于现实世界，而他在网络传播活动中使用的符号、遵循的规则乃至传播对象的选择标准都与现实世界有关。主体借助网络空间表现出的情绪、态度等类人属性也缺乏稳定性。当我们从这些角度思考虚拟空间中的"人格"时，我们就会看到它只是模拟或折射出了主体的某些部分，因而是一种想象。

人格形象在定向传播中的作用在于，它是主体意义生产和传播的核心，通过建立人格形象，主体可以抵御虚拟空间天然的跨语境性以减少其对意义系统的损耗。

四　定向传播的定义

我们在前文中讨论"定向"的限定方式时，曾经从"对象"和"意义"的限定两方面展开研究，但定向传播的"限定"方式具有表现形式上的特异性。

首先来看"对象的限定"。通过前面的讨论我们得知,在人际传播、组织传播和大众传播中,人们主要通过"面识与否""是否是组织成员""是否是目标受众"为标准来限定对象。定向传播中的主体则主要以查找手机号、QQ号、邮箱号等方式建立起关系,这些方式直接指向真实的主体且具有唯一性。同时,主体建立关系的主动权是双向的,定向传播中的任一主体都可以选择建立或不建立传播关系。主体对彼此关系的评价和情感维度,会直接影响意义的可见性。我们曾用微信朋友圈的例子来说明定向传播的这个特点——成为一个人的好友并不一定能够看到他的朋友圈。

再来看"意义的限定"。定向传播所处的空间是开放、混杂的,这就使得主体难以通过建立封闭的意义系统方式来限定意义,在这个空间中,主体的表达和解释行为都是跨语境的。为了使意义系统获得一定程度的稳定性,主体以形象化的方式存在于定向传播中,人格形象是主体表现主体性的基础,人格形象抑制了语境的流动性。

所谓定向传播,指的是发生在社交媒体上的一种新型(或具有下列特征的)传播——主体利用技术实现双向关系准入和意义准入,并调动多个语境实现意义的生产和流通;主体的意义生产和流通受"人格形象"的影响。

定向传播的定义涉及五个层面的内涵。第一,定向传播是发生在社交媒体上的,社交媒体所处的虚拟空间决定了定向传播的特点和机制。第二,定向传播中的主体建立关系和维护关系的方式是双向的,且高度依赖技术。第三,准入机制是理解定向传播特殊性的关键——主体间先有关系的准入,才"有可能有"意义的准入。第四,主体发起和解释传播的行为是跨语境的。第五,主体的主体性借助于"人格形象"才能表现出来,主体意义的生产和流动要受到"人格形象"的影响。

第四节　定向传播的特点

定向传播是当代传播环境中出现的一种新型传播形态,它具有指

向性、分离性、混合性、准入的特异性等特点。这些特点是定向传播
区别于人际传播、组织传播、大众传播和其他类型的网络传播活动的
根本。

一 指向性

所谓指向性，指的是以某主体为对象开展传播活动。定向传播的指
向性包括了两个层面：一是对象的指向性；二是意义的指向性。

此处我们将以 Z 的朋友圈为例说明定向传播的指向性，如图 2 - 1
所示。

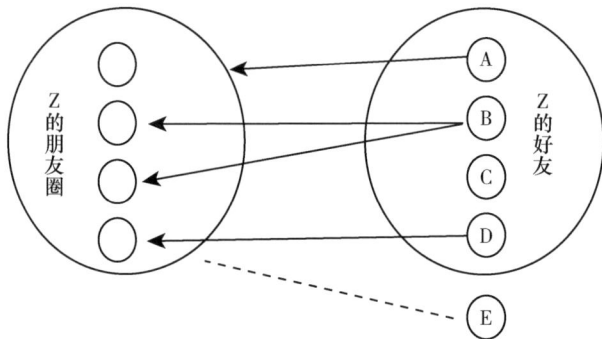

图 2 - 1　定向传播的指向性

从图 2 - 1 中可知，Z 发布的朋友圈是由多个内容组成的，即图中左
边圆圈，它是由其包含的大小不一的小圆圈组成的。Z 的好友以个体的形
式分别存在但共同构成"好友"的范畴，即图中右边的圆圈，它是由 A、
B、C、D、E 等小圆圈构成的。左右两个圆圈间存在指向关系，包括了对
象的指向和意义系统的指向两个方面。

先来看对象的指向性。

（1）Z 发布的内容，并非对所有好友都是可见的，比如，处于右边
圆圈之外的 E 就无法看到 Z 发布的任何内容。

（2）Z 发布的内容，针对的对象各不相同，图中 A、B、C 等人看到
的 Z 的朋友圈具有不同的面貌。

（3）对于非对象 E 而言，Z 在朋友圈中不生产具体意义，但是生产
特殊意义"不可见"。

（4）Z 同时可能是右边圆圈中诸好友的接收对象，也可能不是，他们彼此间的关系是双向的。

通过对以上案例的分析我们可以看到，在定向传播中，对象的指向性蕴含着几方面的内涵。第一，对象的指向性决定了主体是否可以参与进定向传播的场域。比如，案例中的 E 虽然进入了 Z 的传播范围却不能算作是 Z 的传播对象。第二，对象不同，接收到的内容就不同。第三，一般来说，接收主体能够见到的内容都是发起主体精心选择的结果，这种选择包括了对彼此间关系和情感态度的选择。第四，主体间存在建立双向或多向关系的可能性，所谓多向关系指的是接收主体之间也存在着建立关系的契机。

再来看意义系统的指向性。

（1）对 A、B、C 等而言，他们是 Z 生产的内容的可见对象，因此他们接收到的内容与 Z 相关；对不可见的对象 E 而言，不可见的内容同样与 Z 相关。

（2）Z 生产的内容必定与 Z 产生某种联系。

（3）这些内容指向 Z 的某些特质，或者指向"我"与 Z 的关系，比如 E 有可能会猜测为什么他看不到 Z 的朋友圈。

定向传播中意义系统的指向性因对象的指向性而来，它同样有几个方面的内涵。第一，意义系统的指向性，指向了传播主体的意义，这种意义的指向性与人们赖以使用的符号相关。一个人的语言风格可以反映出其思维和教育水平，他喜好的艺术风格也可以部分反映他的审美品位。此外，主体在使用社交媒体的时候，总是以碎片化的形式存在于转发的网帖、推荐的影音作品、所评论的内容和感兴趣的话题中的，这些碎片有助于他人形成对于主体的整体印象。由于意义的指向性的存在，通常情况下主体的每一次转发、推荐或是评论都是有意为之的结果，他所发布的原创或转载的内容一定是符合"对象眼中"的自我形象的。

第二，意义系统的指向性还指向传播对象的意义。正如案例中所体现出现的那样，A、B、C 等人所看到的 Z 是不同的。在定向传播中，主体面对的对象的不同，所呈现出来的形象就不同。这种现象在戈夫曼看来是对日常生活的准确描摹，他认为人们会根据社会角色和关系的不同而表现出不同的形象，他称其为人们在社会舞台上的"表演"。在定向传播中，这种形象的呈现更多是传播主体自发选择的结果，形象的可控性较强，人们面向不同的对象展示出的形象也较为单一。主体利用技术手段针对不同对象建构不同形象的做法，可以避免现实世界中的不可控因素，因而主体就较少出现前后台行为相互冲突的情况。比如，某人发布了两条朋友圈，一条是针对老师和父母的，在这条朋友圈中他发布了在图书馆学习的照片；另一条则主要面向同学和朋友，他在这条朋友圈里公开"吐槽"某个任课教师。在案例中由于对象具有的意义不同，主体所呈现出的形象也就具有不同甚至截然相反的特质。

二 分离性

分离性也是定向传播的一个显著特征，它主要与定向传播中的意义的生产和传播有关，包括了符号能指与所指的分离，以及传播主体与意义系统的分离两个方面。

所谓能指与所指的分离，指的是在互联网的传播生态中，传播符号的能指和所指发生了分离，它们不再以紧密相连的方式发挥指意的作用。通过观察我们注意到，当代传播活动一个鲜明的特征就是多种符号的混杂，仅依靠文字、图片或者图像作为主要符号的传播活动虽然也存在，但是从符号的功能的角度而言，它们并不只发挥着文字、图片或者图像的功能，而是具有了"具象"的特征，也就是越来越具体和形象。如图2-2、图2-3所示。

图 2-2 表情包 1

图 2-3 表情包 2

我们可以通过表情包来理解符号的混杂而导致的能指和所指的分离。在我们所使用的传播符号中，表情包是目前为止唯一一种只存在于虚拟空间中的特殊符号。通常情况下，一个表情包是图像、文字、象征符号等元素的自由组合。图 2 - 2、图 2 - 3 中的两个表情包由人或动物的图像、文字以及象征符号组成。在表情包的语境中，每一种符号类型都面临着能指和所指的分离。

比如，"皮皮虾，我们走"（图 2 - 2）的表情包，它包括了图像以及文字。皮皮虾的原所指是一种生物，但是在这个表情包中，它的所指变成了可以用于出行的工具并有着夸张的造型。人形图像的能指和所指也是失调的。我们在表情包中看到的"人"通常表情夸张、比例失控、举止怪异，因此就无法指向真实的"人"，在指涉人的过程中人形图像具有了戏谑的意味。"走"的所指是通过肢体发生的行动，从这个意义上而言虾谈不上行走，骑在虾上的人也无法行走。当"我们走"作为一个独立的文本系统存在的时候，它所表达的意思是明白无误的，但是当它作为元素组合成表情包后，文本系统的独立性被破坏了，能指和所指也分离了。"走"不再是走，在不同的传播情境中，"皮皮虾，我们走"表达着"不愿意继续交谈"或者是"不屑于继续交谈"等意味。

在"叶良辰"（图 2 - 3）的表情包中，"拿菜刀"和指向某处的"手指"同样是符号的能指和所指分离后的结果。在这个表情包中，"拿菜刀"和"手指向某处"都是对人在现实世界中的肢体动作的模拟，它们原本表达的是暴力、恐吓、嚣张或极度不尊重等意思，但是当它们与文字相遇后所指产生了变化，从暴力转变成了自视甚高以及"不屑"（戏谑意义上的不屑）。这种所指的转变主要来自"叶良辰"的意义，"叶良辰"原本是网络事件中某个人的姓名，后来演变成为表情包中常用的象征符，其意思为"略显怪异和狂妄"的人，因此在这个表情包中，象征符"叶良辰"造成了人形图像能指和所指的分离。

在定向传播中，有三种情况导致符号能指和所指的分离。第一种情况是通过破坏原有符号系统的独立性，将多种符号混杂在同一个框架中，使它们的意义相互冲突进而演变为全新的意义。比如，表情包通常存在两个框架，其一是表情包的画框形成的框架，它把囊括进来的多种符号异变成一个新的、为画框所限制的系统；其二是表情包的使用情境构成的框架，它使得表情包被放置于文本中，并构成文本系统中的一环，由此延伸出意义的多样性。同样的表情包因使用者和使用场景的不同，其表达出来的意思就不同。

第二种情况是对原有符号系统的改造，比如，在网络传播中人们会把如"囧""槑"等符号的意义，从会意性阐释为象形性，进而强行分离其所指和能指。

第三种情况是将所指变为一个系统。例如，网络用语中的生造词现象，如"给力""我也是醉了"等词语。它们不是能指的创造——它们中的每一个字原本就存在于我们的文字系统中，而是所指的创造。人们通过将原来"独立的"或"单个的"所指置换为一个成"整体的""系统的"所指，脱离这个整体或系统，这些词语都将无法解读。因而"给力"不是"给一个力量"，它时而表示称赞、时而表示期许；"我也是醉了"不是"喝醉酒"，它的所指同样发生了转换，在不同的语境中发挥着不同的感叹功能。

主体和意义系统的分离性相对复杂，我们在此处继续延用前文"Z 的朋友圈"的事例予以分析。Z 发布的朋友圈是由多个内容组成的，Z 的好友以个体的形式分别存在，并共同构成"好友"的范畴。

那么正如我们看到的：

（1）对可见对象而言，Z 的朋友圈既来自 Z，又是朋友圈动态中的一条更新，它们共同构成主体可见的范围。

（2）Z 发布的内容所引发的互动，与 Z 无关。

（3）对不可见对象 E 而言，Z 的意义系统与他发布了什么内容无关。此时"不可见"就是 Z 的意义系统。

在定向传播中，主体与意义系统的分离性主要表现在三个方面。第一，主体的意义生产活动必须与其他主体的意义生产活动分享同一个空间，主体不具备隔离、垄断空间的能力以占有意义系统。第二，主体的可见对象的特殊性影响了主体垄断意义阐释的能力，也就是说，接收主体总是在自己能够看到的内容的基础之上去进行理解和阐释的。第三，意义准入机制割裂了主体与意义生产的联系，因此在这个案例中，无论 Z 发布了什么内容，对于意义的不可见对象 E 而言，Z 都是没有进行意义生产的。

三　混合性

定向传播的混合性指的是，定向传播是由多种符号系统构成的意义的混合体，包括了符号的混合性和意义的混合性。定向传播依赖的符号极少是单一的，虽然也存在以文字或者图片为主的传播活动，但是它所赖以发生的"界面"是一个充满了超链接、悬浮广告等其他符号系统的界面。因此，定向传播中的符号系统无法像写在纸上的文字，或是通过银幕观看的电影那样，能够形成一个以某一种符号为主的自成的世界。通常情况下，定向传播发生的场域是一个文字、图片、视频、音频共存的空间。符号越多，传播活动越复杂。这个场域的特性造就了定向传播的混合性。

媒介环境学派认为，一个时代占主导地位的媒介将对该时代造成全方位的影响。比如，口语传播时代，人们更加重视情绪和情感在传播中的作用，而文字传播时代则为人类带来线性的思考方式和文化传统，电子传播时代视觉成为主导文化的主要感官。在网络传播活动诞生以前，当几种媒介符号不得不存在于同一个场域时——带字幕的影视剧、带作品说明的图画等，此时一种符号可以解释或补充另一种符号。同时，由于接收者的阐释总是后发的，所以这些符号可以构成一个相对独立并主要由某一种符号所主导的意义系统。

网络传播技术在打破传播活动的壁垒的同时，也打破了符号之间的壁垒。我们可以通过弹幕来理解符号系统的混合性。弹幕依托图像（主要是视频）符号存在，但却不是图像的应有之物，它既不补充也不解释图像的意义，而是作为一种"突发之物"在画幅中迅速完成打破画框的过程。通过设置，每一条弹幕都可以有不同的颜色，它们一方面宣告着画幅之外观众的存在，另一方面又以闯入的姿态对其他观众造成接收上的障碍。比如，影视剧《楚乔传》热播之时，它的弹幕中充满了"朕的一言不合大军何在？""这样的××不提也罢""花间提壶"等语句，它们是网友的自发创造，用来表示对剧情的不满以及对另一部影视剧《花间提壶方大厨》的赞同。此时，弹幕具有了借用其他文本解读当前文本的功能，这种功能是符号的互文，互文的对象是网络世界的所有文本，并且不受题材、内容和形式的限制，最终使得弹幕呈现为嵌套在一个符号系统之中又超越它的符号系统。

意义系统的混合性根源于符号系统的混合性。在定向传播中，主体与其他主体共处一个空间，主体所处的空间具有开放性和跨语境性，所以主体的符号使用行为就要受到其他主体的影响。比如，当 W 打开朋友圈的时候，他看到：A 发布了一首悲哀的诗，B 上传了结婚证，C 转发了公司的企业文化。那么 A、B、C 的符号使用行为，导致 W 看到的内容在意义上充满了冲突和矛盾，它们以混合且不兼容的形式共处一个空间。

除了符号系统的混合性导致的意义系统的混合性外，定向传播的主体的特异性也可以导致意义系统的混合性。我们同样可以通过一个事例来理解这一点。

李四建立了个人微信公众号，该公众号由图像、名称、内容简介构成，发布频率为每天一次，以个人创作为主要内容（原创诗文、音乐鉴赏、电影评论等），可见范围为"关注后可见"，回复设置为"经过作者审核后发布"。那么，当李四发布内容的时候，他所使用的文字、图片、音频、视频构成了主要内容，四种符号各自携带的意义共同构成了"意义系统"的精神内容。同时，李四、可见对象、系统设置以潜在的方式存在于这个系统中，他们具有的意义对意义系统形成了影响：第一，公众号具有的半公开性质，使得李四本人极少会将有损个人形象的内容发布出来，他所操持的价值观、审美品位、现实世界的意识形态等都会对以李四为"主体"的公众号造成影响。第二，可见对象的性质也制约着公众号的内容，因而该公号呈现出来的形象必须同时顾忌到不同对象的接受程度。第三，审核机制的存在使得互动具有了潜功能性，当某个互动（用户评论）通过后台的审核时，它才能成为真正的互动，否则就只能存在于后台中。

通过这些分析我们可以看到，在定向传播中符号系统的混合性必然带来意义的混合性。混合性也是理解当代传播活动的一个重要切口，我们所使用的每一种符号系统都是独立的，但是却又能共存于一个空间中；我们无法脱离某一种符号去解读另外一种，它们相互间以混合而不兼容的形式存在，却无损于意义系统的生产和传播，如同前文分析过的表情包那样看似不可解读，但当它进入不同的传播情境中后却又能显得"恰如其分"。这正是当代传播活动的吊诡之处。

四　准入的特异性

在定向传播中虽然也存在准入机制，但却是有其特异性的。第一，定向传播的准入机制是双向准入的。主体要想建立关系通常要经过申请以及验证，对于验证一方而言，是否接受申请既是对传播对象的把握和选择，又是对自己将要呈现的某种形象的审慎选择；对于发起申请的一方而言，情况也大抵类似。

第二，准入机制中还包括了主体间真实关系的属性，这些属性会影响主体的存在方式。比如，通常情况下当我们收到加为好友的申请时，"申请"一般总是来自陌生人、认识的人、亲友等具有不同关系属性的主体，在这些关系的属性的基础上，"验证"才可能催生拒绝或接受申请的不同行为。同时，主体的关系属性不同，存在的性质就不同。陌生人是以总体性存在的（当然也存在转变的可能），对于陌生人我们通常只有大致的印象或判断；而认识的人、亲友等主体则以特异性存在，我们对他们的个性、喜好有着较为清晰的认知。在定向传播中，主体间真实关系的属性越复杂，主体的特异性就越突出，主体间发生定向传播的可能性就越大。我们可以通过表2－3来理解准入机制的特异性。

表2－3　　　　　　　　　　准入机制的特异性

关系属性	验证	存在方式
陌生人	拒绝/接受	陌生人
认识的人	接受为主	某某
亲友	接受为主	某某（具体）

第三，定向传播中主体间关系准入的可能性较为多元，它既有可能是现实人际关系的延续，又有可能是关系的再生产。例如，QQ、微信等社交媒体都有向用户推荐"可能认识的人"以及"共同好友"的功能。在QQ空间中只要拥有同一个"好友"，那么主体则面向所有好友开放，此类功能使得主体进入关系的可能性大为拓展。在这种情况下，

主体自身的属性不是建立关系的主要标准，主体现有关系的属性发挥主导作用。

第四，意义准入的特异性。通过了验证、建立起关系并不意味着一定会发生传播行为，考虑到为数众多的潜在传播者带来的管理风险，人们会根据某些原则将对象予以"分组"。这些原则可能是现实人际关系的延续，如"亲戚""同学""朋友"等类别；也可能是以情感亲疏为标准的类别划分，如"好友""一般朋友"等；或者干脆就是主体着重展示的不同侧面的"接受对象"。这些接收主体以符号的形式存在于定向传播中，因而形成了一个功能上类似于小群体但是又截然不同的群体，这种群体不是以血缘、地缘、业缘为基础的人群的集中，而是一种跨越具体的时空以"我"的情感倾向为标准的虚拟集合，也就是说"我"的态度决定了该群体的属性，而非彼此共同处之的现实空间。

准入的特异性在最大限度上赋予了传播主体选择对象的自由，同时又使得传播双方始终处于一种张力中。我们都有类似的经验，当我们发布了一条朋友圈时，会希望有人能以点赞或评论的方式对该条内容做出回应。此时，当主体主动选择的对象不予回应时，传播者本人会感受到压力。这种压力主要来自两个方面：一方面是互动的压力，即对对方为何不互动的猜测等；另一方面是建构形象系统的压力，即对主体在朋友圈中呈现出的形象表现出不自信，尤其是当某个对象长期不做出任何回应之后，主体会对自我展示产生强烈的质疑。尽管造成这种"不予回应"的原因有很多，更多时候可能还与对方的个性、行为习惯以及屏蔽机制相关，但是准入机制的存在，使得原本较为私密的"点对点"的互动行为变成了"点对面"。假设某个内容对同一个"分组"中的人均可见，当"分组"中的主体互为"好友"的时候，某个主体的长期"沉默"就具有了半公开性。对于发起者而言，"沉默"的意味就值得玩味了。

第五节　定向传播的类型

我们在给定向传播下定义时，着重从"双向关系准入""意义准入"和"人格形象"三个层面分析它的内涵，但是这并不意味着所有的定向传播都必须同时满足这样三个条件。定向传播的发生、发展与传播技术密切相关，因此"双向"讨论的是技术赋予主体的主动性、可能性和可操作性。

按照主体建立关系的方式，定向传播可以分为单向关系准入模式和双向关系准入模式两种。

按照主体意义流通的方式，定向传播可以分为点—面模式和点—点模式。

按照意义再生产的方式，定向传播可以分为发散型模式和直线型模式。

一　单向关系准入和双向关系准入模式

单向关系准入模式，指的是主体间是否建立关系不以双方的共同选择为标准，只以某个主体的选择为基础。

例如，微博和微信公众号。微博（微信公众号）的关系准入是单向的，只要其中一方选择"关注"另一方，那么无须对方"确认"即可建立起关系。通过"关注"方能看到对方发布的内容。同时，微博（微信公众号）所有者发布的内容，对于所有关注者而言通常都是可见的。在单向关系准入的定向传播中，同样是先有关系准入，后有意义准入。

双向关系准入模式，指的是主体间是否建立关系，以双方的共同选择为基础。

例如，QQ、微信等社交媒体。通常情况下建立关系需要一方发起申请，另一方通过验证，建立关系后，主体 A 发布的内容对主体 B 可能可见，也可能不可见。这正是单向关系准入式的定向传播与双向关系准入式的定向传播的区别。

二　点—面和点—点模式

点—面模式，指的是主体的意义生产活动的对象以"面"的形式存在，强调其总体性。如图 2-4 所示。

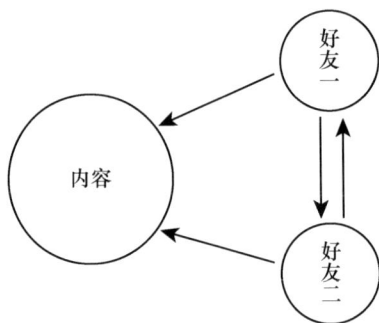

图2-4 点—面模式

在这种类型的定向传播中，主体生产的内容对大部分对象都是可见的，因此在进行意义生产时，主体既要考虑到某个（些）对象的可见性，还要考虑对象之间的可见性的影响。此时，对象的性质、对象间的"可见性"共同构成主体意义生产的"内涵"。例如，某人在QQ空间中上传照片，"好友一"评论"你的男朋友真帅"，那么"好友二"就能通过"好友一"的评论得知照片内容。

点—点模式，强调意义生产对象的独立性、特异性。在这种类型的定向传播中，主体的接收对象以点的形式存在。接收对象可见的范围各不相同，在相互建立联系之前，接收对象只与发起主体产生联系。如图2-5所示。

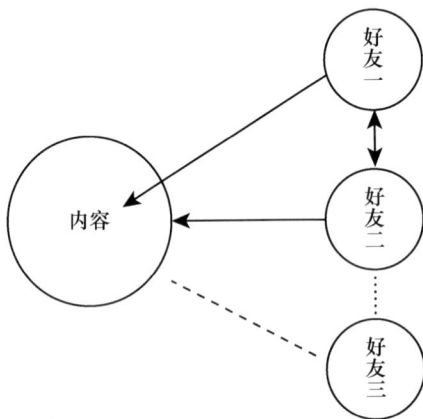

图2-5 点—点模式

"微信朋友圈"就是典型的点—点式定向传播。在朋友圈中，每一个接收对象都是独立存在的并具有特异性，他们能够看到的主体的意义生产的内容不尽相同。不同于点—面模式，他们相互之间是否已经建立起联系，决定了他们彼此间的可见性，因此也就使得主体的意义生产不必受这种关系的制约，而只受他们在生产主体那里所表现出的特异性的制约。

三 发散型和直线型模式

发散型和直线型模式的区别，主要源自接收对象可见机制的差异。在这两种模式中，生产主体对意义的流通和再生产的控制力不同，接收主体间建立联系的机制也不同。

发散型定向传播，指的是主体意义生产及其流通（阐释），不受接收对象间关系的制约。在这种类型的定向传播中，主体的意义生产和流通作为一个整体出现。通常情况下，只要主体不采用技术限制，那么他所生产的全部内容对所有接收对象都是可见的。因此，主体对意义阐释的控制力较弱，对对象间互动的影响力较小。我们所熟悉的微博、微信公众号就是此类定向传播的典型代表，它们的结构如图 2-6 所示。

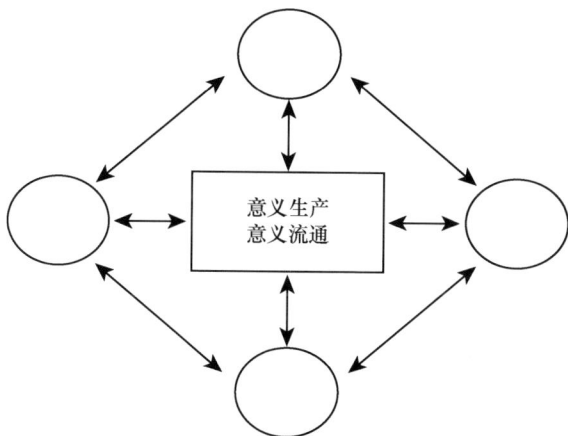

图 2-6 发散型定向传播

在微博、微信公众号的生产与传播中，一般情况下"关注者"可以看到该账号主体发布的全部内容，同时关注者进行的再生产和传播活动对于其他关注者也是可见的。关注者之间建立起关系的可能性较小，因为在这种类型的定向传播中，接收主体主要是和发布主体的内容产生联系而非发布主体自身（如微信公众号），因此主体间的关系就缺少了进一步延伸的可能性。

直线型定向传播，指的是主体意义生产及其流通受接收对象间关系的制约。如图 2 - 7 所示。

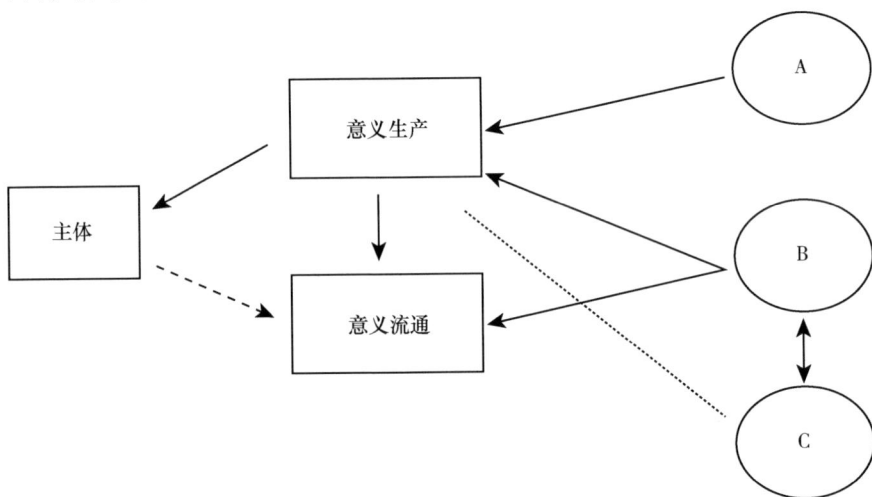

图 2 - 7　直线型定向传播

通过图 2 - 7 可以看到，发布主体和接收主体因意义而产生联系，意义包括了生产和流通两个部分，其中发布主体和 A、B、C 都对意义产生作用但程度各不相同，A、B、C 是作为接收主体存在的。那么在图2 - 7 中就存在这样几种情况：

（1）主体生产、阐释意义的行为，由 B 及未能列举的 D、E、F 等主体共同发起。B 与 D、E、F 间已建立联系。

（2）A 与 B、C、E、F 均没有联系，故只能看到主体的意义生产，而看不到源自 B 等主体的意义流通过程。

（3）B 能看到意义及其流通。

（4）B 与 C 有联系，但主体的意义生产活动对 C 不可见，故 C 同时也就处于意义流通范围之外。

在这种类型的定向传播中，只有当接收对象间产生联系时，由主体意义生产活动所引发的阐释才有可能被其他对象一并接收。主体对意义阐释的控制力较强，对对象间互动的影响力较大，接收对象先要建立关系才有可能互动。

四 非定向传播

此外，我们要格外注意的是，发生在社交媒体上的传播活动并非都是定向传播。判断一种传播活动是否属于定向传播，可以从以下三个标准入手。

第一，准入机制是否由主体建立或激活。例如，在某些视频直播平台上，尽管主体也必须通过注册并进入对应的"房间"才能实现观看，但是这种准入机制启动与否不取决于视频主播或是观众，而是该平台的一种技术控制手段。而在微博、微信、QQ 等社交媒体中，主体可以自主选择是否激活准入机制。

第二，激活准入机制的方式（手段）是否指向真实的主体。例如，观看视频直播需要通过查找主播的 ID 或者"房间号"，ID 和"房间号"作为网络世界的虚拟代号并不指向真实世界，相较于添加微信号必须通过手机号、QQ 号而言，它的真实性、唯一性就要大打折扣。

第三，是否以意义生产或流通为主要目标。定向传播强调的是传播活动参与者的主体性，因此社交媒体上的一些特殊现象便不能归纳进定向传播的范畴。例如，"僵尸粉""网络水军"，它们的存在及其活动只生产一种意义"虚假"。

本章小结

定向传播的发生和发展离不开传播技术的发展。网络技术打破了大众传播活动的区隔，也改变了传播主体生产和解释意义的方式，人们天然地处于跨语境的环境里并总是处于意义生产、阐释和再生产的运动之中。人们发起传播的场域由现实转向虚拟，主体也以虚拟的方式存在于网络世界，他（它）能够以任何主体作为传播对象，也可以成为另一个主体的传播对象。主体发起和解释传播的活动是及时的、双向的，不再受时间、地点和技术的限制。主体赖以存在的虚拟世界是一个无中心、去结构的世界，它独特的文化生态削弱了现实世界结构秩序的影响力，也使得主体表达指向和指向的实现方式更加多元，他（它）可以通过组合符号、建立超链接等方式限定或调动多个语境。

社交媒体的兴起使"定向传播"成为可能，社交媒体不是指某个具体的媒体类型，而是一种理解当前传播活动的特殊场域。它是以技术为依托，以关系为导向，允许个人或组织生产内容、交换内容，依附并能够建立、扩大和巩固关系网络的一种网络社会组织形态。它的出现为主体表现主体性提供了基础。

通过进入社交媒体，主体可以利用技术手段在"对象"和"意义"两个层面实现准入，一方面发起主体和接收主体互为"准入"对象，另一方面发起主体和接收主体互为意义"准入者"。网络生态的特异性，使得主体表达和解释意义的行为是跨语境的，跨语境的存在导致了主体意义系统的不稳定。社交媒体又是以关系为导向的，主体建立关系的对象必定要具有"主体性"。当主体处于一个天然开放的、较少限定的、以关系为导向的场域中时，他（它）通常会借助一定的手段以确保意义系统的稳定性，避免其陷入不可解读（传播）的困境中，于是，他（它）会自觉或不自觉地以一种"形象化"的模式出现，以此来抑制语境的流动性对传播造成的损耗。

所谓定向传播，是发生在社交媒体上的一种新型（或具有下列特征的）传播——主体利用技术实现双向关系准入和意义准入，并调动多个语境实现意义的生产和流通；主体的意义生产和流通受"人格形象"的影响。

定向传播具有以下四个特点。一是指向性，即对象和意义系统的指向性。二是分离性，包括能指与所指的分离、主体与意义系统的分离。三是混合性，即定向传播是由多种符号构成的意义系统。四是准入的特异性，包括关系准入和意义准入的特异性。

按照主体建立关系的方式，定向传播可以分为单向关系准入、双向关系准入两种模式。按照主体意义流通的方式，定向传播可以分为点—面模式和点—点模式。按照意义再生产的方式，定向传播可以分为发散型和直线型模式。此外，发生在社交媒体上的传播活动并非都是定向传播，我们可以通过三个标准进行判断：准入机制是否由主体建立或激活；

激活准入机制的方式（手段）是否指向真实的主体；主体是否以意义生产或流通为主要目标。

　　定向传播是观照形式多样的网络传播活动的一个窗口，人们常用"网络传播"来描述多种类型的传播活动，然而"网络"作为一个高度凝练的概念，既不是如同"人际""组织""大众"等概念那样从范围上对传播做出限定，又不仅只是标示着某类传播活动对新技术的倚重，所以我们应该从技术、结构、文化的综合层面来理解"网络"。正如有学者指出的："'网络传播'常被当作'大众传播'的替代者甚至是终结者，但这个概念只见信息流经的技术和渠道、不见主体、社会结构和意义，又过于宽泛，已不再适合成为理论研究的分析工具。……'网络传播'没有告诉我们是谁与谁之间的传播，不包含特定的媒体组织机制、信息生产流通接受方式和权力架构形态……囊括了所有'通过网络进行'的传播行为或现象……难以体现互联网应用的多元化、复杂化、差异化。"①在网络传播的概念之中，我们既看不到各种网络传播活动之间的差异性，又看不到网络平权导致的"个人"的崛起。所以当我们以定向传播为切口观照网络传播时，我们将看到技术是如何使得人类传播中失落许久的主体性重新出现的。在定向传播中，主体以自由、自主、自发的方式参与意义生产和流通，从这个意义上来说，"人"在传播中重新出现了。

---

　　①　何威：《网众与网众传播》，载熊澄宇编《新媒体研究前沿》，清华大学出版社 2012 年版，第 128 页。

第 三 章

定向传播中的"意义"

　　"意义"是理解定向传播的重要维度。主体在"跨语境"环境中的表达和解释活动，归根结底是意义的生产和流动。意义到底是什么，在定向传播中它具有何种运作机制，将是本章关注的内容。

　　意义，是语言学、哲学、心理学等多个学科共同关注的重要问题。在语言学中，有人认为意义是符号与所指示的事物之间的关系，具有任意性；也有人认为意义存在于符号的横向和纵向坐标轴中，因此要在符号的组合和聚合中去理解它。在哲学领域，人们对"意义"的探讨经历了几个阶段：早期，人们把意义视为"先天存在"，是绝对理念在人间的反映，比如，认为世上存在美和善的理式，它们会流溢到具体的事物当中最终显现为多种多样的美和善；之后，人们认为意义是人的主观心智向外部世界的投射，是作为此在的人的一种存在方式；人们还认为意义是人的主体性的体现，是文本、作者、读者"视界融合"的结果。而心理学则从人的心理构造入手，提出了意义是人与外部世界关系的内化的议题，在他们看来，意义是个体解释自身经历的一种心理表征。人们对意义的认识多种多样，正显出了意义问题的复杂性，它虽然涉及了众多领域，但它到底是什么至今却无定论。

　　作为交叉学科的传播学，从符号学、诠释学、结构主义等学说中汲取养分之后认为，意义是传播载体所承载的精神内容。在这个概念的限定下，意义似乎变成了某种自在自为，并且是为了连通人与世界才存在的精神内容，因此意义是一种先在的客观存在。以意义的客观性和先在性为前提，那么传播活动中的人自然难以"有所作为"，而意义在传递过程中也不会出现损耗和嬗变，所以人的主体性消散了。

事实果真如此吗?

实际上,人类的每一种传播活动都充满创造,它所创造的"精神内容"体现了意义的客观性和主观性,也体现了人的主体性。姚斯在讨论文本的接受问题时就曾说过:"对于历史上同一作品的理解、判断、评价,不同时代的读者往往不尽相同,甚至存在较大的差异性。造成差异的原因,一方面是读者期待视野的变化,另一方面是由于作品本身在效果史上会呈现丰富的'语义潜能'。一部作品的意义潜能不会也不可能为某一时代读者或某一个读者所穷尽,只有在不断延伸的接受链条中才能逐渐由读者展开。"① 他看到了意义演变过程中的历史、现实和文化的影响,由此重新确认了人与文本的互动关系。

我们在第一章中讨论"定向"时认为,每一个传播行为都必将"指向"某些"东西",意义也是如此。意义一定是"指向"某些人、物的。例如,当我们说出"一只猫在吃鱼"这个句子,它首先指向具体的对象"猫""吃"(行为)和"鱼",无论这对象是否真实存在;其次才是它们所蕴含的意思。当我们开始思考自身的意义时,"我"就成了自身的指向对象,此时"我的含义"就构成了思考的精神内容。

一个完整的意义,包括了指向和赋意两个要素,两者是辩证统一的。就好比我们看一朵花,总是一下就看到了它,"知道了"它是一朵花,而非先看到再知道。所以我们认为,意义的内涵理所应当地包括了"指向客体"和"赋予精神内容"两个层面。"指向客体",使得意义能在不断运动的传播活动中保持某种一致性,因为客体的存在、客体与主体的关系是先在的,它们赋予了意义以客观性。而精神内容蕴含的异质性则促生了意义的流动。比如,当两个人讨论一本书的时候,书中所描写的内容是客观存在的,他们与书之间建立起的"看与被看"的关系是客观的;他们使用的语言是先在的,他们迸发的灵感只能以这些客观的、先在的东西为基础才能得到恰当的表达,否则就会出现"梳子踢着橘子"式的,在语言结构上有意义最终却不能表达任何意义的"意义"。

---

① 张首映:《西方二十世纪文论史》,北京大学出版社 1999 年版,第 409 页。

第一节 再谈传播中的"意义"

作为一个重要的概念与客观现象，意义存在于所有类型的人类传播活动中，同时也是理解定向传播的关键所在。当我们从"指向客体"和"赋予精神内容"两方面来看待意义时，就必然要面临这样几个问题。第一，指向客体，是否意味着意义产生于人与客体的关系之中？那么当人与客体的关系发生变化时，意义是否会同样发生变化？第二，主体赋予客体的精神内容是什么？它是客体固有的性质的外显，还是人为"阐释"和"解读"的结果？如果意义是客体的性质，那么为什么在传播活动中会存在意义的变异？如果意义是人的阐释和解读，那么它是否还能为他人所真正把握？第三，意义是否存在结构？我们是否可以在把握这种结构的层面上把握意义？正如同结构主义者宣扬的那样，世界的结构就是人脑的结构，在人类心智的作用下，世界才由混沌过渡到秩序并具有了意义。①

要想回答这几个问题，我们有必要先对意义的性质进行一番探讨。在我们看来，意义是具有客观性、主观性、未来性和多重性的存在。

一 意义的客观性与主观性

我们在使用意义的时候，是将其物质形式（字符、语音等）与精神内容统一起来的，否则意义就无法出现。这就好比我们在写字的时候，总是想到什么（精神内容）就写出了什么（字形）。这种现象是意义的客观性与主观性辩证存在的表现，它们相互依存缺一不可——如果意义只是客观的，那么我们所写的字就无法上升为审美的意义，因为就字本身而言，它并不需要具备"书法"层面的含义，书法是人的主观审美需求的反映；如果意义只是主观的，那么它就无法解读。

所谓意义的客观性有两方面的内涵。一方面，意义是先于具体的人的，人在意义创造的过程中必定要以原有的意义为基础。当我们写诗的时候，一般只有通过字的组合才能创造或恬静或悲愤的意境，而不能通

---

① 参见李幼蒸《结构与意义》，中国社会科学出版社1996年版。

过创造字去营造意境。

另一方面，意义产生于客体与主体之间的差异，这种差异也是客观的。例如，当我们把海洋作为认识对象时，海与我们之间的差异不会随着人类对海洋的认识与利用程度的加深而发生变化，正因为差异的存在，所以我们才要不断去探究差异的内容（意义）。在人类传播活动中，意义的客观性主要表现在，对某个人而言，当他开展传播活动时，文化、语言、符号及其系统是客观存在的，他必须使用为社会认可的方式去表达、传播、沟通，否则就无法进行交流。"符号之所以能够抵达理解之岸的原因是因为符号间的差别构成了它存身其中的语境，符号在与其他符号的区分中，在时间的延搁中获得片刻的意义理解。"① 德里达认为，符号间的差别使得它能够被理解，意义也是如此。对于意义来说，它指向某物和赋予精神内容的特性，使得它要在主体和客体的相互关系中才能存在，而客观存在的主体和客体的差异决定了意义的核心内容，正如海洋的"意义"不可能是一个生命体，人的"意义"不可能是一个单细胞动物那样。尽管在神话、诗歌等文化形式中，海洋的"意义"可以呈现出人格化的特征，但这种意义不是对客观存在的差异的真实反映，而且有着特定的适用语境，因此就不可能成为意义的核心。

此外，在传播活动中，除了文化、语言、符号、主客体差异的客观性外，人们赖以使用的传播工具、身处的环境也对意义的"客观性"造成影响。比如，基督教徒的群体属性决定了人们不可能在该群体中传播属于"佛教"的内容。一家公司的组织框架决定了在公司内部开展的讨论，通常是以职务的高低作为发言次序的标准的。媒体所操持的职业准则决定它不能公开传播某些不适宜传播的内容……在群体动力学中这些现象被概括为群体规范，它一经形成就具有"限制"传播活动的作用。对于群体而言，群体规范并不总是无法改变的，尤其是当它受到群体中的中坚分子的强烈抵制后，也会有发生改变的可能，但是在改变发生之前，群体规范就是一种客观存在，传播活动要受到遵从或违背它所带来的压力。

---

① 转引自胡经之《西方文艺理论名著教程（第二版）》，北京大学出版社 2003 年版，第560 页。

传播工具的客观性对意义的影响主要体现在以下几个方面。第一，选择了某种工具就是选择了它的"意义"。比如，当我们想要将想法表达出来时，可以通过将其写成文字、录成音频或者拍成视频等方式，当我们选择这样做的时候，所写出来的东西就不能出现错别字或者是在语法上出现问题；我们的声音也必须要被刻录成"声波"；我们的影像要被还原为静止的画格，这些有形和无形的限制会对我们的表达行为造成影响。第二，在某些情况下，工具的意义会对传播中的意义流动造成影响。比如，字迹被水晕开而无法辨认；视频中出现了"掉帧"或"跳帧"以及音频失真，等等。这些现象中的某些情况，在香农和韦弗看来是传播中无法避免的"噪音"，噪音的不可避免正是工具的客观性对意义造成的影响的生动体现。

既然意义具有客观性，那么是否意味着它在传播的过程中始终保持不变？我们的答案是否定的。人们通常将爱情与忠贞相连，世间却多是三角恋的悲剧。"爱情"的客观意义是先于具体的人的，但如何理解和实践它的意义则主要取决于个人，这正体现出了意义的主观性。

所谓意义的主观性，也可以分三个层面来理解。第一，人的主体性决定了他在使用"意义"时候总是具有创造性的。我们在前文分析定向传播的分离性时曾言及网络流行语，它们就很好地体现了人在意义使用方面的创造性。第二，"意义"发生的具体场所会对它造成影响。例如，某人在穆斯林聚集处公开谈论"吃猪肉"，他的行为就具有在它处所没有的内涵。第三，个人体验的特殊性，这里强调的是人的心理和精神状态及所处的立场对意义造成的影响。"相对于自然科学直接面对外部世界，要求排除个人的主观性而获得客观知识，精神则要通过'重新体验'与'心理移情'、通过对客观化了的精神（一切人文现象）之认识，来获得关于另一主体的精神的正确认识，这种认识是个体性的（非普遍性）。"[1]正如这句话所指出的，阐释本来就是具有独特性的个体行为。就好比像"盲人摸象"，盲人摸到的部位不同，对他们而言象的"意义"就不同。

既然意义还具有主观性，那么人们可不可以任意赋予事物以"精神

---

[1] 潘德荣：《诠释方法论意识的觉醒——从新教神学到浪漫主义诠释学》，《中国社会科学》2011年第2期。

内容"？答案同样是否定的，因为这种观点只看到了主观性的一个层面，是将人的主观能动性视作"意义创造"。意义的主观性在诠释学中是一个重要的问题。诠释学经过了从神学释义到现代诠释学的发展历程，在这个过程里哲学家们努力将自然科学与人文科学分离，并试图解决人文科学"可验证性"的问题，所以这个过程也是认识、知识是否具有客观性和普遍性的发现过程。在这个过程里人的理解中的"意义"问题凸显出来，人们开始重新审视知识的客观性与认识过程中的主体的作用。狄尔泰在讨论"理解"时认为一切理解都带有主观性，理解总是建立在个人特殊创造上的具有普遍性的活动，① 其后的海德格尔、伽达默尔则认为理解就是人的存在方式，"阐释"也就从一种方法论上升为本体论。

但是人的解释、阐释就是"意义"创造吗？诠释学关注的是人对于文本尤其是历史文本的解读，并希望借此寻求出阐释的普遍性，但是传播活动中的"阐释"问题远比针对具体文本的阐释活动复杂。例如，当两人对话的时候，他们所生产的文本（对话）处于一种开放的运动状态，他们的对话内容可以从天气延伸至饮食，也可能随时中断或者是引入新的阐释者（第三人加入）。大众传播活动中的文本，虽然不是以开放的未完成的状态存在，但它们大多是断裂和游离的——我们所看到的电视剧总是以"集"的方式播出并留下一个悬念；新闻总是尽可能简要因而缺乏一定的背景信息；广告则强调"卖点"而避免言及无关的内容；这些例子中文本的完整性是缺失的，当它们必须要共处于"电视的"文本系统中时，接收者如何在文本"缺损"的状态下做出较为准确的阐释？同时，电视虽然表现为一个线性的播送流程，但它所传播的文本却不是以自生的线性逻辑联系起来的，因而表现为多个文本的断裂和跳跃，这种特征导致了大众传播活动中人的阐释和解读活动的复杂性——他随时面临着文本的中断。从这个角度而言，虽然大众传播中的人的阐释行为具有普遍性，但阐释所蕴含的精神内容则具有特异性。所以阐释不是意义。

此外，如果将"阐释"等同于"意义"，那么当传播活动超越单纯的文本解读而与更为宏观的文本系统、社会文化系统相联系的时候，意义就必然面对着不可调和的矛盾。如何将源自文本的复杂性的"阐释"（意

---

① 潘德荣：《认知与诠释》，《中国社会科学》2005 年第 4 期。

义）的多样性统一起来？正如我们所讨论过的那样，不同的文本系统具有的客观意义是不同，因此我们针对广告、新闻和影视剧也就延伸出了不同的解读方式和逻辑。如果存在阐释上的统一性，那么这种内生的冲突该如何解决？所以，在传播中"阐释"可以作为一种方法论或认识论，但难以从本体论的层面将阐释与意义创造等同起来。

理解了这一点，就能更好地理解意义的主观性，意义必须经由人的"解释"才能显示出来，"解释"是揭示意义的途径，它既是人的主观能动性的体现，又是认识的局限性的体现。我们可以用一个事例来理解这句话。比如，一个人通过自学掌握了英语并具备了阅读英语小说的能力，于是他可以自己"解释"小说文本而不用借助译本，这是解释的第一层含义，是这个人基于语法结构、文本结构、叙事结构而发生的解释，它是人的主观能动性在发挥作用的反映。正如艾柯所说："解释不仅提供了表达的内容，而且用自己的方式提供了更多信息。"① 作为一种文化符号，"英语"蕴含的历史和社会等"意义"（伽达默尔所谓的"人的偏见"）却是这个人无法在短时间内掌握的，这些意义会使得他的解释流于表面而不能深入到文本的深层意义系统中。文本的深层意义系统呼应着解释的第二层面，它与文本所依赖的民族的、社会的、文化的等更为宏观的意义系统有关，正是解释的第二层面确保了意义的主观性必须要统一于客观性中。

二 意义的未来性

意义的未来性，一方面指的是它与所指示的对象之间存在距离，在赋意活动发生时意义还未产生，另一方面指的是意义产生后所引发的解释，也就是先有生产后有解释，二者共同构成意义。

未来性的第一个方面是意义与对象的距离。在我们生活的世界中，意义必须要借助符号才能得到表达和传播。当我们借助语言、文字等符号表达意识的时候，通常要经历一个在时间和空间上消弭距离的过程。例如，当我们用"苹果"表示真实世界中存在的苹果时，要经历这样几个阶段。首先，我们的意识产生于使用"苹果"这个符号的行为前，无

---

① ［意］翁贝托·艾柯：《镜像》，张颖译，《符号与传媒》2011 年第 1 期。

论我们是想到和说出，还是写下或画出"苹果"，其间都必定存在时间差异。我们必须从浩瀚的经验之流中"打捞"出合适的经验，确认出意识的内容是苹果，选择契合的符号将之表达出来。这个过程如此之快如此自然，以至于通常情况下人们根本不会注意到它。

其次，象征着"苹果"的符号，在苹果的意义诞生之前，任何情况下都不可能等同于苹果本身，只有当人将该符号"解释"为客观存在着的苹果，它才能在指示对象与符号间建立起联系。"诠释活动的'存在接受性'见之于对已有事实的知觉与认知，对历史效果的观察，对基于未来可能性的投射的预期，以及对人的理解先设或经验条件与已定结构的发现或揭露。"① 正如这句话所指出的，我们通过符号赋意时意义并未产生，符号的表意功能要借助符号与意义的辩证运动才能实现。当"苹果"的符号出现的时候，意义是不存在的，当且仅当"精神内容"契合了我们对"苹果"的某些性质的判断，如红苹果、甜甜的苹果、大大的苹果时，"意义"才出现。此时，人们就是从意义的层面去把握苹果，而不是从"符号"的角度去把握它——苹果两个字的字体是否美观，画出来的苹果像不像等。我们使用符号是为了召唤意义，这就好比清明祭祀，我们会用祖先的坟茔、祭祀果品、香烛等符号表征祖先，一旦祭祀开始，在场的就是"祖先"的意义而非其象征符号。

未来性的第二个方面是意义引起的反应和解释的未来性。在解释未发生之前，意义以一种潜在的方式存在，世界上不存在没有意义的意义，只有等待解读的意义。比如，一则以外文播报的新闻，对于不懂外语的观众来说，它的意义是潜藏的，但是它必定是有意义的。只是对于具体的人而言，它的意义暂时缺席。一个意义得到解释后，必定引起相应的反应。当我们说出一个词的时候，首先是心智上的变化，该对象从混沌的意识中浮现出来成为意识的内容；随后是器官的变化，我们会通过发音器官说或者调动肢体去写；最后我们说出的这个词还必定引发相应的解释。比如，我说："我昨天看了一部电影"，当我用这句话概括昨天的行为时，我既是主体又是客体，主体我必须将客体我"解释"为"我"

① 成中英：《诠释学中的存在接受性与意义创造性：从伽达默尔到本体诠释学》（上），《安徽师范大学学报》（人文社会科学版）2014 年第 4 期。

而不是其他人，将"我"的行为发生的时间"解释"为昨天而不是"明天"，将感官活动"解释"为"看"而不是"吃"，将荧幕影像"解释"为"电影"而不是"电话"，只有当这些"解释"在符合经验的前提下发生的时候，这句话对于我来说才是可以理解的。

"意义尚未解释（事先不在场的必然性），才能使符号活动朝解释方向进行；意义必能解释（最后在场的必定性），才使感知被当作有意义的符号，才使解释能够展开。"① 也就是说，意义总是等待着人们从经验中寻找最契合它的内容。这就好比指鹿为马，即使政治高压迫使人们不得不在马和鹿之间建立起指示关系，在场的鹿也不可能成为缺席的"马"的精神内容，因为在我们的经验场域里，马和鹿是不可能等同的。"当我们在语境中讨论意义时，我们需要确立我们使用的语言与我们所获得关于这个语言的知识之间的逻辑联系。"② 也就是说，意义出现后，主体必须将指示对象与精神内容共置在一个经验场域中，并对它们间的关系做出某种解释，这种对关系的解释是一种预判，当预判符合经验的时候，意义才是可以理解的。

三 意义的多重性

意义的多重性指的是，每一个意义都是一个由多个观念或概念组合而成的系统。这个系统始终处于变化之中，在不同的引发结构下，显现出的意义的层面也不同，因此不存在一成不变的意义，只存在不同层面的意义。

例如，"美"的意义是什么？一个女人精心打扮，一个画家创作一幅风景画，一个哲学家讨论"美"，这三种符号使用行为具备不同的含义，任何一种含义都是"美"的意义的表达，却不全是"美"的意义。两千多年前，柏拉图在面对丰富多彩的世界时说，存在一个美的本体（理式），世间万物之所以美，都是因为投射了它的光彩。他对于美的这种看法，为我们思考意义的多重性提供了一个角度。陈波说："我们对某一个给定类别事物的知识经常是丰富且多层面的，涉及许多经验和观念领域，

---

① 赵毅衡：《符号过程的悖论及其不完整变体》，《符号与传媒》2010 年第 1 期。
② 江怡：《语境与意义》，《科学技术哲学研究》2011 年第 2 期。

其显著程度、详细程度和复杂程度各不相同……不应该把一个词语看作是体现了一个固定的、有限制的和独特的语言学上的语义表征，相反，应将其视为提供了进入不确定多个观念和概念系统的通道，该词语以一种灵活的、开放的和依赖语境的方式引发了这些观念和概念系统。"① 在他看来意义系统是开放和未完成的，等待着人的参与。

如果意义具有多重性，那么人们在使用、理解意义的过程中，该如何确定此时此刻我们所拥有的是哪一个层面的意义呢？这就涉及意义的引发结构对意义系统的"框定"作用。

意义的引发结构包括使用符号的方式和情境等。例如，我们将要进行一个商务会谈，我们对对方所知甚少，此时我们通常会用某人的姓名来指代他。这时，写在纸上的姓名只具有语用意义。当两人会面并互相介绍时，姓名的语用意义为社会文化意义取代，对参与会面的两人而言，对方的外貌、体态、声音、服饰以及所处的场所构成一个系统并呈现出不同的重点。在这个系统中，他们会受到对方呈现出来的多个意义焦点的吸引，如相貌、嗓音和仪态等。注意力的焦点决定了观察到的"突出"意义的不同。也就是说，意义的引发结构实质上与人的"解释"行为息息相关，场景本身不具备参与意义构造的功能。比如，食堂和城堡都只是满足人类居住或聚集需求的建筑物，但是当它们成为人类传播活动发生的场所时就具有了丰富的意义。通常情况下，如果一对新人选择在食堂举行婚礼，那么婚礼所具有的神圣和庄严就会被消解掉，新人还有可能面临来自亲属的群体压力，这种压力多集中于对双方家庭背景、财力、职业等问题的猜测上。通过这些案例我们可以发现，注意力限定了意义的多重性，它可以凸显出意义系统中的某个或多个层面使意义能够被解读出来。

但是，引发意义的结构并不等同于人的解释，因为人的解释存在无可避免的差异，比如，审美的差异、认知的差异和教育背景的差异，任何一种差异都会导致对"美"的不同看法。那么，面对着复杂多变的意义，人们又如何产生"美"的概念？难道世界上真的存在"绝对理式"般的"美"？答案是否定的。对于具体的人而言，意义具有客观性、先验

①　陈波：《语言和意义的社会建构论》，《中国社会科学》2014 年第 10 期。

性，它们限定了人的解释的多样性，使用意义的情境也对人的解释产生限制。比如，在教室、办公室、卧室这三个场所中，人对"礼仪"的理解是不同的，"礼仪"的意义随着场所发生变化。在教室中，教学礼仪的内涵是安静、认真；办公室里，礼仪则指向得体；在卧室中"礼仪"的内涵主要是舒适和随意，因此就显得离礼仪的含义有些远。这些场所及其代表的情境的客观性限制了人的解释。所以，每一个意义活动所激发的深度和广度都是有限的，人只能在某一个或几个层面使用意义而不可能囊括它的全部内涵，这是意义的多重性的第一个方面。

意义的多重性的第二个方面与意义的流动相关。在第一章中，我们在论及传播的定义时认为，任何一种类型的传播都必定发生在主体与客体间，人内传播也不例外。意义的流动是一个十分复杂的问题，它不仅与客观存在的主体间的时空距离有关，还与主体各自的差异有关。赵毅衡认为，符号过程由三个意义环节造成，"符号过程三个环节的意义，一步步把前者具体化：意图意义在文本意义中具体化（主观的想法被落实到文本表现），文本意义在解释意义中具体化（文本的"待变"意义成为"变成"的意义）。"[1] 我们认为传播中的意义存在三个层面，发送者的意义、信息的意义、接受者的意义，它们之间的关系是辩证的。

第一，发送者的意义必须借助信息的意义才能得到表达。在接收者未做出解释前，发送者和信息的意义都处于"潜在"的状态。

第二，发送者的意义、信息的意义、接受者的意义又各自与其他意义关联着。例如，接受者选择传达意义的方式，受教育的程度，符号使用的熟练程度等。信息的意义与符号的组合方式、传播载体的关系。信息的意义不完全是发送者意义的映照，它同时还是接受者解读的基础。接受者的意义要受过往经历和情境的影响等。

第三，传播活动发生的具体情境又会对三种意义产生影响。比如，两人谈话被第三人打断，电视信号中断，网络故障等，此时情境的意义占主导位置，并导致三种意义间的辩证关系暂时中断。

通过这些讨论，我们在引文部分提出的三个问题就可以得到相应解答。第一，传播中的意义不是一个单独的观念、概念，它具有指向客体

---

① 赵毅衡：《符号过程的悖论及其不完整变体》，《符号与传媒》2010 年第 1 期。

和引发精神内涵两方面的内容，两者缺一不可。意义的精神内容是对客观存在的人与事物之间的差异的反映。当人与事物的关系发生变化时，意义的内涵会在一定程度上发生变化，但差异始终存在，故意义始终具有客观性。

第二，意义必定是传播中的意义，必须经过人的解读才能显现。不存在没有意义的意义，只存在等待解读的意义。人的局限性决定了他不可能穷尽意义的全部内涵，而只能在某个层面得到意义。

第三，传播中的意义是变化运动的，没有一成不变的意义。传播双方借助符号的意义行为，都会对意义的流动造成影响。"意义的产生与传播，不仅因为一个具体的意义传播者或者接受者的客体，而且还因为它是一种关系体系，是它的各个层次——包括语义的、句法的、生理的、情感的层次，还有主题的层次和思想意识的内容的层次、结构关系的层次和接受者的结构回应的层次等等——之间的关系构成的体系。"① 对于传播双方而言，意义是一个有着核心内容的系统，人总是在把握核心内容的基础上实现意义的占有。

因此在本文的视域中，意义指的是人利用符号指向客体并赋予其精神内容的行为。意义是主观和客观统一、运动变化着的观念系统，必须经过人的解释才能显现。人总是根据传播情境把握意义的核心内容。

第二节　影响定向传播中的意义系统的几个要素

意义是一个观念的集合体，具有指向客体和引发精神内容的功能。不存在没有意义的意义，只有等待解读的意义，人的行为及其环境会对意义造成影响。人类的传播活动是一种意义生产、交换和再生产的活动。由于意义自身的特殊性，因此传播必定是可以产生意义、引发解读的，同时，意义主体及其环境对传播活动也造成影响。

以意义自身的复杂性为基点，作为一种跨语境的意义生产活动，定

① 刘泓：《广告传播的意义系统结构》，《福建师范大学学报》（哲学社会科学版）2009 年第 2 期。

向传播中的意义就更加复杂。首先，传播主体的双向选择使得意义的生产受"准入机制"的制约，先有关系的准入，才有可能有意义的准入。其次，跨语境的环境造成了意义系统的多重性，意义不是以独立的形式而是以"嵌入"的形式存在的，它所处的多个符号系统（图片、文字、视频等），所赖以存在的空间形式（意义生产动态的集合体），影响了原始意义的稳定性，使其总是在动态中发展着。最后，意义主体的行为和所处环境的复杂性，导致了意义生产活动的复杂性。

定向传播中有几个重要现象值得关注，它们喻示着定向传播中意义生产和流通的复杂性。第一，"解释"的作用和功能空前强大。比如在某个热点事件出现后，各方轮流登场发表"意见"（解释行为）并引发舆论。第二，意义主体的游移。如在微信、微博等平台上，人的"形象""情绪""观点"都可以是多变的。第三，虚拟情境的"拟流"化，即发生在社交媒体上的传播活动，越来越有模拟"生活流"的趋势，现实与虚拟的界限越发不明晰，"意义"的传播、解释受具体情境限制的情形发生变化。这三个现象不足以概括当前的传播活动，却是理解"定向传播"中的意义系统的关键。

一 意义"解释"的复杂性

首先来看"解释"。受技术垄断和表达途径的稀缺的影响，在以往的传播活动中，接收者的"接收"行为的复杂性难以得到真实的体现。在传播研究中由于功能主义立场的大行其道，尽管接收者的地位不断提高，但他们的"接收"行为大多数情况下被笼统概括为"反馈"，作为实现效果中的重要一环推动着传播研究的发展。在这种研究理念的主导之下，接收者被划分为被动的（法兰克福学派）、主动的（费斯克）和协商的（斯图亚特·霍尔）三种类型，并衍生了接收者在面对意义时到底是被收编还是积极抵抗的一些争论。莫利在《全国观众》一书中的研究表明，接收者解释的复杂性并非主要源自个体的差异，而是个体所处的社会—经济位置在起作用，这个社会—经济位置是复杂的，它是在由包括阶级、族裔、年龄和性别等各种社会、文化和话语立场的交汇中生产出来的。莫利看到了接收者"意义接收"的复杂性——它必定是接收者主动解释的结果，又必定与更复杂的意义系统相联系。

陶东风则认为："受众能够积极地创造出各种意义，但这些意义不一定和抵抗有关，它也可能只属于一种游戏性的解读而已，它们是积极的、创造性的，但却不见得就是抵抗的……将受众活动局限于收编和抵抗的框架内是一种简单化，这种反应可能既不是被收编，也不是什么反抗，而是根本就无法归入这两个范畴。"① 他的这种看法指出了解释行为的复杂性，它可能与抵抗或是收编无关，而更有可能是一种主体彰显自我的游戏。

这些讨论大多是针对大众传播活动的，而在当代以互联网为主体的传播活动中，意义接收更为复杂。一方面纯粹的接收者不再存在，他随时在"传—收"之间转换着身份；另一方面接收者的"解释"行为以复杂性著称，接收者可以既是被动又是主动的。比如，当他面对一个媒介文本，他可能只按照"字面意思"去理解"字面"，但是他同时还具备"自由发挥"的能力——如衍生到媒介文本之外去理解它，比如，把一部电影与它的导演、演员联系起来或者是把它置于同类型的文本中去解读。解释行为的复杂性又受主体所处生态的影响，在当代的传播生态中接收者不可能只是某一种意义类型的接收者，而是始终处于复杂的意义系统中。比如，一个人可以在观看视频直播的同时，切换界面进入社交媒体中去"打赏"某个微信公众号。

为了理解意义解释的复杂性，我们可以观察和分析一个事例。李四通过新闻 App 看到一条新闻，新闻中描述的情形让他很气愤，他打开评论区准备发言。此时，他看到了"点赞"最多的一条评论，觉得对方的评论十分中肯，于是"点了赞"并将该条新闻及该条评论（复制粘贴）一并转发至自己的微博、微信朋友圈中。不一会，朋友圈提示好几个朋友"点赞"或留言了，其中赞同他的人居多，反对的人较少。没多久，微博又提示有用户回复了他的推送，他发现某个较少互动的朋友发表了与他大相径庭的看法，于是他在该条微博留言中与对方"辩论"起来。

在这个传播活动中，"新闻文本"的意义是原始意义，它催生了好几次意义的解释行为。第一，李四作为一个接收者看到了新闻文本并理解

---

① 陶东风：《粉丝文化研究：阅读—接受理论的新拓展》，《社会科学战线》2009 年第 7 期。

了它的字面内容，即该文本所传送的事件本身。第二，李四发表看法的行为建立在他所掌握的符号系统的意义的基础之上，包括了他本人对文字的理解和运用能力；文本的字面及社会文化意义（在这则新闻中，新闻当事人没有遵守社会的伦理准则导致李四感到生气）；工具的意义（他要打开 App 上的评论区才能发表评论）。第三，经过考虑（意义解读行为），李四认同了另外一个接收者的意见并发出意义与之互动（点赞）。第四，李四成为"解释型"的跨平台意义传播者，他将文本的原始意义加工后（附上评论）转发至其他平台。第五，李四成为积极的意义再生产者，通过与"好友"辩论的方式维护自己的阐释权。

　　这个事例描述的传播场景是今天最为常见的传播现象之一，因此它具有重要的象征意义。在传统的传播活动中，人们的意义解释行为相对简单。如霍尔就认为，大多数的意义解释行为可以区分为三种类型，即主导的（按照生产者/作者的编码方式解读文本）、妥协的（在与生产者/作者的妥协、谈判中解读文本）和反抗的（通过生产者/作者对立的方式解释文本）解释。但是在这个事例中，霍尔论及的三种类型的接收者同时出现在了每一个环节的解释行为中并且更为复杂。例如，当李四与"好友"辩论进而维护阐释权的时候，他就既是主导型又是反抗型的解释者，同时还有转变为妥协型的可能——假如对方成功说服了他，或者对方的社会身份（领导、上司、亲属）、虚拟身份（网络名人）等因素对他造成了压力。但是，倘若李四的个性强硬，那么这种压力的作用力就较小。此外，将新闻转发至其他平台，意味着李四从意义接收者转变为意义生产者，此时新闻的原始出处的权威性被消解，李四及其所象征的社会文化背景发挥主要作用。正如人们总是对朋友圈里某些"好友"转发的内容嗤之以鼻，但倘若他是个学富五车的学者，那么他本人具有的权威性就让渡给了他所生产的内容（无论是否原创）。

　　更为重要的是，李四的意义接收和生产行为必定是"契合"他所营造的某种形象的。在定向传播的场域中，一个人所关注和生产的内容总体上与他的"人格形象"一致。"任何网民都是一个有意义的复合载体，它可以体现网络主体的诸多属性，并间接折射出人们的某些心理预期。任何人进入网络都有一个网络身份的自我认定问题，这不仅指必要的网络注册，更指个人选择怎样的角色来表现自己。"① 在现实世界里，李四关注的可能多为娱乐、体育等新闻，然而当他承担起意义再生产的角色时，一般情况下，他主动转发至其他平台的内容，必定是符合"可见对象"对他的某种期待的，否则他就要面临压力。但是，当他具备匿名的可能性或者激发了错误机制，比如，进入异质化的社交媒体平台（该平台上的主体与李四缺乏现实层面的关系）；或者是选择发送至微博、微信"小号"；又或者选择了错误的"可见对象"，当这些情况出现的时候，李四真实人格中的诸多面向就有了暴露出来的机会。

通过这个案例我们可以得出结论，意义接收和解释行为的复杂性意味着，第一，主体接收到的意义越多，意义的解释就越复杂。比如，上述案例中新闻文本的字面、社会和文化意义以及其他人生产的文本意义，都对传播活动中的意义系统造成了干扰。第二，意义的解释受到文本、工具和对象的影响。第三，在网络传播活动中，人的意义接收、解释行为服务于意义再生产。第四，通常情况下，意义的再生产要受到"个人形象"的制约。

二 意义主体的"拟身化"

当代传播环境在造成解释的复杂性的同时，也使得意义主体在虚拟性的影响下呈现出游移。意义主体的游移同样对意义系统造成影响。在传播活动中，参与传播的双方是以主体的形式存在的。发生在主体间的意义交换，要受到各自的性别、身份、社会文化背景、组织结构、群体规范的影响。在传播研究中，人们对心理因素、性别认知、角色期待、社会文化规范等影响传播的要素进行了深入的研究。在这些研究中，无论是将主体的传播行为视为满足多重需求的活动，还是将其看作具有总体性的"受众"，或者干脆认为主体要处于传播及社会文化系统的"霸权"中，它们所研究的对象都是客观存在于物质世界中的主体。

但是，在当代的传播生态中，当主体赖以存在的情境从现实世界转移到虚拟空间后，意义主体的稳定性也发生了显而易见的变化，我们可以看到"身体"的延伸和虚拟不再只存在于科学幻想中，借助 VR、AI

---

① 何明升：《网络生活中的情景定义与主体特征》，《自然辩证法研究》2004 年第 12 期。

等技术，人类的身体和意识都实现了在赛博空间的漫游。当我们进入网络世界后，我们的身体赖以存在的物质世界为虚拟世界替代，作为主体客观性体现的身体也就要受到新的审视。"在网络社会中，由于其身份的虚拟性，主体只是现象学意义上的我的身体（我的自然），而非自然科学意义上的我的身体（我的自然）。自然科学意义上的我的身体是一种'客观的自然'，即一种为每一个人所构成的主体间的自然。相反，网络意义上的我的身体则是一种主观自然，即'我'所构成的非主体间的自然。"① 有学者在研究网络主体时认为，网络世界里的"我"并非客观意义上的以躯体为基础并包裹了意识的"我"，而是作为一种现象存在的意识的整体化，这个"我"是摆脱了身体的。

"身体"是研究传播活动的一个重要范畴，它是人类感知外部世界的最重要的途径，也是人与他人连接的"界面"——语言需要发音器官，使用符号需要肢体，意义创造需要大脑，而它们都是作为身体的应有之物才能发挥作用。所以诺依曼在研究舆论时，就曾形象地把人感知外部世界压力的能力概括为"舆论皮肤"，认为正是这种能力为我们理解舆论气候变化提供了基础，因此人才能调整言行以适应外部世界的变化。

从唯物与唯心的二元对立对身体的超越，到"思"所代表的主体（理性）存在的客观性，再到"身体"象征的知觉的可靠性，西方哲学的演进可以看作是一个不断发现"身体"的过程。这个历史过程也是人类的传播活动不断从"具身"走向"离身"的过程。"具身"指的是以身体（器官）作为传播活动的基础，"离身"则指身体的客观存在不再是传播活动的主要或唯一前提。

在人际传播和小群体传播中，人与人之间存在面识关系，此时人与人传播的界面是"身体"。人们借助身体发出意义和解释意义，在观察、接触他人身体并将其概括为某种"意义活动"的过程中推动着意义的交换。比如，人际传播中的"察言观色"就是通过观察他人面部表情来解读言语行为之外的意义；在小群体传播中则存在"流言""谣言"等主要借助嘴巴和耳朵进行流通的信息。在传播活动尚未走向体系化、制度化的历史时期，身体是我们感知意义、解释意义、创造意义的最重要的方

---

① 卢山冰：《网络主体的理性解读》，《自然辩证法通讯》2003 年第 4 期。

式之一。"我提出一个包含三重不同纬度的媒介的理论框架。这三重不同的媒介是：使面对面传播活动得以实现的人的身体；大众传播的技术性再生产手段；以及催生网络化传播的数字技术。"① 克劳斯认为身体应该是和大众传播技术、网络技术并列的三个主要媒介之一。

随着组织化的传播活动的兴起，以报纸、广播、电视为代表的大众传播活动，在提升人类传播能力的同时也使得"身体"在传播中隐去了。"感觉"很近"身体"很远，人们可以"看到"文字、影像，"听到"声音，却始终无法从整体上去把握它的意义，在这些传播活动中身体越来越不可见，只剩下部分感官在发挥作用，所以麦克卢汉曾痛心疾首地认为，大众传播时代是一个总体感觉失落的时代。当我们从身体的角度去思考人类的传播活动时，那么在现实世界里人们以身体为界面参与传播的行为，使得他实际上处于一个感觉系统中。因为，没有哪一种感官可以脱离作为整体的身体而存在，手只有作为身体上的手才能写字，眼睛也只能在五官中才能发挥作用。麦克卢汉将这个过程概括为"部落化"的获得与失落的过程，他认为传播技术延伸了我们的感觉器官，极大扩展了我们接收信息的能力，但是又带来了过载的压力，因此被现代传播活动所包围的人不得不面临"截肢"的困境，否则就会因感觉系统的不平衡而面临崩溃，因为"从生理功能来看，中枢神经系统是为感官协调各种媒介的电路网络，发挥着关键的作用。凡是威胁中枢神经系统功能的东西都必须受到遏制，必须把它限制在局部范围或者把它切断，甚至连威胁中枢神经系统的器官都要被截除。人体是各种器官构成的一个整体，维持和保护着中枢神经系统，是对付自然环境和社会环境中各种突然刺激的缓冲装置。"② 从人是以总体感觉认识和理解世界的角度出发，麦克卢汉预见性的认为计算机及其代表的文化将会使人重新回到"感觉平衡"。人类传播技术的演进使得主体赖以存在的"身体"从整体向部分再向虚拟转化，身体作为一个传播界面，也经历了从"现实"到"消隐"

① ［丹麦］克劳斯·布鲁恩·延森：《三重纬度的媒介：传播的三级流动》，刘君译，《东南学术》2015年第1期。

② ［加］马歇尔·麦克卢汉：《理解媒介：论人的延伸》，何道宽译，译林出版社2011年版，第59页。

的过程。而身体是如此重要，它是意识的容器，也就构成了我们认识世界的基础，当虚拟世界难以为肉身提供安置之地时，人类传播已经用另一种方式实现了身体在赛博空间中的"永生"。

当代传播生态的一个突出特点是模拟人的"身体"及其感觉，我们称为"拟身化"。我们可以从两个方面来理解"拟身化"，第一，它指的是以身体为基础的人格形象的多样化；第二，它还可以指由身体的精神性延展而来的语言、观念的多样化。我们在这里强调的并非指通过技术手段还原或投射躯体，而是指在当代的一些传播活动中存在的对人格、感官、语言和观念等以身体为基础的模拟活动的现象。

得益于传播技术的发展，"身体"在虚拟世界中已经不再是一个缺席的存在。人们通过视频、照片等多种形式，将以往湮没在大众传播活动中的"个体的身体"展示出来，并以此为基础构建了多种多样的"人格形象"。这种人格形象不仅是由匿名机制带来的"身份"的多样化，更是"身体"重新参与到传播中的体现。比如我们熟悉的微信公众号在发布内容时经常以"我"为第一人称，以此来营造出某个具有身体的人在参与对话的情境。这些微信公众号还会以情绪化的"观点"作为核心内容以激发接收者的兴趣。而在大众传播时代，媒体发布的内容通常是理性而克制的，极少会以某个人的观点或情感倾向作为舆论引导的核心。观点与情绪都是个人化的。以微信公众号为代表的现象象征着，从前隐匿在大众传播中的传播者以及"身体"重新出现了。

由于存在这么一个主动发出意义的"身体"，所以在当代传播活动中存在的"人格"的分裂就具有了因身体而来的合理性——人总是多变的。基于这样一个能够"说话""卖萌"和"对话"的身体，意义生产者的形象也就具有了可供互动和消费的潜质。我们可以通过视频直播来理解这个观点。

在视频直播中的主播大多外貌精致、肢体语言丰富，他们通常不会直接宣称自己是"可爱"或"风趣"的，而是会通过营造"类似"于该种形象的身体，并以接收者对"身体"的消费——观看、点赞、"刷礼物"等行为来彰显"人格形象"的存在。比如，李子柒系列视频。在视频中她身着传统服饰从事采摘、务农、制作节令食物等活动，也从来不望向镜头，只有远处的青山和身边的黄狗陪伴着她。在这种牧歌式的意境中，她的身体就成了观众观看的对象，并与超然世外等抽象的观念勾连，李子柒的人格形象也由此建立起来。

在微信等社交媒体中，我们生产的内容在两个层面与"身体"相关。第一个层面是以"亲身性"为基础的对身体的全方位展示。比如，自拍对身体全局或局部的展示；而言论则是对我们心智的展示；转发链接是对我们的感官"看到"和"听到"的内容的展示。第二个层面是以身体为基础的"形象"的展示。例如，人们可以通过多种符号或文本，在朋友圈中营造出诸如知识分子、天文爱好者、自驾爱好者等形象，这些形象在传播双方看来都是具身性的存在，因为它不能是一个抽象的概念或形象，而总是要和生产形象的具体的人联系起来。所以，对传播中的另一方而言，他们在社交媒体上所感觉或解释的是发出者的"身体"的拟像及建立在身体之上的"形象"。

此外，人的身体具有自我指涉性和精神性，在某些表意活动中，人具有以身体比附关系的能力。例如，在我们的语言系统中存在类似于"左膀右臂""一条心""有一腿""连接南北的大动脉""小肚鸡肠""满嘴跑火车"等说法，当这种以身体为基点进而感知某种关系的语言和文化倾向遭遇新的传播生态后，虚拟的身体并没有弱化人的这种倾向，相反使其具有了更加广阔而复杂的赋意空间。

早在 20 世纪初，李普曼就提出了"刻板印象"的观点，他认为"刻板印象"一经形成就会对传播活动造成影响，人类传播活动的历程也证实了这一点。造成"刻板印象"的原因是多方面的，其中建立在"身体"基础上的种族、性别、社会角色等因素发挥了不可忽视的作用。比如，在好莱坞电影中以"黄祸"和"奴隶"形象出现的亚裔和非裔群体，他们就是因种族的刻板印象失去了在传播活动中展现自我的可能性。与刻板印象所呈现的现实一致的是，"身体"及其文化属性成为传播研究中的重要议题，人们讨论性别和文化殖民，讨论身体对主体的遮蔽与忽视。到了网络时代，身体在虚拟世界中获得了新的存在方式，通过模拟躯体及其感觉，人以数字自我的方式存在于网络中。这种数字自我"与戈夫曼论述的日常生活中的自我呈现不同，以 ID（代号）、昵称、头像、签名档、状态栏、日志等为标化的'数字自我'，既可以是真实人格的片段抑或现实自我的延伸，也可以与现实自我或者原有自我完全分离。并且，它可以具有多重性、复叠性，因为视窗技术使得主体可以在不同的虚拟空间自由游弋，甚至穿梭于虚拟空间与现实生活之间。"①

身体重新成为观察传播的重要维度，个体的身体以比特的形式存在于虚拟空间中，但它只是对真实存在的身体的模拟而非身体本身。这种对身体的模拟在当前的传播活动中表现在以下几个方面。第一，人们会以身体的某些特征作为标准来概括某个事物或群体。比如，在社交媒体上经常可以看到围绕着"大妈""油腻的中年人""熊孩子"的讨论，这些讨论都是对身体的概括——或者是以个体的年龄、身材等外在身体特征为标准；或者是以基于身体的感觉来概括人的精神气质，比如用"油腻"来概括人的圆滑世故，以"熊"的躯体比喻小孩的缺乏教养。

第二，身体成为表达情感的重要维度。在今天的传播语境中，人们热衷于使用与身体有关的词汇来"落实"某种感觉。比如，"脑残"一词。在日常的交流中，我们会使用"有毛病、有问题"来描述某个人心智的不健全，但大脑的残缺则更加具体。这种词汇所代表的是由身体出发的一种表达方式，通过将虚空的感觉嫁接到实在的身体上，抽象的感觉也就变得更加具体。诸如此类的表达还有，"亲妈粉"（表示迷恋的明星年龄较小）、也是醉了、种草（表示心仪某物想要购买）、肉疼（心疼）、安利（比喻像销售安利的人一样喜爱某物并乐于推销）等。在此类表达中，身体是衡量感觉的重要尺度，这种表达既是人的语言习惯在网络生态中的延续，又是身体始终是人感知意义、解释意义的重要维度的体现。

第三，对身体的模拟还表现为对基于现实身体的"人"的整体模拟。当我们在观察当代的舆论场时将会发现一个现象：热点事件层出不穷，无论人们当前的态度如何，都无法持续关注某一个现象。这既与人的生理机制（注意力机制）有关，也与当代网络传播的生态有关。正如我们在前文所探讨过的，在一个天然具有跨越性的语境中，意义系统的稳定性总是会不断受到冲击，因此人们通过打造人格形象来为意义系统设定一个核心，人们的意义生产和传播都围绕着它展开。人格形象是建立在身体的基础之上的，"身体"及其背后喻示的主体使得虚拟世界所表现出

---

① 刘丹凌：《新传播革命与主体焦虑研究》，《新闻与传播研究》2015 年第 6 期。

来的注意力的游移，思想或观点的摇摆，鲜明的个性，就具有了某种合理性。因为并不存在真正的主体，只存在对身体的模拟以及以身体为基础的形象系统，它们呈现出来的特点正如现实中的人一样多变而复杂。

在定向传播中，意义主体的"拟身化"是一个普遍的且有着重要影响的现象。第一，主体的存在是以身体及其感觉系统为基础的，而虚拟世界中的"身体"和形象都是"拟像"，它为主体展示主体性提供了渠道。第二，无论身体在场与否，它始终对人的意义使用行为造成影响。在定向传播中，人们是围绕人格形象生产和传播意义的。第三，身体及其属性成为意义生产、解释的重要维度。第四，形象系统一经建立，身体的"拟像"就要受到形象系统的制约。例如，某个人想要在社交媒体上塑造勤奋刻苦的形象，通常情况下他会通过展示看书、听讲座等行为来再现自己的视觉、听觉和心智，他还有可能在着装方面倾向于呈现简单质朴的风格，以展示他的身体外观使其看起来更像"好学生"。

三　时空的"拟流化"

在研究身体的"拟像"时我们还注意到一个问题：如果说现实的身体必定要以具体的时空为依托，那么身体的拟像存在的基础就是虚拟的赛博空间吗？在以往的研究中，人们认为基于赛博空间人有可能发展出具有客观性的"虚拟身体"。"虚拟身体是根植于虚拟现实或虚拟环境的一种存在状态，通过连接网络，在赛博空间里，人类被认为不仅是身体处在物质空间，同时在精神上与物质实在相互作用，这就证明了身体可能同时处在两种现实，并且身体的外部活动被两种现实所经历。"① 这种观点认为，虽然我们的意识在虚拟中漫游，但它同样可以对身处客观物质世界的身体发生影响，而身体和意识是不可分离的，所以人的身体实际上可以同时处于虚拟和现实两种状态之中。正是操持着这样的立场，于是人们把自我认知、群体认同、伦理等围绕现实身体而来的问题也一并引入进来。

但是，在目前的技术环境下真的存在一个虚拟"身体"吗？它是否可以作为一个整体框架以容纳人体所有的感觉通路？它是否能够作为一

---

① 冉聃：《赛博空间、离身性与具身性》，《哲学动态》2013 年第 6 期。

个"整体的界面"供人类在赛博空间中遨游，而非某种能够为自我意识到的"身份扮演"？它是否能够在情境变化后依旧保持一致？比如，当我从网购的界面切换到网游的界面时，虚拟身体也能随着情境的变化而变化吗？正是对这些问题的否定回答才使我们看到在心理学、社会学等学科中，把虚拟身体作为研究人类交互的一个重要维度的做法所存在的问题。如果我能够意识到我进入了虚拟世界中，那么我的心理和行为是否还能够看作一种自然的必然？如果存在具有客观性的虚拟身体，那么人的形象、行为、观点等在技术手段下已经能被折射进赛博空间的东西就必定具有稳定性和一致性。情况却并非如此。

正如前文所述，"要实现赛博空间沉浸式面对面交流，首先要解决的问题是身体在界面上的再现。也就是说，通过技术手段将交流对象的身体'映射'到界面上。当然，仅仅将身体'映射'到界面上还是不够的，还必须将来自对方身体各感觉通道的信息（视觉、听觉、触觉、味觉、嗅觉等）转换成数据，然后，交流主体通过特定装置再将这些数据加以'解码'，还原成感官信息，这样才有可能实现浸染式的面对面交流。"[1] 在当前的技术条件下，人的身体及其意识无法被完整的投射进虚拟世界中，我们实际上仍然活在视觉刺激所主导的环境中。所以，人们设想的具有客观性的虚拟身体并不存在，因此在研究赛博空间的传播活动时，就应该以身体的拟像为尺度，而不是将"虚拟身体"作为基点。

时间和空间是人理解和感知世界的基础，如果用线性的流动来衡量时间，以地点或场所表示空间，那么在赛博的场域中并不存在所谓的时间、空间，因为赛博不是以三维的形式存在，它的时间也不是从起点到终点的线性运动，而总是随时在现在和过去之间跳跃。当我们在赛博空间中出现的时候，我们同样可以感受到时空的流动，但这种流动主要发生在我们的意识层面，是身体被拟像后感觉和意识投射后的结果，在这里我们称其为时空的"拟流化"，即它是对人的意识流动的模拟。

我们可以以网络射击游戏为例来理解这一点。我们看到的游戏界面，由屏幕模拟出人的眼睛，以及画面中伸出去的手和不断移动却没有呈现于画幅中的脚来模拟我们的躯体，这种对身体的部分模拟导致了我们的

---

[1] 陈月华：《传播：从身体的界面到界面的身体》，《自然辩证法研究》2005 年第 2 期。

眼睛和肢体能"感受"到时空演变。这种演变是两方面的：一方面，我们作为游戏主体经历游戏时间和场景的转换；另一方面，我们作为物质主体经历的现实时空流转。一般情况下，第一种时空不可能是现实的，除非虚拟身体存在，但是当身体以拟像的方式进入虚拟空间后，它却在人的感觉层面真实存在着。

技术越是发达，人的身体的拟像就越是完整。从文字、图像、影像到以人格为核心的形象的综合体，正是人的身体及附着的意识不断投射进入赛博空间后的表现。我们感受到的赛博空间的时空流动并非因空间而起，而是身体的拟像穿梭于多个虚拟情境后带来的意识的流动。比如，在浏览网页的过程中眼睛和耳朵被唤醒，玩网络游戏时肢体的感觉得到模拟，网络聊天是对基于身体和意识的人际交流的模拟。这些身体的拟像导致了我们的意识流动，进而造成时空流逝的感觉。

当身体的拟像成为当代传播活动中的一个重要现象后，传播活动栖身的时空也出现了鲜明的变化——从营造"在线"感转向营造意识的流动。在网络传播技术还受信号、流量和接收设备的限制之时，人们需要通过类似诸如拨号上网等手段才能进入虚拟世界中，而技术的飞速发展使得"上线"成为历史，人们几乎是一睁开双眼就可以进入网络中。因此在这样的时代里，"如果我们将网络空间看成一个整体，那么，本质上它就是心灵、自我与社会和谐的一种映射和一种解释，抑或是一种虚拟性话语的表征过程。"[①] 网络已经内化为我们连接世界、他人或自我的一种必然，在这种必然之中，人的意识也必须予以重新审视。

无论时代如何发展，肉体和灵魂的关系始终是我们思考自身时难以回避的一个矛盾。因为"人的身体不同于其他动物，这不仅表现于生理解剖方面……还在于身体与'社会环境'的互动所生成的精神性。身体、语言、思想、他人、物质等构成了互动场所——作用场，并以整体存在渗透于身体之中，使身体具有了精神性。"[②] 人的身体不仅只是血肉之躯，它还包含着人的情感、价值和观念。比如，当我们用"头部电影""头部

---

① 唐魁玉：《心、身体与互联网——一种虚拟世界心灵哲学的解释》，《自然辩证法研究》2007 年第 10 期。

② 阎旭蕾：《"肉"与"虚拟实在"关系之探》，《自然辩证法通讯》2009 年第 3 期。

网红"来形容某些对象时，实质上也就默认了躯体各部分间存在具有高低和上下属性的秩序。

那么当这种躯体的高低上下秩序进入到传播活动中后，我们可以发现在很长一段时间以来，人类的技术总是执着于模拟相对高级的感官，比如，视觉和听觉。人类通过技术手段极大拓展了头部的延伸领域，我们看得更远、听得更多，而触觉、嗅觉和味觉的技术还原注定还有很长的一段路程。

网络技术使得我们模拟身体的局部及其感觉的手段和方式更加先进了，我们具有了随时链接上其他人的拟像的能力。比如，当人通过网络程序或软件"聊天"时，他就是借助技术实现了对眼睛和嘴巴（打字）的模拟，每一个人在聊天时都只能看（眼睛的感觉）或者听（耳朵的感觉），拟像连上了拟像。而拟像总是躯体的拟像，无论模拟的是躯体的哪一个部分，我们都是将其作为一个整体来把握的。

波斯特认为在第二媒介时代里，人是以数据库主体的形式存在。"数据库的话语是一种运作与主体构建机制之中的文化力量，该机制对抗着把主体视为中心化的、理性自律的那种霸权原则……数据库最常见的是，个体是在缺席状态下被构的。"[1] 与人有关的信息以数据的形式储存在网络世界中，我们甚至不需要在场或者出席，他人就能通过这些数据描画出我们的面貌，我们去过的地方，浏览过的网页，转发或评论过的链接以数字的形式永存，它们共同昭示着我们的身体或意识的拟像曾经存在过并将永远存在。

通过对虚拟空间中肉身与意识的关系的讨论，我们可以看到发生在网络空间中的传播活动从三个层面模拟以身体为基础的意识的流动。第一，人的感官结构决定了人总是以视觉、听觉为主的感觉主体，他极少意识到感官系统的不协调，因为这种结构已经成了他的一种必然，所以无论人调动的是哪种感觉，他总是从"我的"感觉出发去接收、解释和再生产意义的。这是一个非常重要的现象，它是人的主体性的生动体现。在大众传播时代，人只能在大众传播提供的文本库中去选择，他不是从

---

① [美] 马克·波斯特：《第二媒介时代》，范静晔译，南京大学出版社 2000 年版，第123 页。

"我的感觉"出发去接收和理解信息,而是作为大众传播试图激发的"感觉"客体而存在。技术的发展把"我"解放出来,我们所接收到的信息开始以个人意义上而非社会属性上的喜好为标准,我们所发布的内容可以仅对"我的"好友可见。人们从大众传播中的"感觉"客体转变为"我",在这种意义上"主体"出现了。

第二,人具有在不同的"界面"中切换及共存的能力。比如,一个人可以以文字回复信息,也可以同时发出视频电话邀请,他还可以在观看视频直播的同时与主播对话,于是人就在以文字符号为主的界面和以影像为主的界面间切换,这是人的器官从手向眼睛和耳朵的切换,也是人的感觉在不同界面间切换的过程。

第三,人的感觉在不同的"界面"切换时,意识保持了基于"现时"的一致性。无论何时进入传播场域,无论人的身体和感觉在哪个层面得到了模拟,人始终是具有"当下性"的。所以尽管"现在的内容每一次都是不一样的,但作为单纯形式的现在本身则是同一个现在,是不会改变的,否则,当这个现在消失或成为过去时,现在便永远不复存在了。"[①]比如,当人们观看一部拍摄于1997年的电影时,观看者的意识可以回溯到1997年,这部电影也许会使得他重新认识1997年,但除极端情况(如精神错乱)外,他绝对不会认为自己也身处1997年。我们在使用微信、微博等社交媒体时,无论我们看到的消息来自几天前,都一定是以"我的现在"为尺度来对其进行解读的。"我的现在"既是历时性的又是共时性的,也就是"我"一定是站在"今天"和"今天的立场"上去接收、解释、再生产意义的,而"今天的立场"由以往的经验塑造,所以它是历时性的。如果缺乏"我的现在"这个稳定的维度,那么为数众多的属于过去的意义就缺乏了被解读出来的基础。

通过对赛博世界时间和空间流动的讨论,我们可以看到"拟流化"是它的一大特征,即模仿人的意识的流动以造成时空流动的感觉,并且这种流动与人的身体的拟像密切相关。所以,我们在研究定向传播中的意义时就要注意"拟流化"的影响:第一,身体的拟像及其再现导致了

---

① 方向红:《静止的流动,间断的同一——基于胡塞尔时间手稿对意识之谜的辨析》,《江苏行政学院学报》2011年第6期。

主体感觉系统的投射。第二，主体感觉的投射是不平衡的，在当前的技术手段下，主要以视觉和听觉的模拟为主。第三，主体感觉的投射使得人具有在不同的意义"界面"中切换并保持一致的能力。正如前文所述，不论人的哪种感觉被模拟了出来，人总是以感觉系统去认识和理解世界而较少意识到被压制的其他感觉的，感觉系统的一致性为人们从"现时"出发接收、理解再生产意义提供了条件。

第三节　定向传播中的意义系统的作用机制

在研究了定向传播中意义的特性与解释的复杂性，以及意义主体的身体及其感觉投射进赛博空间，对主体感知的时空关系和人格形象所造成的影响，我们进一步认识到了传播中的意义是作为一个系统存在的，它要受到一些因素的影响。在定向传播中，有两种机制影响到意义的稳定性——修辞机制和观看机制。

一　修辞机制

所谓修辞机制，指的是人的认知层面存在的解释和理解意义的一种功能或框架。我们对于修辞的讨论，并非从语用角度研究定向传播的语言、文字等符号，而是从认知的层面展开的。为了便于讨论，我们引入"隐喻"和"转喻"两个概念用于说明定向传播中的意义及其指向的特异性。

对于隐喻和转喻，人们已经从修辞学、语言学、心理学、新闻学乃至符号学等领域做出了许多探索，比如，人们认为隐喻利用的是事物的相似性，而转喻利用的是事物的相邻性。在认知研究领域，隐喻和转喻更被看作人类认知世界的两种思维方式，它们象征着人类有通过已知来理解未知的思维特点。比如，我们常用天空和海洋来比喻一个人的胸怀宽广，这是一种在不同认知领域的事物间建立联结的隐喻方式。我们还会用"五粮液"来指代高档酒，这是在相同认知领域的两个事物间建立联系的转喻手法。

而在传播研究领域，拉斯韦尔关于"战时宣传"、霍夫兰关于电影是否能鼓舞士气的研究，都验证了隐喻和转喻是广泛存在于传播文本中的。

比如，在战争中人们会将敌对国家元首描述为"恶魔"，这就是一种典型的隐喻，通过将人与恶魔联系起来，赋予战争"正义战胜邪恶"的意味，同时神化己方将领，用部分代替整体的方式，把将领个人的魅力等同于己方军队和战争的正义性。拉斯韦尔认为："如果我们把主观事件视为象征事件，那么公开'行为'的以及'资源'变化的领域则是非象征性事件。从符号操纵的意义上来说，包含在一系列传播活动中的行为是非象征性的，并且符号是物理事件（肌肉运动、声音等）。"① 战争中的宣传会充分利用事件的象征意义，以便在对象的脑海中激发出相应的联想。项国维甚至认为传播本身就是一种隐喻。从这个观点出发，他认为传播对应着容器隐喻（信息之所以是客观的，因为传播信息的媒介或机构是非人格化的）、导管隐喻（信息可以被传送、灌输给受众）、控制隐喻（传播遵循因果逻辑是实现目标的手段）、传送隐喻（信息是编码解码的再生产）、战争隐喻（传播中的争论总是非此即彼）、舞蹈仪式隐喻（了解仪式的结构就能再现传播）。② 这些研究确认了以隐喻为代表的修辞方式，不仅具有语用意义上的功能还具有认知的功能。

在定向传播中，隐喻和转喻的作用原理主要有以下几点。第一，定向传播是一种赋予主体双向选择的传播类型，当主体选择激活准入机制的时候，主体间真实关系的状态及其评价，影响了后续的意义准入活动。此时，主体间关系的"精神内容"隐喻了该主体的特质。"个别的隐喻叙述不是相互独立、彼此不相关的叙述；它们之间有系统关联。这些系统性的表述不仅体现出人们对事件所采取的立场和态度，而且有很强的价值判断色彩。"③ 比如，我与小王关系紧张，那么在我的认知层面，小王其人等于"关系紧张"。通过隐喻，意义与意义主体连接起来。

第二，当主体激活意义准入机制的时候，在主体的认知层面，接收主体归属的"类别"（如同学、朋友等）转喻了他，这是整体代部分。

第三，主体发布的内容，以隐喻或转喻的方式与主体相关。例如，

---

① ［美］哈罗德·D. 拉斯韦尔：《世界大战中的宣传技巧》，张洁译，中国人民大学出版社 2003 年版，导言。

② 项国维：《理解传播：一种认知隐喻的视角》，《新闻与传播研究》2005 年第 4 期。

③ 裴晓军：《战争隐喻与新闻传播理念——以都市报为例》，《新闻与传播研究》2005 年第 4 期。

我们看到的朋友圈一定是源于某个"发布主体"的，此时朋友圈的内容等于主体。同时，主体发布的内容总是指向主体自身，总能反映他（它）在某方面的状态。

第四，主体的意义再生产活动，涉及对意义的认知和解释，主要借助隐喻和转喻机制发生功能。

我们可以通过下述案例来理解隐喻和转喻机制。

（1）小明在朋友圈中发布了一首诗，这是他的意义生产活动。

（2）这首诗与其他的内容共同构成小明的朋友圈，它们可以反映小明的某些特征，这是一种隐喻式的认知方式。当我们解读这首诗的时候，总是将它和其他内容一道把握，有时可能还要借助其他文本或符号才能理解它，比如，从诗歌的配图来解读该诗的内容或意境，这时认知层面产生转喻。

（3）小王看到了这首诗，认为它是一首好诗。这是意义的再生产。

（4）小王对该诗的理解基于诗的形式和内容，更基于小王对诗歌的"品味"和"趣味"。这种现象是"文如其人"的体现，我们认为一个人所欣赏或创作的诗歌，可以反映他的内在世界，这是认知层面的转喻。

（5）小李表示看不懂这首诗，但他认为这首诗一定是首好诗。这也是意义的再生产。

（6）因为它是小明写的，小明可是公认的"诗人"。这同样是认知层面的转喻——诗人能写好诗。

通过这些分析我们可以看到两个现象，第一，定向传播中的意义生产活动是非常复杂的。第二，意义主要通过隐喻和转喻两种方式在主体那里引发相应的认知。我们可以通过图3-1来理解这一点。

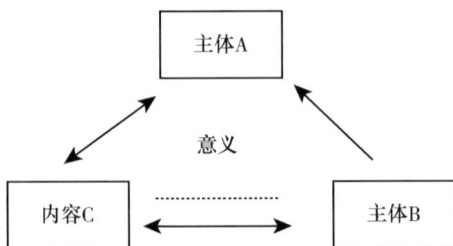

图3-1 隐喻和转喻两种方式在主体引发的认知

如图 3 - 1 所示：

（1）定向传播中的内容生产，通常不是单一的意义生产活动，而总是与多个主体或主体的多个意义生产活动有关。比如，案例中的小明、小王和小李都进行了意义生产。

（2）主体 A 借助符号的意义生产活动，指向他（它）的内部世界，并与其他文本、意义构成一个复杂的系统。这个内部世界会在接收主体处经由转喻或隐喻引发相应的认知。

（3）主体 B 的阐释行为，指向内容 C，又指向自己；当主体 B 的阐释行为，不指向内容 C 的时候，将有可能指向主体 A。在意义生产和解释的过程中，转喻和隐喻作为两种认知方式是普遍存在的，经由它们意义才在人的认知层面出现。

二　观看机制

我们在前文中谈及身体的拟像时认为，技术将我们的躯体投射进赛博空间中时，也把我们对躯体的看法、观念和价值秩序投射进来，所以即使在虚拟世界中，视觉也依旧是占主导地位的强势感觉，在定向传播中也不例外。

定向传播中的意义是用来"观看"的。观看，是彼此互为对象的看。观看，消解了其他意义系统的不和谐，将其他意义系统简化为"我"的意义。通过观看"我"，虚拟人格有了合理性。

此处我们以微信朋友圈为例。主体通过平台注册账号，向其他主体发起好友申请并通过验证后，主体就将以用户名的形式存在于微信界面中。通过头像、用户名、朋友圈内容，我们可以大致判断出一个用户的基本情况，反之亦然，此时主体间互为观看对象。

通过"看"主体双方实现了互动并在四个方面生产了意义。

第一，主体的"看"，生产的是对彼此形象的认知，包括对方所呈现的虚拟形象、所生产的内容以及他在现实世界的基本情况。

第二，看，是主体间产生互动的前提。比如，我们的点赞、评论或对话等行为都是建立在"看"的基础上的。建立在看的基础上的互动有其独特之处。看，不仅是单纯的感官活动，还要伴随着认知上的变化。同时受制于"看"，人们的互动行为变得更加复杂。例如，在以熟人人际关系为主导的社交媒体上，"看"的意义重大。一方面，看的准入机制导致了每一个主体所展示和看到的形象都是不同的，比如，微信朋友圈中的分组功能可以针对不同组别的对象发布信息。另一方面，"看"的存在导致互动行为的复杂性，这种复杂性体现为伴随着"看"的互动，例如，受真实人际关系的影响而发生的点赞、转发等行为，以及对某内容有感而发所产生的转发或评论行为，两者具有不同的意义，前者基于现实的人际关系及其影响，后者则因内容引发了共鸣。

第三，"看"从私人活动转化为具有公共性、公开性的社交活动，因此它既是互动又是观看的内容。例如，在微信朋友圈中，"点赞"既是与内容生产者发生了互动，又成为其他用户观看的内容，并有可能发展为与其他观看者的互动。我们在新闻 App 上的发表的评论，可以成为其他用户的观看内容或者是"辩论"主题；在朋友圈的评论，对共同好友是"可见的"等。在社交媒体中，我们看了什么不再是一个带有主观色彩的行为，而是成为他人看到的景观。

看，消解了其他意义系统的不和谐，看在定向传播中意义重大。我们可以以网络短视频为例来理解这一点。网络短视频通常具有这样一些特点：还原现实生活场景；模拟日常交际话题或语气；强调人的表情或肢体语言。那么，在短视频中就存在三种意义系统：场景的意义，故事情节的文本意义，人的肢体的意义。它们之间存在冲突，因为人的语言、表情或肢体超越了它的场景。通常情况下，极少有人会在真实世界中用"夸张"的方式生活，这些场景虽然竭力模拟我们的日常生活，却缺乏与其他生活场景的联系——人们总是将"卧室"看作"屋子里的卧室"来把握，而较少去考虑某个孤立出现的房间。场景总是有其意义的，通过场景我们可以判断出它的功能及暗示的文化属性，但是在短视频中，场景自身的丰富意义被简化了，它们只是作为展示日常生活的故事背景。同时，文本的混杂性、日常交际的碎片性，被简化为线性时间叙事下（视频时长）的单意义体系。那么这些意义系统的复杂性是如何被简化或统一的呢？

"看"的框架中和了意义系统的冲突。当我们看向某物的时候，实际上就把它置于我们的视觉框架中，它会作为注意力的中心出现并呈现出一个有前景与背景的结构。所以当我们提及"看"的框架作用时，既默认了看的方式，又是从认知和态度层面讨论"看"的框架作用。

第一，认知层面的框架。当主体意识到"看"的发生时，在感知层面他会不自觉地强化"眼睛"的作用。例如，听广播的时候，眼睛让位于耳朵，人就会格外注意听觉刺激。在观看短视频时，人夸张的肢体和丰富的表情，自然就激发了视觉刺激。

第二，态度层面的框架。看，作为一个预设的前提，使得发生在看的过程中的"不协调"消失了。例如，短视频夸张、失真和戏剧化的风格，在"看"的前提下就具有了某种合理性。

第三，行为层面的框架。看，既是作为主体的看（观看者），又是观看"主体"的看（被观看者），即我（主体）一定是在看另外一个具有"主体意识"的人，而不会是在看一幅画、一朵花。

"看"所具有的框架作用使得定向传播中的"我"诞生了，"我"既是作为观看主体的"我"，又是"我"所指向的客体"我"。例如，我们在观看一个人的朋友圈时，可以从几个层面确认"我"的存在。一，是"我"在看。二，"我"可以看到，说明准入机制在关系和意义两个层面都对我敞开了。那么这可能意味着，对于他而言我也是他的观看对象，他能知道我是否"看了"它，并且有可能看到我生产的一些内容。三，他所生产的内容，同样可以确认他作为一个主体的"我"的存在。四，通过观看"我"，主体具有了人格特质。值得注意的是，定向传播中的"看"并不是对"身体"的观看，而是建立在身体基础上的蕴含着"我意识"的观看。尽管在某些定向传播中，也存在对身体的披露和展示，但是它又与大众传播时代对身体的展示有所区别。

穆尔维在研究电影的窥淫机制时认为，摄影机、荧幕通过展示女性的身体满足了人（主要是男性）的窥探欲，将女性物化为屏幕上可供展示的躯体。这种身体缺乏"我意识"，尽管它可以与演员的外貌等因素联系起来，但是作为一个消费品，它的躯体与精神是分离的因而缺乏了"主体意识"的维度。通过前面的分析可以看到，定向传播对身体的展示建立在"我"的精神性的基础之上，并具有参与互动的能力。"移动互联网环境下的用户行为远远超出了被动的'观看'范畴，而包含更多的互动与参与行为……调查发现：针对本研究所考察的用户在视频直播平台上所从事的八项活动，仅有四分之一左右的用户未从事任何一项，其余

74.3%的用户至少有过一种互动参与行为。"① 举例来说，通过视频直播，男性观众看到的女性主播的身体必然是精神性和客观性相统一的，他们不仅可以看到，还可以与她对话，主播可以不断改变展示身体的方式——应"观众"要求唱歌跳舞等。在观看机制的作用下，定向传播中的意义系统的复杂性统一于主体构建的形象。

本章小结

人类传播活动实质是意义的生产、流通和再生产活动，因此理解意义的复杂性，有助于理解传播活动的复杂性。

通常情况下，蕴含在人类传播活动中的意义，不会是一个单独的观念或者概念，而是观念的集合体。不存在没有意义的意义，只有等待解读的意义。人的意义生产活动及其环境会对意义造成影响，意义是客观性与主观性相统一，具有未来性和多样性，并可以指向客体和引发精神内容的体系。只有通过人类的传播活动，意义才能发挥作用。

以意义自身的复杂性为起点，作为一种跨语境的意义生产活动，定向传播中的意义就更加复杂。首先，传播主体的双向选择使得意义的生产受"准入机制"的制约。其次，意义不是以独立的形式而是以"嵌入"的形式存在的，它总是在动态中发展着。最后，意义主体的行为和所处环境的复杂性，导致了意义生产活动的复杂性。在环境、主体和意义自身复杂性的共同作用下，要理解定向传播中主体的指向如何实现，就必须要对影响意义的要素及其作用机制进行详细的分析。

本章从意义解释的复杂性、意义主体的"拟身化"和虚拟时空的"拟流化"三方面分析了定向传播中主体的意义生产活动。

意义解释的复杂性，主要与接收主体所处环境和行为的复杂性有关。在今天的传播生态中，纯粹的接收者不再存在，他随时在"传—收"之间转换着身份，接收者可以既是被动又是主动的。例如，面对某个媒介文本，他可能只按照"字面意思"去理解，但是他同时还具

---

① 周葆华：《谁在使用视频直播——网络视频直播用户的构成、行为与评价分析》，《新闻记者》2017 年第 3 期。

备"自由发挥"的能力。比如，他可以把一部电影与它的导演、演员联系起来，或者是把它置于同类型的文本中去解读，这是他从此文本衍生到彼文本的解读行为。同时，主体所处的传播环境天然存在多个意义文本，它们相互间以超链接的形式存在，这种生态决定了接收者不可能只是某一种意义类型的传播对象，而是始终处于复杂的意义系统中，正如我们在前文讨论过的那样，我们可以在观看视频直播的同时"打赏"微信公众号，因为开放的媒介空间使某类型的文本丧失了独占界面的可能性。

意义主体的"拟身化"，指的是主体赖以存在的情境从现实空间转向虚拟空间，这种变化导致意义主体的稳定性发生变化。主体以"身体"的延伸、虚拟及"拟身化"的形式存在，也使得主体以身体为基础的人格形象发生变化，主体的价值和观念也同样被投射到虚拟世界中来。对定向传播而言，意义主体的"拟身化"具有重要的意义。第一，主体的建立是以身体及其感觉系统为基础的，这个过程中的"身体"是一种"拟像"。第二，无论身体在场与否，它始终对人的意义使用行为造成影响。第三，身体及其属性成为意义生产、解释的重要维度。第四，形象系统一经建立，身体的"拟像"就要受到形象系统的制约。

虚拟时空的"拟流化"由主体的"拟身化"而来，它指的是建立在模拟身体及感觉基础上的对意识流动的模拟。身体的拟像及其再现带来了主体感觉系统的投射，使得人具有在不同的意义"界面"中切换并保持意识的一致性的能力。

修辞机制和观看机制，是影响定向传播的意义系统的两个主要机制。我们认为人具有借助隐喻和转喻在物体间建立认知关系的思维定势，通过思维层面的修辞，主体与意义建立起联系。在定向传播中，隐喻和转喻的作用原理主要有以下几点。第一，定向传播是一种赋予主体双向选择的传播类型，当主体选择激活准入机制的时候，主体间真实关系的状态及其评价影响了后续的意义准入活动。此时，主体间关系的"精神内容"隐喻了该主体的特质。第二，当主体激活意义准入机制的时候，在主体的认知层面，接收主体归属的"类别"（如同学、朋友等）转喻了他，这是整体代部分。第三，主体发布的内容，以隐喻或转喻的方式与主体相关。

此外，定向传播中的意义是主要用来"看"的。"看"具有框架作用，它可以消解多重意义系统的不和谐，并引起主体间的双向观看。在这个过程里，意义被统一于可以"用来看"或者具备"看的能力"的主体里，这个主体蕴含的"人格"由此产生。

第 四 章

定向传播中的人格想象

定向传播中的意义生产活动是服务于主体的形象的。这个形象不是主体真实形象的镜子式再现，而是由真实形象、虚拟情境等要素共同构建出来的一种人格的想象。主体是建基于"人格"上的主体，因此对"人格想象"展开研究有助于加深对定向传播的理解。

第一节 "人格想象"的发生

我们身处的时代，是传播空前复杂的时代。在这个时代里，旧的传播系统运转如常，新的传播系统势头凶猛，但无论是大众传播还是网络传播，都已经丧失构建完整的"拟态环境"的能力。在这个时代里，借助空前发达的媒介技术，人有能力随时获知超出经验范围内的任何事情，但是人却并没有因此获得平静，反而总是主动或被动卷入外部世界的变化之中，进而导致某种无意识焦虑。

弗洛姆曾经将人的基本焦虑概括为人与自然的分离，而在当今这个时代，焦虑似乎与如何消化理解各种信息相关。技术赋予了每个人无限度接收信息的自由，但我们接收的信息越多感受到的无所适从就越大。随着社会规模的扩大和流动性的增加，人的迁徙范围和交往边际也拓宽了，人际关系的复杂程度日益增加。我们在熟人社会和乡土世界里积累起来的经验，难以为我们提供参考以应付复杂的局面，于是就为我们的焦虑增加了新的内容：人际关系的焦虑。

信息的焦虑和人际关系的焦虑，本质上都是传播的焦虑。人们会不断接收新的信息，通过量的增加来抵消质的损耗。人们试图在传播中寻求精神慰藉，幻想着在钢筋水泥之外，无数移动的屏幕背后存在一个个同样孤独的灵魂，借由传播人们重新连接为一个虚拟的群体。于是，传播就从两个层面上对人具有了意义，一方面它向我们传达外界变动的信息；另一方面通过接收或理解这些信息，人的焦虑得到了部分缓解。这种信息和人际的焦虑的广泛存在，是定向传播中"人格化主体"得以出现的前提，人格化主体营造出与人交际的错觉，为主体释放焦虑提供了渠道。

一　定向传播中的"人格想象"现象

"人格想象"现象是窥见定向传播的一个重要窗口，它反映了定向传播中传播主体的"主体性"。定向传播中的"人格主体"不是人在赛博空间中的"虚拟人格"，而是一个意义系统。这个意义系统包括由"人格想象"延展出来的可视化的外观、鲜明的"个性"、自我标签化、情绪化的传播手段等元素。

我们可以以"人设"这个概念为例子来理解"人格想象"。在网络世界里，存在诸如"萌""二""吃货""耿直"等"人设"大规模流行的现象。这是一种典型的将传播主体、传播内容"人格"化的现象。首先，人设并不是人格，它只是人格的"符号化"。心理学家认为人类的人格结构，可以从 35 种普遍存在的特质（人格倾向）中组合出五种类型，分别是外倾（extraversion）、神经质（neuroticism）、精神质（psychoticism）、宜人性和责任感，[①] 这五种人格能够解释绝大多数的人类行为之所以发生的心理原因。而在网络世界中流行的"人设"，实际上是把人格的"五因素"中的某些典型特征强化后的结果，并在新的文化环境里赋予这些特征新的内涵。比如，在现实世界里缺乏上进心和懒惰都不太可能具有正面导向价值，但在虚拟世界里"丧"却有大量的拥趸。

其次，在打造"人设"时，主体着重突出的特质在内涵上是含混不清的，随着场景的不同人设也呈现出较强的随意性，因此便出现了一个人（或者一个传播主体）同时具有复杂多样的标签。他时而是"废柴"，

---

① 详见汉斯·J. 艾森克、罗伯特·R. 麦克雷、保罗·T. 科斯塔关于人格特质、因素的研究。

时而是"呆萌"，时而是"吃货"，时而是"小清新"，有的时候是"小粉红"，有的时候又是"自干五"。作为外来语的标签（label）一词，来源于 18 世纪欧洲用于识别商品的纸片或牌子，后来被社会科学借用以表示"社会角色""刻板印象""身份认同"等概念。"理论上，在社会结构愈发复杂、社会亚文化形态愈发丰富、社会变革愈发迅捷的当代，'贴标签'一定程度上可以减少整体社会的认知成本，当然，这基于'标签'的价值中立以及与所对应的社会现实的符合程度。"[①] 贴标签是"人设"存在的表现之一，也是人类的一种认知习惯，主要用于快速认知以减少认知成本。

最后，"人设"一词的内涵，本意是对主体外在的形象的刻画，起源于 ACG 领域，当它进入网络空间后，它逐步演变为对主体内在个性特征的标签化，并成为描述传播主体的人格形象的专属名词。它的演变说明在当代传播活动中出现的"人格主体"，并不是真正的人格，而是特定意义符号化后的结果。

人格作为人的心理特质，最典型的特点是跨越情境的一致性，即一个人即使处于不同的环境面对不同的事物，他的心理特质也是有稳定性的。人格不是几个简单的符号，因为"尽管没有一个定义能让所有的理论家都接受，但是我们可以说人格（personality）是相对持久的特质和独特的特征模式，它使人的行为既有一致性又有独特性。特质不但使人的行为具有个体差异，而且使人的行为具有跨时间的一致性和跨情境的稳定性。"[②] 人格的稳定性是人区别于他人的前提。因此，当我们从跨越情境的一致性的角度来衡量当前的传播活动时，我们会发现绝大多数的"人格主体"是分裂的，它们可以随着情境、场景和面临的对象而呈现出不同甚至相反的特质。这种在虚拟世界中普遍存在的"人设"现象，恰好是定向传播中存在以"人格想象"为基础的主体的印证。

除此之外，还有一种现象能够说明"人格想象"的存在。比如，社

---

① 金萍华：《污名与政治认同：社交媒体中的政治话语争斗》，《新闻大学》2013 年第 6 期。

② ［美］Jess Feist、Gregory J. Feist：《人格理论》，李茹、傅文青主译，人民卫生出版社 2011 年版，第 3 页。

交媒体经常使用"我—意识"作为传播策略。什么是"我—意识"呢？简要言之，它指的是社交媒体发布的内容，来自"我"且具有鲜明的"个人喜好"，用户在接收这些内容的时候，仿佛进入了一个人际交流的情景中。"我—意识"不是真正的主体意识，它只是作为个体或者群体的传播主体主动建造的一个意象，它可能保有主体某些方面的特质，但却不是主体自身。

比如，我们所熟悉的微信公众号。通常情况下，微信公众号推送的内容都是"第一人称视角"的，由此打造出一个形象鲜明的"我"，其他类型的社交媒体也存在此类现象。传播主体是以"人格化主体"的形式存在的，它是一个精心设计的意义系统，在它的作用下，传播双方（人或组织）都表现得像一个"人"。"在网络上出现的主体是现实的人吗？每一个人都可以建立许多不同目的、不同内容的网络通信路径，在这些不同通讯路径中，他在一部分一部分地展示自己的需求和情感等等，这些需求和情感本身应当是真实的，但由于他每一次展示的都是自己的一部分，所以他不能说是一个真实的、现实的人。这种人际交往暗和当代社会的分裂、流动和难以得到文化认同的特征，网络上的虚拟交往遂成燎原之势。"① 正如这句话所指出的，每一个人虽然都以"人"的形式出现在网络世界里，但无论从哪个角度观察，他都是碎片化的、虚假的人。人格主体的出现，是对大众传播时代理智而克制的传播主体的反叛，它喻示着人类传播重新"人际化"的趋势，在这种趋势下，当代传播活动中的情感游移、情绪化和刻板印象大行其道的现象，也就具有了合理性——它们是对人的复杂性的描摹。

二　社交媒体是"人格想象"的主要载体

我们在前文分析社交媒体的内涵时已经指出，社交媒体上的"主体"几乎都有一个或多个形象，所以社交媒体是人格想象的主要载体。首先，社交媒体的注册制和准入机制决定了它的使用者必须是一个主体（个人或者组织），因此，相较于发布在网站上的新闻而言，那些发表在微博、

① 杨聪：《网络符号文化主体与客体》，《北京师范大学学报》（社会科学版）2010 年第 5 期。

微信公众号等社交媒体上的新闻，会有某一个"较为具体的"发布者，这个"发布者"是传播主体人格想象得以存在的空间。

其次，社交媒体自身的特点决定了它可以为"人格想象"提供平台。因为社交媒体具有以关系为驱动力、日常性、传播主体"人格化"的特征。

什么是以"关系"为驱动力呢？第一，人与人、人与组织以关系的连接方式存在于社交媒体中，因为社交媒体的本质属性是社交性，因此它具有巩固现实关系并发展潜在关系的功能。所以彭兰认为，在网络传播中"关系渠道的数量与质量直接影响着信息的流动广度。传播者之间的竞争，开始转向对用户'关系'的争夺。"[①] 当某个主体使用社交媒体的时候，他在现实世界和虚拟世界中的关系延展到了社交媒体，也就意味着有更多的注意力被社交媒体所吸引。

第二，主体生产的内容围绕"关系"展开。通常情况下，人们发布在社交媒体上的内容极少是以"封闭"为目标的，否则他会通过"仅自己可见"的方式限制它的传播范围。只要能为他人看见，那么就预设了一种关系立场——他会有意识或无意识地"代入"他人的眼光来看待自己生产的内容，此时他作为关系中的客体从事着内容生产活动。"通常，用户不会直接对自我进行'关于我'的描述，而会选择朋友列表、相册或'wall'间接展示。这意味着用户向'观众'提供了一个互动的中介，需要'观众'主动地发现信息并整合信息最终形成综合印象，这种方式创建了用户、显示的朋友/伴侣以及'观众'三者之间的联系。"[②] 理解社交媒体的这个特点至关重要，因为如果主体生产的内容受到了"关系"的限制，那么在社交媒体上主体所呈现出来的自我，在多大程度上能够与真实的自我挂钩？

第三，主体生产的内容之间存在一定的关系，虽然它们多以碎片化的形式存在，却总是能映射出用户的某些方面。例如，我们可以通过分

---

① 彭兰：《从"大众门户"到"个人门户"——网络传播模式的关键变革》，《国际新闻界》2012 年第 10 期。

② 徐剑、商晓娟：《社交媒体国际学术研究综述——基于 SSCI 高被引论文的观察》，《上海交通大学学报》（哲学社会科学版）2015 年第 1 期。

析一个人浏览、转发或评论的网络文本，判断出他所有兴趣或品位。

社交媒体的"日常性"表现在两个方面，第一个方面是内容生产的日常性。当我们进入社交媒体时，我们可以看到传统时代对宏大叙事的坚持让位于"日常"叙事。尽管在社交媒体上同样存在宏大叙事，但是它们要与众多泛娱乐化的内容共存。2021 年 3 月，新浪微博数据中心发布《微博 2020 用户发展报告》，截止到 2020 年 12 月，微博日活跃用户已达到 2.24 亿人次，用户群体以"90、00 后"为主，两者总占比接近 80%，微博用户日益呈现年轻化趋势。报告详细盘点了 2020 年微博热点事件，新冠肺炎疫情是 2020 年微博用户关注度最高的社会热点事件，但微博用户的主力军"00、90 后对热点的关注主要集中在影剧综及游戏领域。"① "泛娱乐"化的内容生产成为微博的一大特征。比如，"武汉解封"与"罗志祥周扬青分手""李国庆抢公章""屈楚萧否认恋情"等话题共同构成了 2020 年 4 月微博热点的大事件。2021 年 5 月，沈阳零星散发的新冠肺炎疫情引发全民关注，确诊患者的流行病学调查记录公布后，"沈阳鸡架到底多好吃"一跃成为 2021 年上半年最高热搜第一位，搜索量达 1.5 亿次。② 这种日常倾向使得社交媒体极易组织起跨时空的"心理集群"，通过社交媒体，我的关注变成了我们的关注，我的日常变成了我们的日常，我的标签变成了我们的标签。在"铲屎官"（饲养猫狗等宠物的群体自称）、"羊毛"（明星杨洋的粉丝群体）、"吃货"等名词背后是极其庞大的心理集群。"当代的读者、观众等群体也可视为脱域的共同体——不需要特定的接触行为，在精神、价值观、关注焦点等方面的共同处，使他们产生了心理集合行为，并由此延发出对心理群体的认同。"③

第二个方面是社会交往的日常性。大众传播时代，社会精英掌握着绝大部分的传播生产资料并享有优势话语权。社交媒体消解了这种优势，它使社会精英与大众同处一个虚拟空间中，具有同等的传播能力。普通

---

① 新浪微博数据中心：《微博 2020 用户发展报告》，https：//data. weibo. com/report/re-portDetail? id = 456。

② 新浪微博数据中心：《2021 上半年微博热搜榜趋势报告》，https：//data. weibo. com/report/reportDetail? id = 458。

③ 秦琼、彭涛：《共同体传播：一种被忽视的传播形态》，《现代传播》2016 年第 9 期。

人可以通过社交媒体与任何一个社会精英发生联系。同时，社交媒体还赋予了普通人成为"精英"的可能，如网络红人现象。"网红，即网络红人，原来是指因某个或一系列事件及行为而在互联网上迅速受到关注而走红的人，目前泛指通过社交平台走红并聚集大量粉丝的红人。随着技术与市场的升级，网红已经从现象逐渐转型成为一种经济产业。"① 新浪微博数据中心的相关报告指出，2016 年活跃在新浪微博上的 36410 位网络红人覆盖的粉丝人数达到了 3.85 亿，在该年度的前 5 个月，这些网红的微博阅读量达到了 7157.1 亿，转发次数达到 9.15 亿。2021 年五一小长假期间，某网红现身某地，直接导致该区域的交通瘫痪。② 这些数字和现象说明从覆盖率而言，社交媒体具有的赋予普通人知名度的能力是电视等大众媒体难以企及的。

传播主体的"人格化"是社交媒体最重要的特点之一。我们在前文的分析中已经指出，社交媒体有一个新的趋势即以"我"作为主动的传播者，这个传播者所发布的内容具有鲜明的"个人喜好"，可以导致"我—意识"的出现。"我—意识"不是真正的主体意识，它只是作为个体或者群体的传播者所主动建造的一个意象，它可能保有主体某些方面的特质，但却不是主体自身，而是一个人格化主体。"人格化主体"是一个精心设计的意义系统，它由可视化的外观、鲜明的"个性"特点、自我标签化、情绪化传播等要素构成，是主体意义生产的核心。

三 媒介接触行为的日常化与形象化

凯瑞认为，人类的传播观念可以分为"传递观"（a transmission of communication）与"仪式观"（a ritual view of communication），前者强调跨越地域的能力，后者则"并非直指讯息在空中的扩散，而是在时间上对一个社会的维系；不是指分享信息的行为，而是共享信仰的表征。"③

---

① 新浪微博数据中心：《2016 年网红生态白皮书》，http://data.weibo.com/report/reportDetail？id=334，为国内首部权威白皮书。

② 《网红'郭老师'现身南京致交通瘫痪？狂欢过后能剩下什么》，中国青年网，2021 年 4 月 28 日。

③ ［美］詹姆斯·凯瑞：《作为文化的传播："媒介与社会"论文集》，丁未译，华夏出版社 2005 年版，第 7 页。

传播可以通过共享人类文化或情感实现社会凝聚。卡茨通过研究电视直播发现"这些事件的播出是在憧憬和礼仪的氛围中完成的……这种播出把我们带到了社会的神圣核心的某个方面。"① 他们的研究指出在现代社会中，传播不仅传递各种形式的仪式（卡茨所谓的竞争或加冕），其本身就是一种重要的仪式。

大众传播由组织机构、传播规范、传播工具、参与传播的形式等要素构成，它们共同以仪式的方式塑造了人的媒介接触行为。比如，当我们看电视的时候，我们实际处于一整套的流程和仪式当中，它包括了电视节目的流程化（电视台以某标准制作的节目）、电视机的同质化（工业标准和接收标准）、观众的程式化（在家里收看）等内容，这些内容把我们的媒介接触行为仪式化了。在这个仪式化的行为当中，观众自身也构成了仪式中的重要一环，只要他发生了接触行为，他就必须以"仪式化"的方式应对传播。例如，他可以对报纸上的新闻持有不同看法，以此来发挥他的主观能动性，但是他不可能跳脱于仪式以外以看电影（在漆黑的环境中观看影像的运动）的方式去阅读报纸。

以定向传播为标志的新的传播时代，人们的媒介接触行为转变为"日常化在场"。所谓"日常化在场"有两个层面的含义：第一个层面是人们的媒介接触行为从仪式化向日常化转变。传播技术打破了大众传播的区隔，重塑了媒介的形态，人们可以随时随地进入传播的场域。比如，在手机上看电影、听广播，在地铁里观看视频直播等，这些活动已经演化为日常生活的一部分，而不再是某种固定的程序或仪式。媒介技术只有与日常习惯结合在一起，才具有成为一种文化的可能。第二个层面建立在第一个层面的基础之上，在传播技术的帮助下人们的日常生活与媒介生活连通了。以往，大众传播将人们的生活划分为"在或不在媒介中"的两个领域，前者是程式化的后者更加日常。网络时代人们可以通过社交媒体以照片、视频、文字等多种方式展示"日常"生活，大众传播时代那个充斥着宏大叙事和社会议题的

① ［美］丹尼尔·戴扬、伊莱休·卡茨：《媒介事件：历史的现场直播》，麻争旗译，北京广播学院出版社 2000 年版，第 8 页。

传播空间，开始为美食、追星、旅行等日常生活侵占。① 在社交媒体上，宏大叙事、社会议题尽管也存在，但它们必须要借助以"日常化"形式在场的主体（随时"在线"），置入他们的日常生活才能引发热议。

所谓形象化在场，指的是参与传播的主体不具有身体和意识的完整性，而是以形象系统的方式存在于赛博空间中。大众传播时代，传播双方（人或组织）以制度化、结构化的形式存在，此时他们的在场行为受制度和结构的制约。过去，观众如果想要直接联系电影演员，他必须通过邮局并用写信的方式，同时还要确保他的信件从成千上万的信件中脱颖而出并抵达演员手中。如今他只需要关注对方的微博账号，即可与他发生联系。主体以制度化、结构化在场参与传播的方式，由形象化在场取代，传播双方都以模拟真实的人的方式出现在社交媒体上，并通过有选择地展示该形象及参与互动。这种"形象化在场"具有三个方面的作用，第一，形象化在场是进入定向传播的前提。例如，网络上存在的"僵尸粉""水军"等现象，它们虽然具有批量生产、可复制等大众传播的特点，但在以"人设"为主要传播特征的社交媒体上，这种规范的、制度化的传播行为反倒显得格格不入，因此也极易识别。

第二，形象化在场有助于提升对传播对象的选择，当主体与对方不具备发生真实互动的条件时，那么凭借他所建立的"形象"，主体可以迅速地将其归纳进"传播与否"的范畴。例如，在添加一个新的"好友"后，人们通常会选择观察其朋友圈来判断对方的某些特征，反之亦然。

第三，形象化在场是选择传播形象的前提。因为只有具备构建形象的能力才有可能塑造"形象系统"。"形象系统"与传播主体的属性和对象的属性以及他们身处的现实世界相关。例如，"中年人"（在网络中多指"90后"）"油腻的中年人"（四五十岁的中年男性）"中年少女"（"80后"、"90后"群体中的初老心态）等标签的流行就受社会风气的影响。

例如，李四自诩为一个"吃货"，他是某个"美食博主"的"粉

---

① 2021年微博"热点话题"为疫情、社会、明星、综艺、电视剧，参见新浪微博"2021上半年微博热门话题盘点"。

丝"。该"美食博主"的标签为"吃货",他的微博、微信公众号以推荐各地特色小吃为主要内容。但是,李四并不知道该博主推荐的食物不是以"好吃"与否为标准,而是以广告费多少为标准。李四只是被该博主的"吃货"标签,以及他所呈现出的热爱美食、热爱生活的态度所打动。在这个事例中,李四与"美食博主"的传播活动之所以可以发生,是因为彼此的人格化主体相互匹配了。对于双方而言,主体的内涵可能是南辕北辙的——李四喜欢川菜,博主本人喜欢粤菜,那么作为真实的人格主体,他们对于美食的定义也会截然不同。传播生态掩盖了这种不同,人们无力过滤掉过载的信息去寻找真正契合的"人格对象",而只能以符号化的方式将其简化为某种"人格意向",以一种刻板印象式的方法去参与传播。"通过想象来补充交往语境的感知不仅在名人的粉丝中存在,任何微博主体之间的互动都伴随着对于互动语境的想象补充。"[①] 正如"朋友圈"所展现出来的那样——一个总是沉迷于"晒自拍"的人,多半也会欣赏同种类型的朋友圈。

第二节 "人格想象"在定向传播中的作用

"人格想象"对定向传播的作用主要表现在两个方面,一是形象系统可以消解意义系统的不和谐,二是围绕"人格想象"展开的形象传播。

一 意义系统统一于"人格想象"

在定向传播中,传播主体的意义传达和接收主体的意义阐释活动都有特殊性,主体极少使用单一的意义来表达或接收,而总是处于多个意义或文本系统的辩证运动中。此外,传播主体身处的环境是跨语境的,当跨语境的环境与意义生产的复杂性相遇后,定向传播中的意义就更加复杂了。通过前文的讨论可以看到,接收主体的释意活动有可能指向发送主体,此时意义的复杂性为"形象"统摄了。

此处以"喊麦"为例。"喊麦"(Microphone Controller,MC),是近年来热门的视频直播活动之一。"主播"们以类似于说快板的形式,在极

① 赵高辉:《圈子、想象与语境消解:微博人际传播探析》,《新闻记者》2013 年第 5 期。

富节奏感的背景音乐中，"喊着说"出"独白"。"喊麦"通常由三个元素构成：主播（多为年轻男性），节奏感强的背景音乐，情感强烈的"独白"。这些作品中的音乐通常是自成一体的，并且与独白构成一种音律上的冲突，因而普遍具有击打乐的特征。"独白"虽然是对现实生活中的独语的模仿，但又有诗歌的韵律以及"互动"的特质——它必定是说给"观看者"听的。

为便于研究，此处将"喊麦"作品《一人我饮酒醉》的部分段落摘录如下：

> "一人/我/饮酒醉，醉把/佳人成双对。两眼/是/独相随，我只求/他日/能双归。娇女/我/轻扶琴，燕嬉/我/紫竹林。我/痴情红颜，我/心甘情愿，我/千里把君寻。说红颜/我痴情笑，曲动/我琴声妙，我/轻狂高傲，我/懵懂无知，我/只怪太年少。"[①]

我们在此悬置了词的语法问题和质量，仅将它作为研究定向传播中的人格想象现象的一个对象。从歌词可以看出，"喊麦"作品本质上是对戏曲唱词、快板、诗歌等传统文化形式的借用。比如，从语用的角度而言，这些唱词在语言的组合或聚合方式上具有向古典文学取经的特征，其韵脚的转换也是如此；同时，它所传达的思想内容也是古典文学作品中常见的母题——对才子佳人的爱情故事的喟叹或者对自己怀才不遇的感慨，那么它为什么能够成为风靡青少年群体的重要文化现象？

首先，喊麦确立了形式的"形象"。通过"喊"的形式，文本中隐匿的作者被凸显到前台上，通过作者的表演"词"具有了生动、可视和公开的特点。音乐系统与文字系统被统一于作者个人的形象中，没有了音乐，这些唱词就会面临着节奏感、韵律感（喊麦的韵律并非源自韵脚，而是音乐的节奏）、和谐感的缺失。作者"喊"的方式，把音乐和词的不和谐统一起来，使得隐藏在文本系统中的不协调（尤其是结构和语法的问题）消退了。其次，喊麦在观众那里激发的联想，使得人们将音乐和

---

① 详见百度百科词条，https：//baike. baidu. com/item/% E4% B8% 80% E4% BA% BA% E6% 88% 91% E9% A5% AE% E9% 85% 92% E9% 86% 89/18608592？ fr = aladdin。

词的某些内容转移到作者的形象上，比如，音乐引发的豪迈感，词中蕴含的壮志难酬等意境；以此赋予作者形象更加丰富的内涵。

"喊麦"作为窥见定向传播的一个窗口，具有重要意义。第一，主体可以把意义的复杂性简化为形式的复杂性。这一点在其他的定向传播活动中同样存在，例如，主体在朋友圈中展示自我的行为，就是将图片、影像、文字等多重符号的意义混合成一个完整的形式。

第二，形式的复杂性可以简化为形象的复杂性。例如，在"喊麦"的案例当中，音乐、词、说唱这三种形式存在的不协调，统一于主播个人的复杂形象中了。主播形象的复杂性既来自外在形态的复杂性——形象主体会精心修饰他的外形；又源于形象塑造的长期性——一个人不可能总是发布同样的自拍，而是要不断生产新的内容以维持形象。形象的复杂性还与主体面对的对象有关，主体针对不同的对象所展示的形象也会有不同。

第三，这种形象的复杂性，可以借助隐喻、转喻两种认知方式指向形象系统的核心"我"。例如，我们会将朋友圈中呈现出的"身体、日常、兴趣"等同于主体自身及其赖以存在的真实生活（转喻）；将主体生产的内容中所蕴含的心智，作为窥见主体背后更为广大的世界的窗口。通过他所关注的、浏览的、评论的内容，我们可以判断他所处的社会阶层和文化背景（隐喻）。这就好比以喊麦主播为代表的群体及其观众，在大众的认知中通常意味着其欣赏水平堪忧。

第四，当人格形象引发相应的认知后，该认知必定带有某些倾向，尤其当认知所指向的"我"与另一方的"我"相遇时，双方的核心形象是否契合是影响认知的重要因素。例如，对丧文化的追捧、对"吸猫"的热衷等现象，与其说是对某种文化的认同，不如说是对消费该文化后呈现出来的"形象"的追求。

二 以"人格想象"为核心的形象传播

在定向传播中，主体可以借助技术手段（准入制）有效控制"形象系统"。"形象系统"是以人格想象为核心，以人或组织的形象为基础，在混杂了主体自身、传播对象的某些特质后呈现出来的一个系统。

例如，视频直播中的"打赏"行为，它不是对直播者"意图"的反应（极少有主播会直接要钱），而是对他展示出的"形象"的反应。因此它不仅是一个消费行为，更是一个形象认同行为。以传统的传播效果观视之，这种行为是难以解释的——为什么传播者没有以任何方式表达意图，而只是展示了某种形象，接收者可以产生一系列行为（点赞、转发、打赏等）？

我们以国内首位虚拟偶像"洛天依"为例。洛天依①不是真实的人，她的本体是数字声音库的虚拟女性声音，以及利用语音合成软件制作出来的虚拟形象。2012年3月，洛天依以灰色头发、绿色瞳孔、腰间佩戴玉坠的少女形象正式出现在网络上，迄今为止她已发布了十几张音乐专辑，并以全息投影的方式举办了数场演唱会，收益高达5亿元人民币。②2016年，她参与了湖南卫视小年夜"春晚"并与著名歌星杨钰莹合唱，这是她首次走上主流媒体的舞台。

在洛天依的"演艺道路"上有几个重要的环节值得关注。第一，她以声音作为本体出现在网络空间中，引起部分"二次元"（动漫爱好者，尤指日本动漫爱好者）群体的关注。她的音色契合了"二次元"群体对灵动稚嫩的少女声音的喜好。第二，她的平面形象以网络投票的方式得到确定，最终呈现出的形象与"二次元"群体乐于接受的形象一致。第三，她不断推出被称为"古风"（一种亚音乐类型）的音乐作品（实际是软件制作），这种风格的音乐作品强化了她作为"本土偶像"的形象。第四，全息化。尽管她不是真实的人，但全息技术为她的"存在"提供了合法性，借助"存在"她得以走向现实世界。

洛天依的出现说明"形象系统"在当代传播活动中的重要作用。她先有"形象"——声音；然后才有形象系统——外形、个性特点、作品等；借助"形象系统"她参与传播活动。她的粉丝群体基于认同这种形象，在参与生产、消费形象的过程中产生了强烈的认同。虚拟偶像并不是我国的创举，在20世纪晚期，日本、欧美等国就出现以"初音未来"

---

① 百度百科：洛天依，https：//baike. baidu. com/item/% E6% B4% 9B% E5% A4% A9% E4% BE% 9D。

② "洛天依：进击的中国虚拟偶像"，http：//baijiahao. baidu. com/s? id = 1571181394257634&wfr = spider&for = pc。

"超级麦斯"为代表的虚拟偶像，他们同样拥有庞大的粉丝群体。相较于真实人类，虚拟偶像的"形象系统"较少面临"错误机制"以及"真实人格流露"所带来的冲击。

"形象系统"具有如下作用。第一，传播双方都构建了"形象系统"。比如，在微信朋友圈中，人们以"自我设想的理想形象"与"契合他人期待的形象"存在并发生互动，这种形象涉及对自我（个人或组织的）和他人（个人或组织）在传播中的地位和影响的把握。也就是说，这种形象的建立既要考虑自己的"理想形象"，又要考虑对方的"形象"。如美食博主与"吃货"的匹配。

第二，"形象系统"是使用图像、文字、影像等符号，结合了传播主体的历史、背景、人格等因素以及对彼此关系（是否在传播范围内）及其评价的审慎把握后，综合而来的一种形象。网络红人"Papi 酱"的形象系统，就建立在对她及其团队的外观（审美）、表演（派系）、剧本（心智）、传播方式（小视频利于传播）、传播途径（社交媒体传播范围更广）所具有的内涵的综合把握的基础之上的。

第三，形象系统涉及对传播符号、情境、语境的"意义"的解释。例如，张三在朋友圈中发布了个人自拍，李四看到并评论了。张三选择了图片作为传播符号，相较于文字，图片更加直观展现了李四个人的外貌，因此在李四看来，张三的照片本来是"真实的"。但是，张三注意到该照片以"豪车"为背景，又经过了软件美化（真实性的损耗），那么李四的这条朋友圈就具有了"炫耀"的意味。通过这个案例可以看到，主体会通过多种符号来建构形象，主体在解读该形象时会综合多个符号的意义在某个情境中做出阐释。

此外，在某些不属于定向传播的活动中，同样也存在以"人格想象"为核心的形象系统的传播。当前，许多组织的形象系统也表现出"人格化"的趋势。主体个人的某些特点作为核心被纳入组织形象系统的建构中，此时主体不再是主体，组织也是主体化后的组织，主体被赋予了权威性，组织则具有了"人性"。这种看似双赢的局面隐藏着巨大的危机，当社会动荡、经济下行或其他外力因素导致组织（个人）发展困难时，形象系统的核心将失去稳定性，并有可能导致形象系统的坍塌。何况，只要是人就一定会发生"错误"，例如，打错字、发错对象、发布不恰当的言论等，它们都有可能带来社交压力或是增加维护形象系统的成本。对于组织而言，尤其是对已经"人格化"的组织形象系统而言，主体个人的言行极有可能影响组织形象。

第三节 影响"人格想象"的三个因素

人格想象现象如此重要，那么有哪些因素可以对"人格想象"造成影响呢？我们认为传播结构、错误机制和解释水平是影响它的三个因素。

一 传播结构

拉斯韦尔认为传播结构由五个 W 组成——传播者通过某种渠道针对接收者说了什么，并产生了影响。施拉姆则认为以大众传播为代表的人类传播结构是一种循环结构——传播双方总是通过信息处于你来我往的互动之中。香农则注意到"噪音"在传播结构中的独特作用，认为它引起了信息的失真与损耗。伊尼斯从"时间""空间"入手，把传播概括为偏向历时性和偏向共时性的两种结构。

尽管他们关于传播结构的研究重心不同，但他们都认为传播一定存在着某种"结构"。这种"结构"意识从两方面影响着传播研究。第一，他们将传播视为一个由传播者、接收者、工具（符号、渠道）等要素组成的结构。第二，在他们看来传播是社会结构中的一环，受政治、经济、技术、文化结构的影响，这种结构意识虽然是大众传播时代的产物，但它的影响在网络传播时代依旧存在。例如，人们把"网络结构"视为一种恒常的状态，认为在这种结构中，传播者和接收者的地位是平等的随时转换的，却忽视了它的多变性——在网络空间中，传播者和接收者可以不再处于"传—受"结构中。例如，当我浏览自己的朋友圈时，我就实现了传者受者的一体化。从这个角度而言，网络不是一种可以观察到秩序和层次的结构，结构逻辑是旧时代的产物。

大众传播是一种科层制的结构，由制度化的组织、群体规范、行业标准、从业资格、等级制度构成。大众传播组织由受过专业训练（职业化）、熟悉行业规范（制度化）、具备从业资格（垄断化）、适应岗位要求（分工）的人员组成，它所传播的内容必须经过固定的流程才可以到达接收者。正因如此，大众传播研究才一再确认"结构"的存在。

新的传播生态、传播活动对大众传播的结构造成了冲击，传播壁垒被打破，传播活动以"烹饪式"（根据个人喜好订制）而非"菜单式"（大众传播统一提供）的方式存在。这些变化正是对定向传播发生的空间的特点的描述，该空间的特点使我们在观察形象系统时，不得不思考这样几个问题。第一，网络空间以无结构、无秩序的形态著称，而人们建立形象系统的"底板"来自真实世界。通常情况下，网红呈现出的外貌与现实世界对"美貌"的看法大体一致，他们构建"美"的手段（修饰容貌、展现才艺）同样来自现实世界。"作为传播和塑造意识形态的这样一种社会工具，媒体的力量不仅可以通过重复性地引起对特殊事物积极注意建立一种广为流传的新的思考方式，也可以通过塑造标准化的展示方式来规范事物的内涵。"[①] 因此网红也是规范化、流程化的产物。

第二，人们解释形象系统的标准来自现实世界，它与个人的经历、所处的群体、所操持的社会文化规范一致。例如，直播"虐猫""吃玻璃"等行为，同样要遭受源于现实世界的道德规范和法律的评判。

第三，人们传播形象系统的方式受现实世界的结构性影响。人们在虚拟世界中与他人的互动方式，是对现实交际方式的挪移（交际礼仪等）；人们的交际对象是真实人际关系的延续；人们评判关系的标准以"陌生—熟悉"的结构存在。

第四，人们接收或传播形象系统的方式，也是对传统传播模式的借用。如语言、影像的结构形式，这些结构形式会对形象系统造成制约。

所以，尽管定向传播所处的空间是无结构、无秩序的，但存在于其中的人格形象却要受建构形象的结构的影响。

二 错误机制

影响人格形象的第二个因素是"错误机制"，它包括物理错误、无意识错误和人格失调。

---

① ［美］詹姆斯·罗尔：《媒介、传播、文化——一个全球性的途径》，董洪川译，商务印书馆 2012 年版，第 32 页。

第一，物理错误。它指的是传播的物理基础，如电能、网络信号、软件程序等。当它们出现问题或程序错误的时候，定向传播会发生中断，人们被迫"离场"，并有可能面临"形象修复"的危机。较为常见的是，当人们浏览特定网站被植入病毒后，他的微博账号有可能会自动发布色情信息，尽管这是程序问题所导致的错误，但却给接收者提供了丰富的阐释空间，并有可能造成对该主体"形象系统"的冲击。

第二，无意识错误。它与社交媒体的准入机制相关，人们通常要通过注册才能进入定向传播，并且要通过申请"加为好友"或者是"关注"等流程，才有可能接收到对方的"形象系统"。同时，人们还会以"可见与否"为标准对传播对象分类。

在定向传播中，无意识错误主要发生在对"传播对象"和"形象"的选择上。例如，主体发布了不恰当的言论，或者是选择了错误的"可见对象"，此时主体就要受到源于真实世界的压力。对接收者而言，这种无意识错误实际上是主体真实人格的流露。好比德高望重的人突然公开支持"婚外恋"，在接收者那里引发的冲击将是巨大的——这个内容既会破坏传播者的形象，又会对接收者的"形象系统"造成冲击。比如，2021 年 1 月某明星代孕弃养的事件被媒体曝光后，有大量粉丝开始质疑自己为何会喜爱该明星，这种行为预示着当主体在消费某个形象时其实也是在确认自我的形象。在定向传播的领域，传播行为的发生在一定程度上意味着主体间形象的可重叠性，因此错误机制的启动，对于双方而言都将带来影响。

第三，真实人格流露。它是错误机制中最根本、最难以避免的错误，对形象系统的破坏力最大。前文在论述定向传播的形象系统时，将"人格的符号化"视为它的核心，即人格形象不是真实的人格，而是将人格中的要素或者特征抽象为一种标签。对于"形象系统"而言，标签具有鲜明、便于归类、更新迅捷的特点，但它又缺乏真实人格的结构特征和稳定性。

我们可以以"罗辑思维"公众号作为案例。"罗辑思维"公众号的形象系统，主要以罗振宇本人的照片为头像以及以用户名"罗辑思维"构成。在微信的世界里，"罗辑思维"作为一个主体产生了，它具有发布语音信息的能力，并将罗振宇的形象（局部）和声音嫁接至"罗辑思维"这个主体。真正的罗振宇未必有如此广泛的知识面，但运营公众号的团队的整体心智赋予了"罗辑思维"品评世界的能力。"罗辑思维"主要以中等收入群体为传播对象，因此它多发布投资、理财、职场、社会等消息，在评点世事的时候，它总是将焦点集中于如何提升用户的逻辑思维能力以应付复杂问题上。通过打造精英的形象，"罗辑思维"在众多微信公众号中脱颖而出，罗振宇本人也得以走向世俗意义上的成功。

通过这个例子可以看到，"形象系统"源于我却并不是"我"，它由几个要素组合而来：外表、心智和传播对象。我的外表，既有作为真实人类的我的客观外貌，又指以虚拟头像、姓名的形式存在于赛博空间中的"我"。我的心智，指的是过往经历与所处的传播情境，它塑造了我的知识背景、价值观同时还蕴含着我的真实人格，但是我的心智受到当下所处的传播情境的影响。我的传播对象，包括现实人际关系的延伸以及以具有总体性（对我而言，他们属于哪一类型的对象）特征而存在的对象。因此，"形象系统"尽管具有"我"的许多特征，却绝对不能与"我"等同。例如，当一个在社交媒体上塑造"喜爱宠物猫"的人被人发现长期"虐猫"后，那么他真实人格中的消极因素就会解构他的"形象系统"，并使得他从前发布的内容具有了截然不同的含义。

三 解释水平

我们都有这样的体验：当熟人和陌生人做了同一件事的时候，我们的看法和评价是截然不同的。例如，当某人的父母（好友）、老师、熟人、陌生人（如购物时添加的客服或导购人员）在朋友圈中转发了同一条谣言。通常情况下，他对老师的评价最积极并有可能因此而转变自身对谣言的态度，此时老师的社会身份所具有的权威性让渡给了文本。而他对陌生人的态度和评价最消极，并极有可能在认知层面将陌生人归纳进"无知"的范畴内。而他对父母（好友）的评价受到情感的影响因而就显得中立。他对熟人的评价最复杂，通常并不表现为情感两极中的任何一极。

在这个事例中，主体间的关系密切与否、熟悉与否，直接影响主体解释所能达到的水平。按照社会归因理论①的设想，人们的解释水平可分为高水平解释和低水平解释。前者是一种高度概括式的解释，表现为标签化、去背景化和抽象化。后者是一种更加具体、复杂的解释，要调动更多的背景，例如，某人的个性、知识水平等。上述案例中，某人对老师发布的信息所引发的解释是一种低水平解释，而对陌生人的解释则是高水平解释。解释水平是人的解释框架的集中体现，它与人的经历、心智、价值观等相关。

在影响我们的解释水平的各要素中，心理距离是一个十分重要的因素，它直接影响解释水平的高低。我们通常对父母传播谣言的行为更加宽容，认为他们只是缺乏辨别能力。心理距离主要包括社会距离和发生关系的概率。社会距离指的是主体与对方在血缘、地位等方面的交集，即个人的亲缘、业缘、学缘等关系；发生关系的概率指的是主体是否可能与对方建立起关系。

对于定向传播而言，高水平解释通常用来应对心理距离较远的对象。当与对象在社会距离上相差较远，发生关系的可能性较小时，人们通常会丧失心理亲近感，而以高度概括的方式解释它们的"形象"。如天涯、猫扑、凯迪等论坛用户就分别以爱好"社会新闻""八卦娱乐""时政"的简单形象存在于网民的心中。当高水平解释出现的时候，人们对形象系统的把握更抽象，对其评价也就更简单更容易走上刻板印象的道路。

低水平解释通常用来应对心理距离较近的对象，它涉及对对象而非形象的评价，因此也就更多与现实世界勾连。对于传播双方而言，低水平解释的存在对"形象系统"的传播造成了压力。例如，某人在朋友圈以"全部可见"的方式发布要求加薪或升职的言论，那么他的言论在有损个人形象系统的同时，对接收者而言也会带来互动上的双重压力——与传播者的直接关系使得他不得不做出某些回应，但作为公司成员又要面临公开表态所带来的制度性压力。

同时，主体对心理距离的评价也能直接影响解释水平的高低。例如，对于大多数人而言"香格里拉"是一个完全陌生的也极难发生关系的场

---

① Trope, Y. & Liberman, N., "Tempromal Construal and Time-Dependent Changes in Preference", *Journal of personality and Social Psychology*, Vol. 79, No. 6, 2000, pp. 876–889.

所，但是，它象征着神秘、美好而存在于人们的心中。因此，当有关它的信息进入传播后，人们通常以一种乐于接受的态度参与互动。该事例具有两个重要意义，第一，心理距离的远近并不与情感态度正相关；第二，高水平解释所具有的抽象化、标签化，同样有助于"形象系统"的建立，前提是找到"核心符号"。核心符号通常与元意象相关，比如，"美好、崇高"等嵌入人类文化系统底层的意象。

解释水平的高低影响人们对"形象系统"的认知和解读。高水平解释较为抽象，有利于直观把握"形象系统"，主体在确定"核心符号"的情况下能够尽快建立起形象系统。低水平解释，则要调动背景知识，因此对形象系统的建立和维护都造成解构的压力。调动哪种水平的解释并不是固定不变的，而是会随着主体与对方的互动频次和层次的变化而变化。

本章小结

定向传播中的"人格主体"是一个复杂的意义系统，它由"人格想象"而来，它表现为可视化的外观、鲜明的"个性"等特征，因此它具有容纳定向传播中意义系统的复杂性和催生"形象"的作用。

"人格想象"的出现得益于社交媒体的兴起以及人们媒介使用方式的转变。社交媒体具有以关系为核心，主要从事内容生产的特点。对于它的使用者而言，社交媒体嵌入进日常生活成为生活的一部分，并把日常生活与媒介生活串联起来，于是人们以自我生活投射的方式存在于"朋友圈""微博"等社交媒体中。人们的存在方式是一种形象化的在场，它是自我的投射但又不限于此，缺乏这种"形象系统"就难以进入定向传播的领域。

有三种因素影响"人格想象"——传播结构、错误机制、解释水平。

影响人格形象的第一种因素是传播结构。人格形象所处的网络空间以无结构、无秩序的形态著称，而人们建立形象系统的"底板"来自真实世界。解释形象系统的标准也来自现实世界，它与个人的经历、所处的群体、所操持的社会文化规范一致。人们传播形象系统的方式受现实世界的结构性影响。

　　影响人格形象的第二种因素是错误机制，它包括物理错误、无意识错误和人格失调。

　　影响人格形象的第三种因素是解释水平，包括高水平解释和低水平解释。解释水平的高低影响人们对"形象系统"的认知和解读。高水平解释较为抽象，有利于直观把握"形象系统"，主体在确定"核心符号"的情况下能够尽快建立起形象系统。低水平解释，则要调动背景知识，因此对形象系统的建立和维护都形成了解构的压力。调动哪种水平的解释并不是固定不变的，而是会随着主体与对方的互动频次和层次的变化而变化。

结　　语

"定向传播"：从"人"到"个人"

　　在我们的讨论进入尾声的时候，我们有必要再次回到本书开头提出的那个问题之上：我们是否能够建立一种源于大众传播理论又不同于它的新的传播理论，用以观照以虚拟性作为哲学基础的网络传播活动？通过对当代传播活动的观察与研究，在总结人类传播活动的本质属性"定向"的基础之上，我们提出了定向传播的概念。定向传播是用来描述发生在社交媒体上的一种新型传播活动的。定向传播具有指向性、分离性、准入的特异性和混合性的特征，通过它，人的主体性得以显现。

　　大众传播理论对传播者和传播效果的研究，为定向传播提供了理论滋养。在以往的传播研究中，人们对传播主体的关注主要集中于发起主体即传播者身上，尽管也有许多研究看到了接收主体的重要性，但是在线性的、传者主导的研究逻辑下，接收主体被统一于"受众"的名目下而得不到真实的呈现。随着大众传播在人类社会影响力的日益扩张，传播者也变得日益重要起来：人们从传播环境、传播策略、传播技巧、传播对象的多样性入手，试图抽象出能最大限度实现传播者意图的功能结构。在寻找这个结构的过程中，接收主体经历了从"原子化的大众"到"有能动性的群体"再到"作为目标市场的精确分类"以及"拥有话语权的用户"的演化过程。人们对接收主体认识的转变，既是他在现实世界里从观众、读者、听众向用户的演变，也是他逐渐显示影响力的历史过程。相较于一个世纪前，无论在现实层面还是理论研究层面，接收主体的内涵都发生了重大变化，但是，这种变化不是接收主体"社会运动"式的自我赋权的结果，而是由传播生态尤其是传播技术的发展所带来的。

自 19 世纪中期以来，大众传播逐步渗透进人类社会的方方面面。人们通过大众传播了解外部世界的变化，在大众传播活动中或理性或感性地表达自我，并把人类社会"投影"进大众传播的神奇银幕里。它的影响如此之大，以至于李普曼认为必定存在一个为媒介建构出来的"拟态环境"，它的存在使得人们不是对真实世界做出反应，而是在"拟态环境"的刺激下去认知和行动。伊尼斯则有感于传播媒介储存和传承时空的能力，他由此回溯至文明的始源试图发现"传播的偏向"，从永恒不变的时空入手赋予人类的媒介文化以时间和空间属性。在批判学派那里，学者们则为大众传播灌输"媒介暴力""虚假意识"而忧心不已，他们认为在大众传播的权力结构中，传播主体被异化了。作为传播的发起主体，他（它）受制于大众传播的技术、制度和评价体系；作为传播的接收主体，他（它）被框定在大众传播提供的内容里，只能有限度的"使用与满足"。在这些研究当中，主体总是传播中的客体，他们或主动或被动地卷入传播活动之中。

大众传播理论的研究成果虽然对我们理解人类传播活动助益颇多，但它应对的是现实世界的传播活动，当我们将其置于虚拟空间时，我们将会发现它的无能为力。然而，它亦使得我们再一次确认了：无论是哪一种类型的人类传播活动，都必定由发起者与接收者、表达和接收这两组相辅相依的要素构成。第一组要素关注的是传播主体，第二组要素则注意到主体赋意和释意的复杂性。这两组要素是我们发现"定向"的起点——它们作为一个辩证运动的矛盾体，存在于绝大多数的人类传播活动中，并共同构成"定向"的内涵。

作为传播的本质属性之一，"定向"指的是主体的指向（要表达的）及其实现（对象接收到的）。它涉及复杂的运动过程，我们可以从两个方面来理解"定向"：一方面是发起主体如何将自己的意图表达出来；另一方面是接收主体如何理解"意图"。"定向"强调的是传播中的"主体"及其意义生产活动，关注的是发起主体的赋意和接收主体的释意行为。

在大众传播时代，受制于技术垄断，接收主体释意的复杂性没有得到真实的呈现，他（它）的传播活动被笼统概括为"反馈"——一种用来促进发起主体实现其目标的传播要素。20 世纪晚期以来，互联网技术以席卷人类社会的姿态重新定义了传播，技术的进步在赋予接收主体同等的传播权力和能力的同时，也将失落在大众传播权力结构中的"主体"释放出来。

以互联网技术为基础的当代传播生态具有以下几个重要特点：第一，传播者和接收者的身份界限日益模糊，单纯的传播者和接收者不复存在，两者始终处于身份交换的辩证运动中。在某些情况下，传者和受者甚至是一体的，比如，当我们凝视自己的社交媒体动态时，我们就既是传播者又是接收者。第二，传播活动赖以发生的时空关系发生变化，在虚拟世界中，时间不再以线性的方式流动，人们随时可以进入过去的传播情境之中，空间也不再是三维的而是通过界面的切换在我们的意识层面造成某种"位移"。第三，传播活动发生的场域是一个无中心、无结构的生态空间，由空间的特性进而延伸出反权威、反秩序的文化形态，也使得发生在该空间中的传播活动有了跨越语境的特征。第四，传播活动的权力结构由科层制转向网状勾连，这种结构使得文本以超链接的方式建立起关系，也使得主体具备了进入多种类型的传播活动的可能，进一步冲击了传播的权力结构使其向无结构演变。

传播生态和传播技术的发展，为定向传播的出现创造了条件，只有在较少受到现实制度压力和文化秩序影响的虚拟世界里，人类传播中天然存在的"复杂性"才有充分显示的空间。人类传播的复杂性，源于传播主体的意义生产和其所处的语境的复杂性。大众传播时代，外部的制度压力压制了传播活动内在的复杂性，而当传播结构受到冲击的时候，这种复杂性就会表现得淋漓尽致。

所以，作为一种强调传播主体的意义生产及流通的复杂性的传播形态，定向传播是以互联网技术为依托，并主要发生在社交媒体上的一种传播活动，它是窥见人类传播活动变迁的一个窗口。

第一节 "人—传播"——一种新的文化形态与趋向

自有人类以来，传播就是人类社会中不容忽视的构成要素。它不仅使得人类为丰富的信息所包裹，也赋予了人类多元的传播文化形态。我们可以把有史以来的传播活动象征的文化形态，概括为"神话—传播"和"事件—传播"两种类型，它们是对发生在现实世界的人类传播活动的抽象和总结。而以定向传播为代表的发生在虚拟世界的传播活动，则喻示了传播的文化形态向"人—传播"的演变。

在历史的演进中，人类创造语言以表达自我、思考世界和连接他人，语言不仅成为人类赖以存在的方式，更成为规训人类文化的一种手段，人们通过语言将人类社会的规范和价值传承下来，由此催生了口语传播文化。口语传播所象征的是"神话—传播"文化形态，它在人类的几种传播文化中是最早出现的一种，远古的传说、"泛灵"论、英雄史诗等，都是这种文化形态的表现。"神话—传播"文化形态蕴含了几个重要的观念：神圣性、崇高性和权威性。围绕着这些观念，人们不断通过传播活动来建构社会结构。在社会生产力低下，社会阶层分布呈金字塔式的结构时，统治阶层通过强化神圣性、崇高性和权威性等观念来获得合法性。在古代，制度化的传播活动为统治阶层所垄断。比如，诞生于尼罗河和两河流域的古文明就曾将其文字称为圣书文字，一般人无能也没有资格掌握它，而用于书写文字的莎草纸或泥版则主要来自神圣的尼罗河畔，它们不仅昂贵同时还象征着使用者的社会地位。在王室和宗教权贵之下，文书阶层又垄断了对经典的阐释，他们通过解释教义实现对政治和宗教领袖的神化、麻痹并驯化底层，人民由此变为造物主及其人间代理人的子民。

神话—传播文化形态由元神话和世俗神话两个部分构成，前者指的是把人类起源和发展归咎于超自然的神秘力量，把自然和社会秩序视为超自然力量意志的体现；后者则通过让渡神性的方式赋予统治阶层以超自然力量人间代理人的身份。无论是元神话还是世俗神话，它们所要解决的主要是人间秩序合法性和合理性的问题。元神话和世俗神话是相依并存的，它们以造物者造物、统治者承接天命、人顺应自然的方式出现在各种类型的神话传说、民间故事乃至人类经典当中，并沉淀进入人类文化的深层结构进而成为众多文本的共同母题。

几千年来，人类社会广泛存在的创世和造人神话及其世俗变种构成了"神话—传播"文化形态的主体部分，在这种文化形态的规诫之下，社会制度的合法性获得了支撑。随着社会的发展，元神话—传播朝着世俗神话—传播的方向转化，统治者也由此成为神话中的一个部分，他们以应天命或解救众生的形象出现，成为统治阶层合法性的重要来源。

19 世纪上半叶，大众传播的兴起在改变人类传播方式的同时，也改变了传播的文化形态，使"世俗神话—传播"和"事件—传播"并存于传播的文化形态中。社会的进步、科技的发展、理性的启蒙，使得元神话—传播的生存空间日益减小，人们不再从超自然力量那里去寻求存在于世的缘由，而是将目光转向自身，从理性的角度为人类的发展找到动力。尽管在宗教传播中，创世、造物、济世的神话叙事依然是最主要的传播文化形态，但在世俗层面它已不再是主流。"世俗神话"也不再讲述上帝的人间代理人是如何传承天命的，而是通过"创世神话"的变形来确认变动不居乃是人类社会的常态，比如，通过各种类型的文本重新叙述革命、发展和改革。相较于元神话叙事依靠"神灵"的卡利斯玛支配（韦伯），世俗神话是一种融合了卡利斯玛和法理型支配的复杂类型。"世俗神话—传播"不需要通过经典的再阐释来强化自身影响，大众传播的"神话"功能赋予了它顽强的生命力。

20 世纪以后，人类社会的制度虽然仍在发展和演进，但大众传播已经进化到了较为成熟的阶段，影响力也日益扩大，技术的发展使得传播的文化形态演变的时间大为缩短。此时，"事件—传播"成为传播的主流文化形态。按照卡茨的定义，所谓媒介事件指的是"对电视的节日性收看，即是关于那些令国人乃至世人屏息驻足的电视直播的历史事件——主要是国家级的事件。"[①] 通过他的定义可以看出，媒介事件既可以是具有历史意义的事件，又可以是由媒介赋予其意义的事件。在卡茨看来，电视直播是构建媒介事件的主要传播方式之一，电视直播可以通过模拟竞赛、加冕和征服等人类深层文化模式的方式，在当代重新营造出"共同体感"。比如，当体育竞赛进入电视直播之中后，它就成了一个双方通过竞争，在体力方面征服对手最终加冕（冠军）的话语结构。这样的话

---

① ［美］丹尼尔·戴扬、伊莱休·卡茨：《媒介事件：历史的现场直播》，麻争旗译，北京广播学院出版社 2000 年版，第 1 页。

语结构能够激发人类本能的好胜心,因而更容易在情感层面激发共鸣和认同。卡茨关注的是媒介仪式中所蕴含的神圣性和权威性,在这个意义上,媒介仪式总是关于重要人物和重要事件的,它们能够调动或激发人共有的某种深层文化情感结构。此外,媒介仪式通常多以预告或突发的形式强行介入媒介流程中,在吸引人的注意力的同时也打断了人的日常媒介接触行为,从而能够将分散的各行其是的人重新凝聚在"直播"镜头前。

但是,"事件"的内涵不止于此,卡茨所论的事件指的是进入媒介流程后的一种仪式,它虽然主要以直播的方式呈现出来,但却受到媒介的限制和制约,比如,在某些情况下,人们可以用中断直播的方式打乱它的流程。而在现实世界里,事件多与突发性、复杂性乃至某种程度的不可控性相关,当事件进入到大众传播的场域中,它所具备的不可控性、复杂性将会受到严格控制。媒介组织会通过多种手段,如象征的、修辞的乃至解释式的报道方式弱化事件原本的色彩。比如,人们对地震等自然灾害的报道,通常会使用集体救援、英雄人物、如何科学自救等报道削减地震对原有社会秩序的冲击。"事件—传播"的文化形态主要表现为对"影响"的强调,它是把事件原有意义加工后的结果,即将某事物置于大众传播的文本结构中,强调它对结构中的其他人、其他事的影响。在这种文化形态中,传播作为人类社会结构中的一环主要用来实现社会治理的目标。从这个意义上而言,"事件—传播"的文化形态与大众传播活动中蕴含的"理性精神"是一脉相承的。这种传播形态中的理性精神压制了人非理性的一面:强调社会秩序对个人的重要性,善于通过宏大叙事将个人统一在社会当中,以组织为主要主体发起大规模的传播活动。

而以定向传播为代表的当代传播活动象征的文化形态则截然不同。此类传播活动主要发生在虚拟空间中,因此也就削弱了现实世界制度压力对人的影响。它们所象征的文化形态并不以"理性"作为限定传播活动的主要标准,而是更重视对身处传播活动中的人及其内在世界的展现。如我们在本书的主体部分分析的那样,定向传播是关于"人的传播",它的出现意味着从前隐匿在大众传播的制度和文化结构中的"个体"得到了释放。在定向传播中,人们可以自由选择传播对象,自由展示"个体"

的心智和身体；可以自由进入或退出某个传播情境；能够自由表达或者不表达。

定向传播喻示着新的传播文化形态的出现，这种新的形态不以制度性、结构性著称，虽然它也强调"客观"和"真实"等理念，但这些理念已不是衡量传播活动的价值的唯一或主要标准，而是与情绪、态度等被归纳进非理性范畴的要素，共同创造出一种丰富多彩又无比复杂的传播文化形态。这种新的文化形态围绕传播活动的核心"人"，通过技术手段实现对主体的复杂性、人性（拟人性）的充分展示。因此我们才会说定向传播标志着人类传播文化形态的新趋势，我们将其命名为"人—传播"文化形态。在"人—传播"的文化形态中，传播活动的真正主体"人"得以显现。

第二节 "个人"的再发现

人类的传播历史，是一部人的再发现史。

早在远古时代人们就利用结绳记事等方式，试图将人类社会中转瞬即逝的信息及其精神内容长久保存下来。随着国家的建立，人类的传播活动以系统化、建制化的方式在更大的领域内发生着。无论是文书的上传下达还是人口的流动与迁徙，传播都发挥了巨大的影响，它不仅指在面对面的交谈中迸发的思维灵感，还可以用来描述版图的扩大与商品的流通。随着人类交通和交换方式的进一步发展，人们头脑中关于传播的"传递"观念得以建立起来，在这种思想的主导下，传播是尽可能快地在最大范围内实现物品、人员和信息的交换，隐藏在人类传播中的精神和文化传承的观念失落了。

19 世纪中期以来，大众传播的强大影响又进一步增强了"传递"观在传播研究中的强势地位。媒介环境学派则提出应该从传播及其对生活方式的影响等方面去理解它。他们曾对互联网寄予厚望，认为它将带来人类精神中枢的延伸带领人们重回"地球村"，在他们看来，人及其传播活动以一种结构方式存在并辩证运动着。这种结构方式与人们的感觉有关，因为人总是以感觉总体去感知世界，而媒介延伸感觉系统的方式是不平衡的，于是身处大众传播中的个人就不得不面临"感觉系统"的失调以及媒介延伸带来的"截肢"。

这个历史时期，社会结构方式也发生了变化，人们不再以血缘、地缘为主要联结方式，而是以经济和职业分工为标准分散在社会的各个角落。我们难以再从熟人社会中去寻求情感慰藉或传承经验，而只能独自面对陌生人社会带来的精神及情感危机。在这样的时代背景下，大众传播进一步张开了它的触角，人类传播活动开始逐步从零散的"面识关系"走向制度化的"结构关系"。个人被异化为大众传播中的某个接收对象，他失去了作为个体的人的特性，而以沉默的、被动的方式存在。人类传播活动经过两千余年的发展，在追求更精确、更迅速的道路上一步步弱化"人"的影响。

自此，传播演变为社会发展与进步道路上的一种助力，在监测环境、文化传承、规范社会和提供娱乐方面发挥着巨大作用。它以制度化的结构，组织化的分工方式，规范化的制作流程存在，尽管它是人类社会的产物，却以"非人"的形式日复一日地运行着，如何更好利用它、控制它是人类共同面对的难题。传播以理性的、机械的方式承载着人类的精神，人们也必须以同样的方式面对它，因此试图从现代传播活动中寻找失落的"共同体精神"，无疑是一种徒劳。

技术在赋予人类更快、更好的传播能力的同时，也将"个人"从制度化的传播中解放出来。20 世纪晚期，以互联网为代表的技术彻底改变了人类的传播方式，也改变了人在传播中的存在方式——人不再以孤立的、沉默的姿态存在于名为"受众"的群体当中，而是主动寻求解释、创造意义和积极行动的主体。在这个过程中被称为"用户"的接收者崛起了，他们不是传统意义上的受众，他们更加复杂多元。当我们将目光投向互联网的世界时，我们将会看到受众不再以社会化、制度化和仪式化的方式存在，而是通过超链接、超文本等途径存在于当代传播活动中。大众传播赖以发生的制度结构被打破了，在赛博空间里，我们再也不用刻意区分传播者和接收者，无须也无能创造一种可以填满整个"版面"的宏大叙事；这里遍地都是传播主体，每一秒钟都能生产新的信息和知识；注意力是更加稀缺的资源，人们一旦感到厌烦随时都会"抽身离去"。

社交媒体的兴起是人类传播活动发展历史中的一个里程碑，它的出现进一步消解传播活动的壁垒。通过社交媒体，人们既可以发起人际传播，又可以随时在内容生产和接收中变换角色。在社交媒体的场域，客观中立等理念依然强势，人们会用它们来衡量传播活动的质量，但不可忽视的是，与人的情感紧密相连的"情绪化"传播现象正变得越来越普遍。

通过观察社交媒体上的传播活动，我们可以看到这样几个典型现象：人们的亲缘、业缘、学缘等关系得到延伸；人们以关注、点赞、评论、转发等方式与对象产生互动；在微博、微信公众号以及视频直播等活动中，绝大多数的传播主体都表现出类人属性，他们以一种人格化的方式存在于传播活动中。

这些现象是我们研究定向传播的起点，也是"人—传播"文化形态在网络世界中的生动体现。定向传播预示着"人"在传播中重新出现了。无论何时何地只要人"想"，他就可以进入传播的场域；只要他愿意，他的日常生活将构成许多人的"媒介生活"的内容之一。最为重要的是，他的情感、性格、人格以构成"人格想象"的方式出现于传播中，传播不再是冷冰冰的，而是具有了温度和情感。以定向传播为代表的当代传播活动，重新确认了"个体的人""个人"的重要性。

麦克卢汉曾把人类传播的变迁概括为"部落"失落和再建的过程，并认为人的每一次"延伸"都对人类社会和文化形态造成重要影响。定向传播虽然也强调人的身体及其精神投射的重要性，但却与麦克卢汉的看法有着本质的区别。麦克卢汉关注的是人的感觉总体的平衡，他认为传播技术的发展在延伸人类器官的同时，也打破了感觉系统的平衡，为了保持平衡人类不得不调整文化形态以契合这种变化。例如，报纸、电视等媒介延伸了人的视力，却压制了听觉味觉和触觉，于是人类就发展出了视觉文化，通过强烈的视觉的刺激以及强调视觉文化的重要性进而从心理上"麻木"其他感觉。定向传播则集中于"人的意义生产"，在它的关注范围里，人是作为"个体的人"出现的，人的每一次选择都是自主且重要的，他的情感倾向、态度将对意义的生产造成影响，他延伸的不是"肢体"而是"我"。

当前，人们对人工智能和虚拟现实技术展示出了强烈的兴趣，以 AI、VR 为代表的技术表明人类不仅可以将躯体和感觉投射进虚拟世界，还可以将其复制为现实。随着技术的发展，在不远的将来人类的传播活动必定还要发生更大的变化，也许它会使得人类迈进伊甸园，但更有可能把人类当作算法和程序中的一环：只要掌握了这种程序，人类就能实现天使般的交流，但同时也可能使历史上的某些传统再度复活。

但是，无论如何，人，尤其是个人，永远是传播活动真正的"主体"。

参考文献

一　期刊类

白冰、陈英：《论网络媒介的受众调查方法》，《现代传播》2002 年第 3 期。

陈波：《语言和意义的社会建构论》，《中国社会科学》2014 年第 10 期。

陈力丹：《大众传播理论如何面对网络传播》，《国际新闻界》1998 年第 Z1 期。

陈燕、王敬红：《网络传播：研究方法的困惑与思考》，《现代传播》2003 年第 1 期。

陈月华：《传播：从身体的界面到界面的身体》，《自然辩证法研究》2005 年第 2 期。

成中英：《诠释学中的存在接受性与意义创造性：从伽达默尔到本体诠释学（上）》，《安徽师范大学学报》（人文社会科学版）2014 年第 4 期。

戴长征：《网络传播伦理视野下的机密信息传播——对"维基解密"事件的思考》，《国际新闻界》2011 年第 10 期。

［丹麦］克劳斯·布鲁恩·延森著：《三重纬度的媒介：传播的三级流动》，刘君译，《东南学术》2015 年第 1 期。

丁未、张国良：《网络传播中的"知沟"现象研究》，《现代传播》2001 年第 6 期。

范龙：《内容分析法在网络传播研究中的应用》，《情报科学》2010 年第 6 期。

方滨兴等：《社交网络分析核心科学问题、研究现状及未来展望》，《中国科学院院刊》2015 年第 2 期。

方向红：《静止的流动，间断的同一——基于胡塞尔时间手稿对意识之谜的辨析》，《江苏行政学院学报》2011 年第 6 期。

费多益：《他心感知如何可能》，《哲学研究》2015 年第 1 期。

高钢：《迎接"第四媒体"时代的到来——〈华声报〉电子版的实践与思考》，《新闻与传播研究》1998 年第 3 期。

高新民：《意向性研究的心理哲学进路》，《学术月刊》2008 年第 10 期。

国家新闻出版广电总局：《专网及定向传播视听节目服务管理规定》，《国务院公报》2016 年第 22 期。

《国家新闻传播广电总局新闻发言人就〈专网及定向传播视听节目服务管理规定〉答记者问》，《广电时评》2016 年第 5 期。

何明升：《网络生活中的情景定义与主体特征》，《自然辩证法研究》2004 年第 12 期。

黄卫星、李彬：《传播：从主体性到主体间性》，《南京社会科学》2012 年第 12 期。

黄星民：《从传播哲学角度谈传播的定义——传播哲学初探》，《新闻与传播研究》2006 年第 1 期。

江怡：《语境与意义》，《科学技术哲学研究》2011 年第 2 期。

金萍华：《污名与政治认同：社交媒体中的政治话语争斗》，《新闻大学》2013 年第 6 期。

李鸿儒：《索绪尔语言学的语言本体论预设》，《外语学刊》2010 年第 6 期。

李良荣：《新生态新业态新取向——2016 年网络空间舆论场特征概述》，《新闻记者》2017 年第 1 期。

李伦：《网络传播伦理的建构路径》，《道德与文明》2011 年第 2 期。

廖祥忠：《何谓新媒体》，《现代传播》2008 年第 5 期。

刘丹凌：《新传播革命与主体焦虑研究》，《新闻与传播研究》2015 年第 6 期。

刘泓：《广告传播的意义系统结构》，《福建师范大学学报》（哲学社会科学版）2009 年第 2 期。

卢山冰：《网络主体的理性解读》，《自然辩证法通讯》2003 年第 4 期。

梅琼林、周菁：《论影响科技传播效果的障碍因素》，《自然辩证法研究》

2005 年第 1 期。

潘德荣：《诠释方法论意识的觉醒——从新教神学到浪漫主义诠释学》，《中国社会科学》2011 年第 2 期。

潘德荣：《认知与诠释》，《中国社会科学》2005 年第 4 期。

裴晓军：《战争隐喻与新闻传播理念——以都市报为例》，《新闻与传播研究》第 12 卷第 4 期。

彭兰：《从"大众门户"到"个人门户"——网络传播模式的关键变革》，《国际新闻界》2012 年第 10 期。

彭兰：《从网络媒体到网络社会——中国互联网 20 年的渐进与扩张》，《新闻记者》2014 年第 4 期。

彭兰：《社会化媒体时代的三种媒介素养及关系》，《上海师范大学学报》（哲学社会科学版）2013 年 5 月。

秦琼、彭涛：《共同体传播：一种被忽视的传播形态》，《现代传播》2016 年第 9 期。

尚杰：《胡塞尔的意向性概念》，《辽宁大学学报》1987 年第 5 期。

尚晓明：《言语行为理论中的个人意向性和社会现象——维特根斯坦语言哲学的日常语言分析》，《黑龙江社会科学》2009 年第 5 期。

孙周兴：《我们如何得体地描述生活世界——早期海德格尔与意向性问题》，《学术月刊》2006 年第 6 期。

唐魁玉：《心、身体与互联网——一种虚拟世界心灵哲学的解释》，《自然辩证法研究》2007 年第 10 期。

陶东风：《粉丝文化研究：阅读—接受理论的新拓展》，《社会科学战线》2009 年第 7 期。

田丽、胡璇：《社会化媒体概念的起源与发展》，《新闻与写作》2013 年第 9 期。

王姝彦：《分析传统中的意向性理论及其发展》，《科学技术哲学研究》2012 年第 2 期。

吴潮：《新媒体与自媒体的定义梳理及二者关系辨析》，《浙江传媒学院学报》2014 年第 5 期。

谢萌：《论"任意性原则"对语言系统的多维度诠释》，《外语学刊》2014 年第 2 期。

徐桂枝、熊壮：《中国受众观念的多元表述：一种话语理论分析的进路》，《现代传播》2015 年第 9 期。

徐剑、商晓娟：《社交媒体国际学术研究综述——基于 SSCI 高被引论文的观察》，《上海交通大学学报》（哲学社会科学版）2015 年第 1 期。

徐升华等：《社会化媒体的背景、内涵与辨析——国外研究文献评述》，《情报理论与实践》2017 年第 5 期。

徐弢：《试论托马斯·阿奎那的意向性学说》，《学术论坛》2001 年第 1 期。

薛金强：《论第四媒体的特点及对传统媒体的影响》，《宁夏大学学报》（人文社会科学版）2001 年第 2 期。

阎旭蕾：《"肉"与"虚拟实在"关系之探》，《自然辩证法通讯》2009 年第 3 期。

杨聪：《网络符号文化主体与客体》，《北京师范大学学报》（社会科学版）2010 年第 5 期。

杨先顺：《网络传播的后现代伦理审思》，《现代传播》2010 年第 3 期。

杨忠：《索绪尔语言符号系统观的贡献与局限》，《外语学刊》2013 年第 4 期。

叶同春：《由"大众"走向"分众"：现代传媒的重大转向》，《理论月刊》2004 年 12 月。

于潇：《网络定向广告的传播学分析》，《福建论坛》（社科教育版）2007 年第 S1 期。

张海鹰：《第四媒体的传播模式》，《新闻大学》2000 年第 3 期。

张允若：《关于网络传播的一些理论思考》，《国际新闻界》2002 年第 1 期。

赵高辉：《圈子、想象与语境消解：微博人际传播探析》，《新闻记者》2013 年第 5 期。

赵云泽：《"社会化媒体"还是"社交媒体"——一组至关重要的概念的翻译和辨析》，《新闻记者》2015 年第 6 期。

赵志立：《试论网络传播对传播理论的冲击》，《社会科学研究》2002 年第 4 期。

钟瑛：《论网络传播的伦理建构》，《现代传播》2001 年第 6 期。

周葆华：《谁在使用视频直播——网络视频直播用户的构成、行为与评价分析》，《新闻记者》2017 年第 3 期。

周旻、侯怀银：《语言与再生产——伯恩斯坦的符码理论探微》，《东北师大学报》（哲学社会科学版）2016 年第 3 期。

Davison，*TheThird-person Effect in Communication*，The Public Opinion Quarterly，Vol. 47，No. 1（Spring. 1983）

Kurt N & Edward F，*Extending the Framework of Third*－，*First*－，*and Second-Person Effects*，Mass Communication and Society，Vol. 5，No. 2，2002.

Thomas Poell，*Understanding Social Media Logic*，Media and Communication，Vol. 1，2013.

Trope，Y.，& Liberman，N.，*Tempromal Construal and Time-Dependent Changes in Preference*，Journal of personality and Social Psychology，Vol. 79，No. 6，2000.

二　专著类

段京肃：《传播学基础理论》，新华出版社 2003 年版。

甘惜分：《新闻学大辞典》，河南人民出版社 1993 年版。

郭庆光：《传播学教程》，中国人民大学出版社 1999 年版。

胡经之：《西方文艺理论名著教程（第二版）》，北京大学出版社 2003 年版。

胡学亮：《简明传播学》，知识产权出版社 2014 年版。

胡翼青：《西方传播学术手册》，北京大学出版社 2015 年版。

李彬：《传播学引论》，新华出版社 2003 年版。

李幼蒸：《结构与意义》，中国社会科学出版社 1996 年版。

马为公主编：《新媒体传播》，中国传媒大学出版社 2011 年版。

彭剑：《社会化媒体舆论传播与引导研究》，上海三联书店 2016 年版。

彭兰：《社会化媒体》，中国人民大学出版社 2015 年版。

熊澄宇等主编：《新媒体研究前沿》，清华大学出版社 2012 年版。

许正林：《欧洲传播思想史》，生活·读书·新知三联书店 2005 年版。

殷晓蓉：《网络传播文化：历史与未来》，清华大学出版社 2005 年版。

张首映：《西方二十世纪文论史》，北京大学出版社 1999 年版。

中国社会科学院语言研究所词典编辑室编：《现代汉语词典（第 7 版）》，商务印书馆 2016 年版。

钟学富：《社会系统：社会生活准则的演绎生成》，中国社会科学出版社 2007 年版。

周葆华：《效果研究：人类传受观念与行为的变迁》，复旦大学出版社 2008 年版。

［奥］阿尔弗雷德·舒茨：《社会世界的意义构成》，游淙淇译，商务印书馆 2012 年版。

［美］彼得·L. 伯格、托马斯·卢克曼：《现实的社会建构》，吴肃然译，北京大学出版社 2009 年版。

［美］彼得斯：《交流的无奈：传播思想史》，何道宽译，华夏出版社 2003 年版。

［美］查理斯·特斯林：《大众传媒革命》，王家全等译，中国人民大学出版社 2014 年版。

［美］戴安娜·库兰：《无形学院——知识在科学共同体的扩散》，刘珺珺等译，华夏出版社 1988 年版。

［英］戴维·冈特利特主编：《网络研究：数字化时代媒介研究的重新定向》，彭兰等译，新华出版社 2004 年版。

［英］丹尼斯·麦奎尔、斯文·温德尔：《大众传播模式论》，祝建华译，上海译文出版社 1987 年版。

［英］丹尼斯·麦奎尔：《受众分析》，刘燕南译，中国人民大学出版社 2006 年版。

［德］费迪南·滕尼斯：《共同体与社会》，林荣远译，商务印书馆 1999 年版。

［瑞士］费尔迪南·德·索绪尔：《普通语言学教程》，裴文译，江苏教育出版社 2002 年版

［美］弗洛里安·兹纳涅茨基：《知识人的社会角色》，郏斌祥译，译林出版社 2012 年版。

［澳］格雷姆·特纳：《普通人与媒介：民众化转向》，许静译，北京大学出版社 2011 年版。

［法］古斯塔夫·勒庞：《乌合之众：大众心理研究》，冯克利译，广西师范大学出版社 2007 年版。

［英］H. P. 里克曼：《理性的探险》，姚休译，商务印书馆 1996 年版。

［美］哈罗德·D. 拉斯韦尔：《世界大战中的宣传技巧》，张洁译，中国人民大学出版社 2003 年版。

［加］哈罗德·伊尼斯：《帝国与传播》，何道宽译，中国人民大学出版社 2003 年版。

［美］亨利·詹金斯：《文本盗猎者：电视粉丝与参与式文化》，郑熙青译，北京大学出版社 2016 年版。

［美］Jennings Bryant & Susan, Thompson, *Fundamentals of Media Effects*，北京大学出版社 2007 年版。

［美］Jess Feist、Gregory J. Feist：《人格理论》，李茹、傅文青主译，人民卫生出版社 2011 年版。

［英］杰西·洛佩兹：《社会结构》，允春喜译，吉林人民出版社 2007 年版。

［德］卡尔·曼海姆：《意识形态与乌托邦》，黎鸣等译，商务印书馆 2009 年版。

［美］理查德·韦斯特等：《传播理论导引：分析与应用》，刘海龙译，中国人民大学出版社 2007 年版。

［美］罗杰·菲德勒：《媒介形态变化：认识新媒介》，明安香译，华夏出版社 2000 年版。

［美］马克·波斯特：《第二媒介时代》，范静哗译，南京大学出版社 2009 年版。

［英］迈克尔·马尔凯：《科学与知识社会学》，林聚任译，东方出版社 2001 年版。

［加］马歇尔·麦克卢汉：《理解媒介：论人的延伸》，何道宽译，译林出版社 2011 年版。

［美］曼纽尔·卡斯特：《网络社会的崛起》，夏铸九译，社会科学文献出版社 2001 年版。

［美］N. 维纳：《人有人的用处》，陈步译，商务印书馆 2009 年版。

［加］尼尔·斯特尔：《知识社会》，殷晓蓉译，上海译文出版社 1998

年版。

［英］尼古拉斯·加汉姆：《解放·传媒·现代性——关于传媒和社会理论的讨论》，李岚译，新华出版社 2005 年版。

［英］尼克·库尔德利：《媒介、社会与世界：社会理论与数字媒介实践》，何道宽译，复旦大学出版社 2014 年版。

《牛津高阶英汉双解词典（第 6 版）》，商务印书馆、牛津大学出版社 2004 年版。

［法］赛日尔·莫斯科维奇：《社会表征》，管健译，中国人民大学出版社 2011 年版。

［美］斯蒂芬·李特约翰：《人类传播理论（第九版）》，史安斌译，清华大学出版社 2009 年版。

［英］斯图亚特·霍尔：《表征》，徐亮译，商务印书馆 2005 年版。

［美］托马斯·库恩：《科学革命的结构》，金吾伦等译，北京大学出版社 2003 年版。

［美］威尔伯·施拉姆、威廉·波特：《传播学概论》，陈亮等译，新华出版社 1984 年版

［加］文森特·莫斯可：《传播政治经济学》，胡春阳译，上海译文出版社 2011 年版。

［美］沃纳丁·赛弗林、小詹姆·W. 坦卡特：《传播学的起源研究与应用》，陈韵昭译，福建人民出版社 1985 年版。

［美］希伦·A. 洛厄里、梅尔文·L. 德弗勒：《大众传播效果研究的里程碑（第三版）》，刘海龙等译，中国人民大学出版社 2004 年版。

［美］伊莱休·卡茨等：《媒介事件：历史的现场直播》，麻争旗译，北京广播学院出版社 2000 年版。

［德］伊丽莎白·诺尔－诺依曼：《沉默的螺旋：舆论——我们的社会皮肤》，董璐译，北京大学出版社 2013 年版。

［美］约翰·费斯克：《传播研究导论：过程与符号》，许静译，北京大学出版社 2008 年版。

［澳］约翰·特纳等：《自我归类论》，杨宜音等译，中国人民大学出版社 2011 年版。

［美］约瑟夫·克拉帕：《大众传播的效果》，段鹏译，中国传媒大学出版

社 2016 年版。

［美］约书亚·梅罗维茨：《消失的地域：电子媒介对社会行为的影响》，肖志军译，清华大学出版社 2002 年版。

［美］詹姆斯·凯瑞：《作为文化的传播："媒介与社会"论文集》，丁未译，华夏出版社 2005 年版。

［美］詹姆斯·柯兰等：《互联网的误读》，何道宽译，中国人民大学出版社 2015 年版。

［美］詹姆斯·罗尔：《媒介、传播、文化——一个全球性的途径》，董洪川译，商务印书馆 2012 年版。

Chaffee，S. H. & Hochheimer，J. L. *The Beginning of Political Communication Research in the United States*：*origins of the "Limited Effects" Model*. In E. M. Rogers & F. Balle（Eds.），The Media Revolution in America and Western Europe，Norwood，New Jersey：Ablex，1985.

John W. Carroll，*An Introduction to Metaphysics*. Cambridge University Press，2010.

三 学位论文

韩丽：《自媒体发展及其文化问题——新世纪中国自媒体现象研究》，博士学位论文，吉林大学，2011 年。

王昀：《作为风险的新媒介：线上内容生产与公共性文化研究》，博士学位论文，浙江大学，2017 年。

后记一

　　此刻，窗外春风咆哮。在刚刚过去的冬天里，许多事情发生了变化。譬如，楼下的橘猫饿出了排骨，室内的吊兰又死了一回，楼上的邻居停止了每天一次的家具腾挪，以及我突然就写到了这里。

　　我是在与导师的一次谈话中，选择"定向传播"的。当时我受困于选题，几个研究对象都面临着这样或那样的缺陷。导师的一番话启发了我，也燃起了我性格中强硬的一面。"既然它是一块硬骨头，那么就让我去啃一下吧。"我想。

　　然而，从2016年的深秋写到2018年的早春，本书承载的困难远远超出了我的想象。它需要足够的耐心、毅力和学养，我低估了它高估了自己。于是便反复在摸索、踟蹰、疑惑间游移。好在它终于能够以较为完整的面貌问世，我可以暂时地歇口气了。

　　我要感谢的人太多。在三十年的人生历程里，许多人给予了我这样那样的帮助。他们或清晰或模糊的存在于我的生命中。而在这个阶段，我最想感谢的是我的三位老师：周晓明教授、彭涛教授和张以庆导演。

　　我认识周老师的时候，他已经是一个传说。早在2011年，周老师就是我的老师。当时在一众专业课里，他的课以"难懂""要求严格"而著名。他要求全班七十多个学生都必须向他提交读书报告，并且坚持在考试周以随堂闭卷考试的方式结课。凡是念过研究生的人，都可以看出周老师的不同之处。在正式进入周门前，我与周老师的交集有限，直到他作为评审专家评阅了我的硕士论文。他认为我具备一定的研究能力，极力建议我继续深造。他的建议最终通过硕导传达到了我这里。那时我已有一份不错的工作，除了离家乡远一些，并没有什么可以让我放弃的理由。于是，读博一事就此搁置。当我在职场上遭遇激烈的价值观冲突，不得不重新审视自我后，我才改变了想法。此时，距离 2015 年的博士入学考试已经不远了。我通过邮件与周老师取得了联系。他的回信很短，但其中的欣赏和鼓励，我至今不忘。随后就正式进入周门学习了。

我的天资、积累和勤奋程度，远不及其他同门。每每共处一室时，我时常为他们敏锐的判断力、深厚的学术积累、鲜明的观点所撼动。与他们相处，我感受到了前所未有的压力，一度萌生出"退学"的想法。周老师则用一封长信回答了我的迷茫和困惑。我与老师直接的交流不多，他也很少直接与学生们谈论什么，而总是用宏观的、虚指的方式让我们自己去"体悟"。在这个过程中我们受益颇多，毕竟由内而外的力量是"渔"。

此外，老师还是一个诗人，他的诗以量多、字少、酒产而出名，只在朋友圈进行"定向传播"。受他的影响，我们多少都会写点诗。有的如尼采，有的如海子，不论好坏，我们总算是有了一些诗词歌赋的修养。我是写古体的，老师总是肯定这一点。我想大概是因为，这是唯一一个我略"好"一些的领域吧。

彭涛老师"不幸"从我的老师变为了师兄。于是这三年的交往，相较于硕士阶段就要轻松一些。他总是很忙，有时路上碰到了，相互报以一笑；如果时间允许，就再多问几句。但他对我的关心一如既往。在论文开题、写作和预答辩的过程中，彭老师提出了许多中肯的意见。没有彭老师的提携和帮助，我的学术道路将更加艰难。回想起初入桂子山，跟随彭涛老师攻读硕士学位的日子，仿佛还在昨天。一时间千言万语。我的学术价值观能够建立，很大程度上要感谢他。彭涛老师让我明白了学与术的区别，并且始终支持、鼓励我在艰辛的理论研究之路上不忘初心。

我是在 2012 年才正式认识张以庆老师的。虽然此前我已零星地看过一点他的作品，但我从未想过有一天可以成为他的学生。得益于学校的双导师政策，张以庆导演成为我的校外硕导。那是一个炎热的夏天，我和王凯、刘飞曼忐忑不安地登门拜访。在闷热的公交车里，我们设想了许多场景，一路摇晃一路紧张，毕竟谁都没有与著名导演交往的经验。一见面，张老师就给我们上了一课，从批评现行教育制度，到自我介绍，再到观摩影片，不知不觉中夜幕降临了。那是我第一次看见沙湖的夜景，也是第一次在陌生人家中吃饭。直到几年后，刘飞曼提及了张老师的第一顿饭，我记得有烧茄子和凉拌皮蛋。后来，我们陆续毕业，我去了宜昌，在那里有了许多际遇，做出了重新读书的决定。张老师并不理解，但表示支持。

此后，我和张老师都投入了各自的忙碌中。他的新片耗费了他大量的精力。他辗转于南通、上海、武汉、新疆等地，最终却困顿于公正路的工作室里。那里常年无光、无风，时常宾客盈门。更多时候是三个人：张老师、李颖姐和张勇哥。我有时会去那里，要么坐在靠墙的位置看他们工作，要么在隔壁的小房间看书，等到饭点的时候就吃个盒饭或者外出吃烤鸭。他的新片在剪辑的过程中就备受瞩目，许多人慕"名"而来。人们看到他们的热情和激情，却看不到他们的困惑与焦灼。

张老师问过几次，我在忙什么。我总是回答写论文。他不懂我的论文，并且还几次批评我"不说普通话"，但这并不妨碍他对我的理解。我想在投入某件事情上，我与张老师等人实现了共通。我们各有各的忙碌、困惑和坚持，但在精神层面我们永远是互相支持的。

言已至此，我还要感谢母校华中师范大学——她为我提供了优良的学习环境。感谢文化传播学的张三夕教授、范军教授、江作苏教授、喻发胜教授、孟君教授，感谢他们为我授业解惑。感谢黄海燕、邬玲、曾建辉、田全喜、李明勇、陈妮六位同学，因我们相互陪伴走了一段路。感谢父母、姐姐——你们永远是我坚强的后盾。

一切才刚刚开始。

2018 年 3 月 1 日夜

后记二

当我再次打开名为"毕业论文"的文件夹时，已是 2021 年的暮春了。此刻，窗外正下着雨。

在过去的三年里，我有许多机会可以继续未竟的研究，但总是因为这样或那样的原因而被迫中断。自 2018 年 6 月离开桂子山后，我辗转于三角湖的四季之中，在又一次经历了人生道路的抉择后，最终在晓南湖畔获得了宁静。

不过，宁静总是片刻的。当我决定将这篇学位论文付梓出版的时候，它再一次在我的心头激起了波澜。我对它的感情是复杂的：它见证了我耗尽心力却难得一字的痛苦和困顿，也见证了我最后的学生时代的窘迫；但是它又给予了我咬着牙坚持的勇气，以及某种说不清道不明的乐观和自信。因此，当我屡次想再度打开它时，我既害怕再次体会困窘的心境，又忧心因写作情境的移易而找不到方向。

好在，我还记得路该怎么走。当我重新进入这本书所建构的观念世界中时，它就成为我观察自我的一个客体。这是一个艰难的自我审视的过程，因为我将不得不承认自己的浅薄，也不得不将自己置于学术共同体中去进行横向比较。但是，这也是一个自我确认的过程——有关理论研究和自我选择。

五年前，我在迷茫之中选择了以"定向传播"为题，彼时，我既不知道该往何处去拓展它，也不知道是否应该相信它所具有的价值，所以当我在答辩现场遭遇强烈质疑的时候，尽管我面带礼貌性的微笑，内心却早已崩塌。然而，今天当我再度行文至后记时，我所能够确信的是，这部书自有其独特的价值——它是对以互联网为主的传播活动的系统观照，尤为重要的是，它摆脱了传统传播理论研究的限制，从理论层面为当代传播活动的复杂现状找到了合理性。

在当代的人文社科研究中，理论研究是最为人们所忽视的一个领域，它需要长期的大量的理论阅读和思考，并且因收效慢发表难而不为我们青睐。相较于实证研究、实务研究和文化研究等显学，在一个高度内卷的学术共同体里，理论研究虽是我们安身立命的根基，但它却不是让我们尽快走向高位的最优选择，于是大量的重复性验证应运而生。我们在提倡跨学科交叉的视域并力图获得与世界对话的研究成果之时，如果继续无视基础理论研究的荒芜处境，那么理论研究就只能不断以对话之名行拾牙慧之实。而这恰好是定向传播研究的起点——找到一条摆脱大众传播理论桎梏的、专门用于解释网络传播活动的理论道路。

这部书能出版，要感谢的人很多。首先，是我的导师周晓明教授。在这三年里，虽然我们不再谈论论文，见面的时间也越来越少，但师生间依旧保持着深厚的情谊。老师还是时不时地在朋友圈中写诗，"独酌"常有"酒后"更佳；偶尔也发一点照片，不过多半是"定向传播"。老师散淡惯了，但每遇学生有"难"他总是竭尽所能。他既希望我们都能尽快地有所成就，又担心我们在激烈的竞争中失落了初心。而当我自己为人师表后，我就越发能够体会这种复杂的心情。犹记得初识老师之时，他还是中年人的样子，而今他已近古稀。每每想起，不由得心生惆怅——这不仅意味着师生同行的路越来越短，也意味着在艰辛的学术研究之路上，除了自己，我们将再难有不求回报的倚仗。

其次，还要感谢我的硕导彭涛教授。自初入桂子山拜到他的门下，一晃已经十年了。在这十年里，我从学生变成了老师，他也从副教授变成了教授。他依旧是那样忙碌，不过再怎么忙，他对学生们的关心总是一如既往。在本书的写作与出版中，他提出了不少宝贵意见——感谢他在每一个重要的关口，总能以他丰富的阅历提点和警诫我，才让我少走了一些弯路。

我还要感谢张以庆老师。在我的老师当中，张老师是最特别的一位。他的人生经历已然是一个传奇，但他的身上却从未有身居高位者的毛病。他总是热情洋溢，即使他时不时地就要受到某种困扰，但他从不将这种精神的困苦传导给我们，而总是充当着灯塔一般的角色。我始终记得初次求职失败的时候，是张老师用一番长谈宽慰了我；也记得无论我怎么选择，老师总是给予最坚定的支持，哪怕他并不能理解我的"野心"。在过去的九年里，张老师几乎见证了我人生中的每一个关键时刻，正如他常说的，我们是家人。

我更要感谢我的父母。感谢你们在人生的风风雨雨之中，竭尽所能地为我撑起一片天空；感谢爸爸对我的包容，感谢妈妈的不辞辛劳。或许你们不是最优秀的父母，但你们是最称职的双亲。感谢我的家人们，谢谢你们充当我坚实的后盾。

最后，我要感谢中南财经政法大学新闻与文化传播学院的罗晓静院长、黄俊雄书记，以及各位领导和同事们：在我最困顿的时候，为我提供了一个不问出处的包容空间，让我在最短的时间内适应了新的环境，也让我重新收获了教师这个职业应有的自由和尊严。

谢谢你们！

2021 年 5 月 17 日夜